创业 管理

（第4版）

主 编◎张 涛 陈 瑶

副主编◎姚安荻 闫永博

高勇辉 孙跻珂

U0362273

清华大学出版社

北京

内 容 简 介

本书是国家级精品课程"创业教育"的配套教材,是根据教育部《职业院校教材管理办法》编写的一本实用型教材。教材继续保留了前3版的整体框架和内容特色,根据创业教育的发展,对理论内容进行了修订,同时对大量案例做了更新。全书共分六篇十五章,以创业过程为主线,即以创业者素质要求—评估创业机会—创建企业—创业过程管理—创业企业发展的思路写作。全书通过案例和问题启发读者,将创业的关键要素和创业过程紧密结合起来,强化读者对知识目标和能力目标的学习。

本书可作为职业院校的创业基础课教材,也可供希望了解创业知识的相关人士阅读参考。

图书在版编目(CIP)数据

创业管理/张涛,陈瑶主编. —4 版. —北京:清华大学出版社,2023.2
ISBN 978-7-302-62834-7

Ⅰ. ①创… Ⅱ. ①张… ②陈… Ⅲ. ①企业管理—高等职业教育—教材 Ⅳ. ①F272

中国国家版本馆 CIP 数据核字(2023)第 028361 号

责任编辑:杜春杰
封面设计:刘 超
版式设计:文森时代
责任校对:马军令
责任印制:沈 露

出版发行:清华大学出版社
　　　　　网　　　址:http://www.tup.com.cn,http://www.wqbook.com
　　　　　地　　　址:北京清华大学学研大厦 A 座　　　　　邮　　编:100084
　　　　　社 总 机:010-83470000　　　　　邮　　购:010-62786544
　　　　　投稿与读者服务:010-62776969,c-service@tup.tsinghua.edu.cn
　　　　　质 量 反 馈:010-62772015,zhiliang@tup.tsinghua.edu.cn
印 装 者:三河市少明印务有限公司
经　　销:全国新华书店
开　　本:185mm×260mm　　　印　　张:14.25　　　字　　数:371 千字
版　　次:2007 年 9 月第 1 版　　　2023 年 2 月第 4 版　　　印　　次:2023 年 2 月第 1 次印刷
定　　价:49.00 元

产品编号:090534-01

前言

《创业管理（第3版）》出版发行以来，因结构完整、注重实例、内容实用，受到了相关院校教师及学生的好评。随着"大众创业，万众创新"的不断发展与推进，按照教育部创业教育教学大纲要求和当前社会动态变化，编者在第3版的基础上进行了更新和完善，融入"课程思政"理念，继续保留前3版的整体框架和内容特色。同时，基于立德树人的基本使命，此次编写对理论内容进行了修订，强化价值引导，并对案例做了大量更新，融合思政元素，注重应用性。

一、读者对象

本书适合作为职业院校学生的教材，还可作为各行业人员的创业管理培训教材，以及对创业管理感兴趣的研究者和社会读者的参考书。

二、框架总览

本书按照创业的过程：创业者素质要求→评估创业机会→创建企业→创业过程管理→创业企业发展的思路进行写作，最后进行典型创业案例剖析，共6篇15章。

为了帮助读者迅速了解本书各部分的内容，以提高学习效率，现将各部分主要内容整理如下：

第一篇：创业导论。介绍创业的相关概念和创业者应该具备的素质，目的是让读者进一步了解创业的类型及素质内容，为创业的成功提供基础指导。

第二篇：评估创业机会。介绍当创业者有创业机会时，如何进行创业环境分析、创业市场机会识别、创业市场调研和创业风险规避，让读者掌握相关的方法。

第三篇：创建企业。创业者对创业机会进行评估后，要将创业机会变为现实，需要撰写创业计划书、选择创业模式、进行创业融资。本篇重点从创业计划书的写法、创业融资的类型及创业模式进行了详细的讲解，使读者掌握相关方法和技巧。

第四篇：创业过程管理。介绍当创业机会成为现实后，如何建立企业。本篇从企业注册登记、营销管理、财务管理、团队管理等方面进行了较为深入的阐述，选取大量的案例进行评析，以提高读者的创业管理能力。

第五篇：创业企业发展。介绍创业企业文化建设。从管理成长期企业角度出发，阐述了企业文化是企业发展的灵魂，企业文化能为企业带来持续发展的竞争能力，培育企业文化时要注重的核心内容等，使读者理解并领会相关的知识。

第六篇：创业案例。选择典型案例，注重实用性，并进行分析评述，以提高读者分析问题、解决问题的能力。

三、本书特色

（1）融合思政元素，促进学生对创业理论的学习和创业实践的领会，强化价值引导，培养创业精神和创业意识，将个人理想与国家社会发展紧密结合。

（2）教材体例充分考虑案例教学法的需要，在每章开始有引导案例，正文中穿插个案介绍，以加深对重点问题和难点问题的理解和掌握，便于学生自学。

（3）内容新颖充实，涵盖创业过程中所涉及的各种问题，可让读者从书中体会到身为创业者所应具备的素质和所面临的种种挑战与责任，并学习到创业与管理方面的综合知识。

（4）突出应用性和实践性，将创业的某一专题与和它紧密相关的案例、讨论思考题融为一体，分析创业过程中的现实问题，引导读者提高实践能力。

编　者

2022 年 6 月

目　录

第一篇　创 业 导 论

第二篇　评估创业机会

第三篇 创 建 企 业

第四篇　创业过程管理

第五篇　创业企业发展

第六篇　创业案例

第一篇

创业导论

第一章

创业的概念

知识目标

☆ 理解创业者与企业家的含义

☆ 了解创业的定义及内涵

能力目标

☆ 理解企业家精神

☆ 了解创业的一般过程

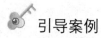 引导案例

华为是全球领先的信息与通信技术（information and communication technology，ICT）解决方案供应商，专注于 ICT 领域，坚持稳健经营、持续创新、开放合作，为运营商客户、企业客户和消费者提供有竞争力的解决方案、产品和服务，并致力于实现未来信息社会、构建更美好的"全联接"世界。2021 年 8 月 2 日，《财富》公布世界 500 强企业排行榜，华为排在第 44 位，位列我国民营企业第一名。

一家企业的创立、发展以及管理方式与企业的创始人有着密不可分的关系，企业创始人的性格、行为、处事风格直接决定了企业的成败。华为的成长历程及其取得的卓越业绩与任正非有着莫大的关系，他带领着华为走向正确的道路，并且为众多的中国企业家树立了榜样，用实际行动定义了中国企业家精神。任正非的企业家精神主要表现在如下几个方面。

1. 危机意识

"唯有惶者才能生存"，这是任正非常挂在嘴边的一句话。任正非的这种危机意识是华为得以不断创新的驱动力，也让华为在被美国巨头企业围猎时，硬生生地把"冬天"缩短，提前进入了"春天"。如果没有任正非的这种危机意识作为支撑，没有在"极限假设"下秘密研发出鸿蒙系统、海思"备胎"芯片，那么在中美贸易战中，面对谷歌、高通、思科、英特尔等多家美国科技巨头的"断供"，华为早就变成了炮灰。不管是企业还是个人，只有懂得居安思危，时刻保持危机意识，才能更好地生存下去！

2. 共享精神

中国有句古话："财聚人散，财散人聚。"任正非一手创建了华为，按理说，他的持股比例应该很高，事实却相反，任正非在华为仅有 1.4%的股份，其余的 98.6%都给了员工，这意味着华为的收入越多，员工分到的钱就越多。作为华为的掌舵人，任正非构建了一个共享共赢的"命运共同体"，不仅让每一位员工都具有主人翁精神，还增强了华为的凝聚力和向心力。

3. 自我批判

任正非说："只有长期坚持自我批评的人，才有广阔的胸怀；只有长期坚持自我批判的公司，才有光明的未来。自我批判让我们走到了今天，我们还能向前走多远取决于我们还能继续坚持自我批评多久。"长期以来，华为正是通过不断地自我批判确保理念与价值观不变形，从而在庞大的体量下依旧拥有强大的活力与凝聚力。

4. 家国情怀

任正非是一位有强烈家国情怀、以实业报国的企业家，他所领导的华为始终扎根于中国，不在海外注册，不在境外上市。在他的带领下，华为始终以产业报国和科教兴国为己任，以公司的发展为所在地区做出贡献，为伟大祖国的繁荣昌盛，为中华民族的振兴，为所有中国人的幸福而努力。

资料来源：任正非的企业家精神与特质[EB/OL].（2019-12-09）[2022-04-11]. http://yl.oneroadedu.com/source/article_show.php?id=1103.

【思考】

理解任正非的企业家精神。

第一节　创业者与企业家精神

创业的主体是创业者，创业者可以是个体，也可以是团队。经济发展依赖于企业发展，而企业发展的关键在于有一大批具有企业家精神的企业家。创业者也被称作创业家、企业家和老板，企业家对生产要素的重新组合是经济增长的基本动力，也是经济增长的内在因素，所以现代经济在某种意义上就是企业家经济。

一、创业者的内涵

创业者的英文为 entrepreneur，和企业家为同一词，意思是在没有拥有多少资源的情况下，锐意创新，发掘并利用潜在机会实现企业的价值的个体。

创业者可以分为传统创业者和技术创业者。传统创业者是指那些对传统的行业，如餐饮、房地产、服装等筹集资金投资，建设工厂，生产产品，为顾客提供产品或服务的创业者。技术创业者以突出技术为主，创办的企业一般比较小，产品的技术含量高，附加值比较高，利润空间比较大。

二、创业者的类型

随着经济的发展，投身创业的人越来越多，创业是很多人的梦想，也是很多人的出路。据我国《科学投资》杂志对国内上千例创业者案例的研究，国内创业者基本可以分成以下几种类型。

（一）生存型创业者

生存型创业者多是因为工厂倒闭、企业破产、不愿困守乡村或刚毕业找不到工作而不得不走上创业这条路的，他们创业的目的很简单，就是生存。相关调查报告显示，这一类型的创业者约占我国创业者总数的 90%。生存型创业者的创业范围一般局限于商业贸易，少量从事实业的创业者经营的也大多是小微企业，有机会成长为大中型企业的十分少见。

（二）主动型创业者

主动型创业者可以分为两种：一种是盲动型创业者，另一种是冷静型创业者。盲动型创业者大多极为自信、做事冲动、喜欢赌，但不太在意成功的概率。这样的创业者很容易失败，但一旦成功，往往能开创一番大事业。冷静型创业者的特点是谋定而动，他们从不打无准备之仗，或是掌握资源，或是拥有技术，一旦行动，成功概率通常很高。

（三）赚钱型创业者

赚钱型创业者通常没有明确的目标，只是喜欢赚钱、喜欢做老板，他们不计较自己会做什么、能做什么，所做的决定可能毫无关联，其中一些人甚至对赚钱没有明显的兴趣，几乎从来不考虑创业的成败、得失。奇怪的是，这一类创业者中赚钱的并不少，创业失败的概率也并不比那些兢兢业业、勤勤恳恳的创业者高，而且这一类创业者大多过得很快乐。

（四）创意创新型创业者

此类创业模式对创业者的个人素质要求很高，是"颠覆性创新"，创业成功往往形成独角兽企业，有时形成新的业态。例如，微信屏蔽了垃圾短信，是熟人社交，又是免费的，这相对于移动运营商的短信而言，是一个巨大的颠覆；以滴滴为首的打车应用软件，将 App 跟手机绑定，按就近和方便原则让消费者和服务者自由、高效组合，以移动互联网手段为基础的新打车方式使出租车行业骤变。因此，创业者首先要处理好创意、创新、创业三者的关系：常规思维及创新思维产生创意，创意是创新的基础，创意是创业的动力源之一，创新与创业的结合形成新的生产方式；其次是配置资源。

 案例 1-1

农夫山泉的广告创意

"农夫山泉有点甜"源自 1998 年农夫山泉在中央电视台播出的第一条广告，农夫山泉的这条广告看似突出表现"甜"，实则是展示其优质的水源，让观众记住了农夫山泉的同时，也让"甜"成为其自身产品的标签。2008 年，农夫山泉抓住人们注重健康生活的关键点，将天然水的健康理念进一步深化，打出"我们不生产水，我们只是大自然的搬运工"的口号。用广告语建立情感连接一直是农夫山泉所擅长的。2018 年，故宫文化异常火爆，农夫山泉联合故宫推出"故宫瓶"，将清朝康熙、雍正、乾隆三代帝王以及嫔妃等人物形象印在瓶身上，配合描述人物历史背景的文案，"梦回故宫，瓶说新语"，将瓶身广告玩出了新高度。

创意是农夫山泉做广告的秘诀！通过一系列富有创意的广告营销手段，农夫山泉不仅吸引了自己的目标用户，还提升了品牌的美誉度，巩固了自身产品在国内瓶装水市场的地位。

资料来源：农夫山泉的经典广告[EB/OL].（2020-07-04）[2022-04-11]. https://www.pinpaicehua.net/a/ppyxhd/4203.htm.

【思考】

介绍一个你认为最有创意的广告并谈谈你的看法。

三、企业家精神

经济发展依赖于企业发展，而企业发展的关键在于有一大批具有企业家精神的企业家。企业家对生产要素的重新组合是经济增长的基本动力，是经济增长的内在因素，所以现代经济在某种意义上就是企业家经济。企业家是"将经济资源从生产力和产出较低的领域转移到较高的领域"的人，不仅包括那些已经创业成功或正在创业的一般意义上的企业家，还包括那些具有创新精神的潜在的企业家。企业家精神是企业家的本质。企业家是参与企业的组织和管理的、具有企业家精神的人。企业家精神主要包括冒险精神、诚信守法、创新精神、实干精神以及社会责任感。

（一）冒险精神

约 300 年前，法国经济学家理查德·坎蒂隆（Richard Cantillon）在其著作《商业性质概论》中写了一句后来对世界商业界影响深远的话，"企业家是承担不确定性的人"，言外之意，企业家无异于"冒险家"，企业家承担风险，预测并投资于未来。他认为，企业家在经济的运行中具有重要作用，他们实际上是在管理风险（risk）。工人向工厂出卖劳动，企业主把产品拿到市场上去销售，市场上的产品价格是浮动的，而工人领取固定的工资。企业主实际上替工人承担了产品价格浮动的风险，当产品价格跌落时，企业主有可能蒙受损失，而企业的盈利正是企业主因承担风险所获得的回报。

（二）诚信守法

诚信守法是企业家应具备的基本素质。诚信是市场经济的基本信条，只有诚信守法、注重声誉的企业，才有可能在激烈的市场竞争中获得最大的利益。

（三）创新精神

什么是创新呢？是新产品、新的生产方式、新的市场、新的供货渠道以及建立或打破垄断地位。企业家精神的本质就是创新，创新是企业持续发展的根本。创新概念最早是由著名经济学家熊彼特提出的。他认为，创新是"企业家对生产要素的重新组合"，也就是"建立一种新的生产函数"。具体来说，创新精神主要指创造新的生产经营手段和方法、新的资源配置方式以及新的、符合消费者需求的产品和服务。在这种创新的概念下，创新能使企业开辟一个更广阔的生存、发展空间，不断地领先，不断地发展，在发展中不断扬弃旧的，以非常规的方式配置企业的有效资源，推动企业的运行，从而获得巨大的成功。事实上，任何企业，不论其效益大小，也不论其在行业中如何卓越，都需要不断地创新、变革，这样才能使企业在市场竞争中立于不败之地。史蒂夫·乔布斯和史蒂芬·沃兹涅克是企业家，因为他们推出了新的产品——

苹果计算机；亨利·福特是企业家，因为他最早采用生产线生产汽车；杰夫·贝索斯是企业家，因为他创办了亚马逊，开辟了图书的网上销售渠道；比尔·盖茨是企业家，因为他创建了微软公司。任正非是企业家，因为他成就了华为；马化腾是企业家，因为腾讯改变了我们的生活方式。只有锐义进取、具有创新精神的，能够推出新产品或改进生产方式等的企业主，才是真正意义上的企业家。

 案例 1-2

"微创新"当道！

有专家、学者认为，从工业史的发展来看，绝大多数创新都不是突破性的，而是渐进性的。所谓"微创新"，其重要的意义在于告诉大众，创新在大多数情况下并非突破性的、革命性的，创新在本质上就是渐进性、累积性的。

"微创新"的特点首先体现在用户与生产者的关系上，即企业需要关注用户的细小需求，并不断地对产品加以改进，以满足其需求。各种创新正是在企业与用户之间的这种互动中不断涌现出来的。其次，"微创新"的特点体现在不断试错。企业在满足用户需求的过程中，不可能做到一次成功，总是在不断试错的过程中进行方案的修正，最终达到预期的效果。

在企业界，将"微创新"的口号喊得最响的当属奇虎360董事长周鸿祎，他对"微创新"的定义是："你的产品可以不完美，只要能打动用户心里最甜的那个点，把一个问题解决好，有时候就能四两拨千斤，这种单点突破就叫'微创新'。"周鸿祎认为，互联网"微创新"的规律有两个："第一，从小处着眼，贴近用户需求、心理；第二，快速出击，不断试错。"

周鸿祎说："360是靠重视用户体验而崛起的，360安全卫士从查杀流氓软件开始，一直在做微创新工作。查杀流氓软件就是微创新，传统安全厂商或是怕得罪人，不敢干，或是觉得没有钱赚，不愿意干，他们袖手旁观，看360的笑话，结果360受到广大用户的欢迎；后来，360开始给用户的计算机打补丁，这也是一种微创新，别人嘲笑我们，他们觉得打补丁没有一点技术含量，不屑于干。我们不管别人怎么看笑话，打补丁、补漏洞能让用户的计算机更安全，那360就去干，不管有没有钱赚，有没有利可图。"

企业进行"微创新"需要关注两个核心点：观念的扭转、路径的落实。

资料来源：周鸿祎：苹果没有发明手机，用微创新也能改变世界[EB/OL].（2020-10-15）[2022-04-11]. https://baijiahao.baidu.com/s?id=1680605079876180078&wfr=spider&for=pc.

【思考】

谈谈你对企业进行"微创新"需要关注的两个核心点——"观念的扭转、路径的落实"的认识。

（四）实干精神

企业家作为市场经济的主体和企业的舵手，应该尽自己的才能去打造和发展企业，"道虽迩，不行不至；事虽小，不为不成。"谋事创业，都是脚踏实地、一点一滴干出来的，再美好的理想最终还是要通过实践和踏实苦干去实现，否则只能是空想。在市场经济的浪潮中，企业家要勤于实践，在实践中积累经验，绝不能局限于纸上谈兵。同时，企业家必须团结企业全体员工，干劲十足，奋力拼搏，不断前进。

（五）社会责任感

一般认为，企业家的社会责任就是在创造利润、对股东利益负责的同时，承担对员工、消费者、社区和环境的社会责任，包括遵守商业道德、保障生产安全和职工健康、保护消费者的合法权益、保护环境、支持慈善事业、捐助社会公益事业和保护弱势群体等。

第二节 创业概述

"创业"在《新华词典》里的解释为"开创事业"。"创"，篆文从刀，仓声，是形声字。"业"，篆文像古代乐器架子横木上的大板，上面刻有锯齿，以便悬挂钟、鼓等乐器，后引申为学业、事业、职业、行业、就业、产业、创业、工作等。由此可见，创业是创字当头，业为基础，这就意味着任何一项事业都是一个从无到有、从小到大、从简到繁、从旧到新的创造过程。

一、创业的内涵

创业是一种创新性活动，它的本质是独立开创、经营一项事业并使该事业得以稳健发展、快速成长的思维和行为。走上创业之路是人生的一大转折，是成就事业的过程，是自我价值和能力的体现。创业者要直接面对社会，直接对顾客负责，个人的收入与经营利润直接相关，创业的过程就是一个接一个地解决矛盾的过程。

二、创业的定义

关于创业，不同学者从不同的角度进行了定义，具体如下。

创业是新颖的、创新的、灵活的、有活力的、有创造性的、有风险的，发现并把握机遇是创业的一个关键点。

创业是通过个人或群体投资创建并经营一家新的营利型企业，提供新产品或服务以及有意识地创造价值的过程。

创业是创造不同的价值的过程，这种价值的创造需要投入必要的时间和付出一定的努力，同时要承担相应的金融、心理和社会方面的风险，最终要在金钱和个人成就感方面得到回报。

国际管理科学学会教授协会对创业的定义为：对新企业、小型企业和家庭企业的创建和经营。

综上所述，笔者对创业的定义是：某一个人或一个团队使用个人或组织力量寻找机遇、创造价值、谋求发展并通过创新和特立独行来满足愿望和需求，而不管自己手中有什么样的资源。

该定义包括以下要点。

（1）企业家。企业家是创业活动中的关键要素，没有企业家就不会有创业活动。

（2）创新。创业包括变化、改革、改造以及新方法的引进。

（3）创建组织。要寻找已感知到的创新机遇、价值，必须具备有组织的努力和行动，即必须有人挑头儿——采取行动创建创业型企业并使之运转起来。

（4）成长。创业型企业与其他小型企业的主要区别就是创业型企业侧重于企业的成长。创业是创建一家企业并在其成长过程中把握住发展机会。它不是静止不前的，也不满足于一个市场或一种产品。创业包含着成长。

（5）过程。创业是一系列进行中的决策和行动，它不是昙花一现，而是一个过程。它包括从创业伊始到企业的经营、管理，甚至到某一时间的退出之间的所有决策和行动。

第三节　创业的过程

创业是创建一个新企业的过程。作为一个创业者，要创建一个新的企业或者发展一个新的经营方向，通常要经历四个阶段：发现和评估市场机会；准备和撰写创业计划书；确定并获取创业所需要的各种资源；管理新创事业。

这四个阶段有着明确的次序，但各个阶段并不是完全隔绝的，并不是一定要在前一个阶段全部完成之后才能进入下一个阶段。

一、发现和评估市场机会

发现和评估市场机会是创业过程的起点，也是创业过程中具有关键性意义的一个阶段。许多很好的商业机会并不是突然出现的，是对于"一个有准备的头脑"的一种回报，在建立了发现市场机会的机制之后才会出现。例如，一个创业者可以在每一个公众活动场合询问与会者在使用某种产品的时候有无不满意之处；另一个创业者则可能时时关注孩子们正在玩什么玩具，他们是否对玩具感到满意。

虽然在大多数情况下并不存在正式的发现市场机会的机制，但创业者通过关注某些群体往往可能有意外的收获，这些群体包括消费者、营销人员、专业协会成员以及技术人员等。无论市场机会来源于何处，创业者都需要认真、细致地评估市场机会，这是整个创业过程的关键步骤。

市场机会包括发现了一个新的市场需求、发现市场需求大于市场供给或者认为新产品能够引发新的市场需求。但是，并不是每个市场机会都需要创业者付出实际行动，而是应该评估市场机会的回报和风险，考虑这个市场机会所创造的服务/产品的生命周期能否支持企业长期获利或者企业能否在适当的时候及时退出。

对于一个思想敏锐的创业者来说，市场机会随时随地都会出现，但是并不是所有的市场机会都会通向成功与财富的康庄大道，相反地，看似前景远大的市场机会背后往往隐藏着危险。毫无经验的创业者如果仅凭激情行事，匆忙做出决定，很容易误入歧途，掉进失败的泥沼无法自拔。因此，在发现市场机会后对市场机会进行客观的评估，理性地决定下一步的行动是一名优秀的创业者所必须具备的能力。

一般来说，市场机会评估包括以下两个步骤。

（一）对市场的了解与把握

企业要生存，要在市场中占据一定的地位，要保持一定的市场优势，就必须把握市场的消费形态、特征等。特别是在产品研究方面，不管是对新产品还是对旧产品，要及时了解消费者和市场的反应，经常开展与产品有关的各种调查研究，为产品技术与销售服务注入新的元素。

对市场的了解与把握包括以下六个层次的内容。

（1）市场定位。

（2）市场结构。

（3）市场规模。

（4）市场渗透力。

（5）市场占有率。

（6）产品的成本结构。

 **案例 1-3**

故宫文创产品：彰显文物的文化力量

故宫作为一个拥有 600 年历史的文化符号，拥有众多的皇宫建筑群、文物、古迹，是中华民族的骄傲，是中国传统文化最典型的象征，见证了中国历史的文明发展。

如何让历史"平易近人""生动有趣"，故宫在做文创产品开发时，在"元素性、故事性、传承性"方面进行了积极探索。在故宫文创产品出世之前，故宫在大众的印象中是高高在上、极具距离感的，而故宫文创产品的横空出世将故宫拉下了"神坛"，印象里严肃的形象变得"萌萌哒"。故宫定位于"根植于传统文化，紧扣人民群众大众生活"的原则，文创产品将故宫文化元素和流行时尚的元素融合，将独特的创意和箱包、服饰、首饰、手机壳等相结合，开发了具有较高文化附加值的产品，比如将建筑造型融入书签，将传统祥瑞元素融入便签，将御猫融入钥匙扣等。一个贴大众、接地气、亲切的故宫"乖巧"地呈现在人们面前，而故宫也用精益求精的态度、不断创新的精神将传统文化与时代审美结合起来，以严谨而风趣的方式接近消费者，最终实现文化的传播与再生。

资料来源：故宫文创多种方式传播优秀传统文化[EB/OL].（2019-03-01）[2022-11-11]. https://baijiahao.baidu.com/s?id=1626767254499429673&wfr=spider&for=pc.

【思考】

故宫文创产品是如何彰显新时代中华文化传统的自信自强。

（二）对竞争者的了解与分析

许多创业者都会犯这样的错误——认为自己的创意或者技术是独一无二的，因此不存在竞争者，进而忽略了竞争分析的重要性。事实上，除极少数的垄断性行业外，世界上不存在没有竞争者的生意。竞争者暂时没有出现不代表以后也不会出现，客观、准确地评估来自于竞争者的威胁是非常重要的一件事。

除了要评估那些已经出现在市场上且正在开展业务的竞争者，潜在的竞争者，即有可能在未来与你竞争的人也不容忽视，那些掌握相关资源、与目标市场有一定的联系的企业是最重要的潜在竞争者。

对竞争者的了解与分析包括如下六个层次的内容。

（1）找出谁是竞争者。

（2）描述竞争者的状况。

（3）分析竞争者的状况。

（4）掌握竞争者的方向。

（5）洞悉竞争者的战略意图。

（6）引导竞争者的行动和战略。

二、准备和撰写创业计划书

创业计划书根据看计划书的人的不同而有所不同，如写给投资者看的和拿去银行贷款的计划书的重点会有所不同。创业计划书就像盖房子之前要画的蓝图，有了蓝图才知道第一步要做什么、第二步要做什么或者同时要做哪些事情，这样别人也能知道你想做什么。但是，大环境和创业的条件是会变动的，当环境、条件发生变化时，要注意调整、修改计划书，不断地更新相关内容。

创业计划书主要包括以下几项内容。

（1）概念。创业计划书要写明产品的概念，要让别人可以很快地知道你要卖的是什么。

（2）顾客。明确产品的概念以后，接下来要界定顾客的范围，即产品要卖给谁。

（3）竞争者。同类产品是否有人卖过？在哪里卖过？有没有其他产品可以取代？你与这些竞争者是直接竞争关系还是间接竞争关系？

（4）能力。能力是指创业者是否了解自己的产品或服务。以开餐馆为例，如果厨师不做了又招不到人，要么餐馆老板自己做，要么合伙人做，不然最好不要开餐馆。

（5）资本。资本可以是现金，也可以是资产。创业计划书要写明资本在哪里、有多少，其中创业者自有的有多少，可以借贷的有多少。

（6）经营。当事业做得不错时，将来的计划是什么？

创业计划书不仅是创业者用于说服投资者的重要文件，也有助于创业者深入地分析目标市场的各种影响因素，得到客观的认识和评估结果。通过撰写创业计划书，创业者可以在创业之前有效地把握整个创业过程，对市场机会的变化有所预警，从而减少进入新领域所面临的各种风险，提高创业成功的可能性。

三、确定并获取创业所需要的各种资源

创业企业需要区别对待不同的创业资源，要严格地控制、使用对于创业来说十分关键的资源，使其发挥最大的价值。对于创业企业来说，掌握尽可能多的资源有益无害，同时要在适当的时机获得适当的所需资源。创业者应有效地组织交易，以最低的成本获取所需的各种资源。

四、管理新创企业

从企业发展的生命周期来说，新创企业需要经过初创期、早期成长期、快速成长期和成熟期。在不同的阶段，企业的工作重心有所不同，因此创业者需要根据企业所处生命时期的不同采取不同的管理方式和方法，保证企业的健康发展。在初创期和早期成长期，创业者直接影响着创业企业的命运，适宜采用富有灵活性且效率较高的集权式管理方式；到了快速成长期和成

熟期，分权式的管理方式更能促使企业稳步发展。

第四节 创业相关理论

随着经济的发展，从事创业理论研究的学者越来越多，他们从不同的角度对创业理论进行了相关探索并提出了自己的观点，其中具有代表性的理论包括以下几个。

一、熊彼特的创新理论

美国经济学家约瑟夫·熊彼特（Schumpeter J A，1883—1950）是西方经济学界公认的经济学大师，1912 年，他在自己的早期代表作《经济发展理论》中开创性地提出了"经济发展理论和创新理论"。熊彼特的创新理论主要包括三个方面的内容。

（一）创新是经济发展的根本现象

所谓创新，就是建立一种新的生产函数，把一种从来没有的关于生产要素和生产条件的新组合引入生产体系。所谓经济发展，从根本上讲，不是古典经济学家亚当·斯密认为的基于人口、财富的累积性增加而造成的规模扩大或简单量变，而是经济生活内部蕴含的质的自发性突破。它是由技术创新和生产组织形式的创新所引发的经济生活内部的一种创造性变动，需要通过引进"新组合"，进行创新来实现。因此，创新是经济发展的实质内容，也是经济发展的根本现象。

（二）企业家的意志和行为是创新活动的灵魂

在熊彼特的创新理论中，创新是经济发展的实质，而领导和发起创新的创新者——企业家则是创新、生产要素新组合以及经济发展的主要组织者和推动者。企业家的意志和行为是创新活动的灵魂。

在熊彼特看来，企业家不同于普通的企业经营者和资本家，他们属于一个特殊的阶层，必须富有创新意识，具有先见之明。企业家的职能在于用不同于以往的全新方法把生产诸要素组合、集中起来进行经营，继而使其增值。而且，只有在将这些新组合起来的要素按照新的方法付诸运行的特定阶段，企业经营者才是真正意义上的企业家。企业家的行为以创新为特有目的，而创新需要改变循环流转的渠道，需要打破固有的生产环流，需要克服由习惯造成的阻力，等等，因此企业家需要具备坚强的意志并付出巨大的努力。

（三）经济周期是经济阶段发展的必然结果

创新改变了原本均衡、静止的经济过程中固有的生产环流，新组合在生产和经营上更加富有效率，可以使进行创新的企业和个人获取高额利润，利润进一步诱导了追随和模仿。当人们意识到创新活动有利可图时，就会趋之若鹜，新企业不断出现，行业改组随之到来，整个经济领域出现创新的热潮，热潮继而引发人们对未来经济的期待，投机开始出现，信用扩张，最终繁荣遍及整个经济体系。当一项创新活动被社会消化，新产品大量上市，价格下跌，利润消失，企业不再有利可图，而新的创新活动又尚未出现时，整个经济体系就进入了清理状态：新企业需要经受考验以加入生产环流，老企业面对被创新改变的市场状况需要做出调整，部分经营失误的企业会倒闭或破产，从而造成商业不振、经济不景气。经济不景气持续一段时间之后，新的创新活动再次出现……如此周而复始。创新不断从内部革新着经济结构，不断地破坏旧的结构，不断地创造新的结构，进而形成了资本主义风起云涌的发展历程。总之，持续创新、持续破坏、持续优化、持续发展就是创新的经济发展逻辑。

二、核心竞争力理论

在创业理论的研究中，有关核心竞争力的研究也是一个重要的组成部分。20 世纪 80 年代后期以来，一批企业理论和企业战略研究人员提出必须重新认识和分析企业。他们把研究的视角投向了企业拥有的特殊能力——企业核心竞争力。最早明确提出核心竞争力概念的是普拉哈拉德和哈默尔。此后，一场关于核心竞争力的研究热潮逐渐兴起，不同的研究者从技术观、知识观、资源观、组织与系统观等不同角度展开了研究并形成了不同的理论流派。

（一）基于技术观的核心竞争力

美国经济学家普拉哈拉德尔和哈默尔是从技术观，即产品和技术创新角度研究核心竞争力的代表，他们在《企业核心竞争力》中提出，企业核心竞争力的积累过程与企业核心产品/技术的发展过程相伴而生。企业需要经历长期的学习和积累才能建立产品/技术平台，因而核心竞争力是企业以往的投资和学习行为所积累的具有企业特性的专长。

对于什么是核心竞争力，普拉哈拉德提出了一个非常形象的"树型"理论。他认为，公司就像一棵大树，树干和主枝是核心产品，分枝是业务单元，树叶、花朵和果实是最终产品，提供养分、维系生命、稳固树身的根就是核心竞争力。核心竞争力是公司内部的知识汇总，可以协调纷繁复杂的生产技能，融合多种技术潮流。核心竞争力是凝聚企业现有业务的"胶水"，也是企业发展新业务的"火车头"。

（二）基于知识观的核心竞争力

从知识观角度来说，研究者从知识能否被外部获得或模仿的角度定义了企业核心竞争力：企业核心竞争力是指具有企业特性的、不易外泄的企业专有知识和信息；核心竞争力的基础是知识，学习是提高核心竞争力的重要途径，而学习能力是核心竞争力的核心。巴顿是该理论流派的代表，他认为核心竞争力是使企业独具特色并为企业带来竞争优势的知识体系，具体分为四个维度的系统，即技巧和知识系统、技术系统、管理系统、价值观系统，这四个维度的系统之间存在较强的相互作用。巴顿还认为，核心竞争力构成了企业的竞争优势，会随着时间的积累不断获得提高且不易被其他企业所模仿。因此，企业要实现持续的自主创新，必须以核心竞争力的持续积累为条件。

（三）基于资源观的企业核心竞争力

资源观强调资源和能力对于企业获取高额利润和持续保持市场竞争优势的作用。基于这一观点，企业在获取和配置资源和能力方面的"异质性"决定了其获得高额经济回报的可能性。那些长期的、能获取高于正常利润回报的特性是由企业在"有缺陷的"和"不完全的"要素市场中获取并开发战略性资产的能力所决定的。因为企业在选择和积累资源上的决策是以在有限的信息、认知偏见、因果关系模糊等条件的制约下经济、合理地配置资源为特征的，所以不同企业获取战略性资源的决策和过程的"异质性"构成了企业的核心竞争力。基于这样的观点，资源成为确保企业持续获得超常规利润的基本条件。从资源的类型看，构成核心竞争力的资源具有稀缺性、独特性、持续性、专用性、不可模仿性、非交易性、无形性、非替代性等特征，企业只有拥有了这样的资源，才能在同行业中拥有独特的地位，这种地位就来自于企业在识别、积累、储存和激活资源过程中的独特能力。基于资源观，可以认为核心竞争力是企业在获取并拥有特殊资源的独特能力。

（四）基于组织与系统观的核心竞争力

组织与系统观认为，核心竞争力是提供企业在特定经营中的竞争能力和竞争优势基础的多方面技能、互补性资产和运行机制的有机融合，体现在这种组织中的核心内涵是企业所专有的知识体系，正是企业的专有知识使核心能力表现得独一无二、与众不同和难以模仿。核心竞争力建立于企业战略和结构之上，以具备特殊技能的人为载体，涉及众多层次的人员和组织的全部职能，因而核心竞争力必须有沟通、参与和跨越组织边界的共同视野。库姆斯认为，企业核心竞争力包括企业的技术能力以及将不同技术能力有效结合的组织能力。因此，企业核心竞争力既具有技术特性，又具有组织特性，它包括企业的技术专长（包括产品和工艺）和有效配置这些专长的组织能力。拉法和佐罗认为，企业核心竞争力不仅存在于企业的操作子系统中，也存在于企业的文化子系统中，植根于复杂的人与人、人与环境的关系中。企业真正的核心竞争力是企业的技术核心能力、组织核心能力和文化核心能力的有机结合。核心竞争力的积累蕴藏在企业的文化中，渗透整个组织，而恰恰是组织共识为综合的、不可模仿的核心竞争力提供了基础。

（五）基于流程的核心竞争力

波士顿顾问咨询公司的斯托克（Stalk G，1992）和舒尔曼（Schulman L E，1992）等人认为，成功的企业极为注意行为方式，即生产的组织活动和业务流程，并把改善这些活动和流程作为首要的战略目标。企业成功的关键不仅仅是核心竞争力，每个企业都必须管理一些基本业务流程，如新产品的实现，从原材料到最终产品，从营销、订货到实现产品价值。每个流程都在创造价值，每个流程都要求部门间的协同配合，因此尽管各个部门可能拥有自己的核心能力，但是关键在于管理这些流程，使之形成竞争能力。

本章小结

创业者（entrepreneur）和企业家为同一词，意思是在没有拥有多少资源的情况下锐意创新、发掘并利用潜在机会实现企业的价值的个体。创业者可以分为传统创业者和技术创业者。创业者类型包括生存型创业者、主动型创业者、赚钱型创业者和创意创新型创业者。

企业家是将经济资源从生产力和产出较低的领域转移到较高的领域的人，不仅包括那些已经成功创业或正在创业的一般意义上的企业家，还包括那些具有创新精神的潜在的企业家。企业家精神是企业家的本质。企业家是参与企业的组织和管理的、具有企业家精神的人。企业家精神主要包括冒险精神、诚信守法、创新精神、实干精神以及社会责任感。

创业的定义是：某一个人或一个团队使用个人或组织的力量寻求机遇、创造价值、谋求发展并通过创新和特立独行满足愿望和需求，不管自己手中有什么样的资源。

创业过程包括四个阶段：发现和评估市场机会、准备和撰写创业计划书、确定并获取创业所需要的各种资源、管理新创事业。

有关创业的理论主要包括熊彼特的创新理论和核心竞争力理论。

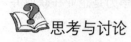

思考与讨论

1. 什么是创业者？
2. 企业家精神包括哪些内容。
3. 如何理解创业的定义。
4. 创业的过程分为哪几个阶段。

实训

1. 结合实际谈谈核心竞争力理论对创业型企业的重要性。
2. 根据所处的地域，结合当地的经济状况，运用创业过程理论发现和评估当地的市场机会。

第二章

创业者的素质构成

知识目标

☆ 掌握创业者的素质构成要素

☆ 熟悉创业者素质构成各要素的具体内容

能力目标

☆ 掌握决策的含义

☆ 了解创业者在社会交往过程中所需的社会资源类型

引导案例

2022年4月6日，雷军在个人社交媒体账号上发布了小米12周年致"米粉"的信。在信中，他表示："经过这么多年的奋斗，小米终于成为史上最年轻的一家500强企业。"目前，小米集团不仅高速成长着，还构建起了庞大、丰富的智能生态，向着手机行业全球第一的目标全力前进。

在小米不断发展壮大的过程中，创始人雷军个人的魅力与素质展现无遗。

1. 勤劳和过硬的专业技术

雷军在创办小米公司之前曾是金山的CEO，他不仅是业内出名的"劳模"，更被认为是"IT界最勤劳的CEO"。在他的影响下，金山团队的成员身上都有一种拼命三郎的精神。同时，雷军对专业技术的刻苦钻研也为他创办小米打下了坚实的基础。

2. 明确创业目标，寻找自己的方向

随着互联网时代的到来，雷军意识到，未来将是移动互联网的时代，这是大势，于是雷军决定辞职，果断进军互联网行业。

3. 抓住机遇，顺势而为

"站在风口上，猪都能飞起来""任何时候都要顺势而为，不要逆势而动"，这些话是雷军对小米高速成长的注解。雷军在创业初期看到了时代的"风口"，也就是智能手机的兴起。即使创业过程十分艰辛，但他从来没有想过退缩，因为他坚信小米公司会有很好的前景。

4. 心理素质好

创业对人最大的考验不在于智商，而在于心理素质。在小米手机刚推出的时候，雷军遭受了各种打击：小米故意以饥饿营销手段炒作；小米手机后盖掉漆、质量差；小米的售后服务跟不上；小米做的是山寨机……面对这些争议，雷军用产品品质和为用户负责的态度将它们一一消解，使小米一跃成为业界的现象级品牌。

资料来源：巨海成杰. 雷军：创业者必须具备的 4 个特质[EB/OL].（2019-09-13）[2022-04-11]. https://zhuanlan.zhihu.com/p/82431719.

【思考】

理解雷军的创业者素质。

第一节　诚　信　力

当今是人才化、信息化、体制化的社会，有一点经济实力和一个好的项目就能创业成功的时代已经一去不复返了。一个成功的创业者必须明确自己的社会责任和社会使命，做到自律垂范、以德为本、诚信创业，这样才能为企业谋求更大的发展。

一、诚信的内涵

诚信的基本含义是诚实、守信。在《现代汉语词典》中，诚实的含义是"言行跟内心思想一致（指好的思想行为）；不虚假"。守信的含义是"讲信用；不失信"。首先，诚信要求人们具有诚实的品德，尊重事实，表里如一，既不自欺又不欺人；其次，诚信要求人们在与他人交往时履行自己所承担的义务、信守诺言、言行一致，以此规范社会人际关系。诚信既是个人的内在品质，又是一种社会行为规范。从商业角度来看，诚信是企业立业之本，没有诚信，就一无所有。人无信不立，诚信的创业者信誉良好，有利于提高企业的实力、塑造良好的企业形象。

案例 2-1

华润万家生活超市：引领消费升级，共创美好生活

作为国有商贸流通企业，华润万家生活超市（广州）有限公司坚持诚信、守法经营，打造了诚信示范标杆。华润万家将"引领消费升级，共创美好生活"作为使命，通过持续的优化与发展，致力于提升大众的生活品质。

（1）打造物美价廉的农副产品网点。华润万家以物流标准化建设为抓手，建立了覆盖周边地区门店的配送中心，实行统一采购、统一配送、统一核算的连锁经营模式，主动参与地方政府重大节日、疫情防控期间的价格调控，在保障平常供应量的前提下，蔬菜零售价格比市场平均零售价格低 15%以上，大米、食用油、猪肉、鸡蛋、家禽零售价格比市场平均零售价格低 5%以上。

（2）设置质量安全控制四道关。华润万家主动借鉴国外先进食用农产品采购、销售和质量安全检验检测标准和规范，制定并执行肉、菜等的食品管理制度，设置质量安全关口：第一道关，定期对供应商基地进行审查；第二道关，供应商将生鲜商品配送到华润万家生鲜配送中心时必须提供合格的自检报告;第三道关,华润万家生鲜配送中心收到农产品当天必须对所有品类的农产品进行农残检测并将检测结果发送给所有销售门店;第四道关,门店配置"食品安全检测室",每天收到生鲜商品后必须按照比例对风险较高的单品进行抽检,每个门店每天至少检测 8 个单品。对于检测结果不合格的商品要进行销毁,销毁过程必须保留记录、照片、视频等备查,有效保证食用农产品的质量安全。

(3)积极承担抗疫保供社会责任。为应对新冠肺炎疫情,华润万家成立应急领导小组,从采购、仓储、销售、服务等业务模块全方位管控,克服人员紧缺的困难,生鲜商品从每天一次配送改成每天两次,同时加大商品采购量,保证市场稳定并郑重承诺不涨价、保供应,以满足消费者的购买需求,实现市民"菜篮子"供应不断档。

资料来源:2021 年全国"诚信兴商十大案例"[EB/OL].(2021-09-29)[2022-04-11]. http://credit. shaanxi.gov. cn/345/11485273.html.

【思考】

谈谈你对华润万家生活超市"引领消费升级,共创美好生活"经营理念的理解。

二、诚信在创业中的作用

(一)诚信是企业生存和发展的基础

诚信是人际交往中获得他人信任的重要砝码,也是企业的生存之道。为了自身事业的发展,创业者必须秉持诚信的原则。

(二)诚信是提高企业竞争力的手段

商业竞争既是产品质量、价格的竞争,又是企业管理、服务的竞争。在产品质量相当的情况下,讲诚信的企业往往能在竞争中取得胜利。

(三)诚信是企业打造品牌的支柱

企业品牌与企业领导者是紧密相连的,只有企业领导者讲诚信、守信用,企业品牌才能得到业主的信赖,才能取得更大的发展。

(四)诚信是企业交易安全的保证

诚信的缺失将导致假冒伪劣商品、虚假合同、虚假广告、虚假信息等的泛滥以及企业间相互拖欠款项、逃废债务等失信行为的频繁发生,这会在无形中加大创业的风险。

(五)诚信是企业树立良好形象的重要策略

企业从事营销活动,销售的不仅是产品,更是企业本身。如果某企业在营销活动中采用了虚假宣传等欺诈方式,不仅消费者不会接受其产品,该企业的声誉也会受到损害,给消费者留下恶劣印象。

(六)诚信是企业吸引顾客的有效途径

顾客数量的多少可在一定程度上反映企业成功与否,要想在留住老顾客的同时不断吸引新顾客,讲究诚信是最基本也是最有效的途径。

三、诚信素质的培养

（1）企业经营者应增强诚信经营意识，杜绝不择手段地牟取暴利的行为。

（2）重视对企业员工的诚信教育。企业要想获得诚信的美誉，除领导者自身要建立诚信形象外，一定不能忽视对员工的诚信教育。目前，大多数企业主只关注员工是否能完成工作目标，忽视了员工的精神建设和诚信教育。

（3）构建企业诚信文化。要创造一流的企业，首先要拥有一流的人才，人才是企业的资本。理论上用人、管人、留人的方法有很多，最重要的一点就是诚信待人。员工是企业文化建设的主体，只有全体员工都具有强烈的诚信意识，时时、处处遵守诚信原则，才能创造出企业整体的诚信文化氛围。

第二节 决 策 力

面对瞬息万变的市场竞争环境，创业者会遇到许多新情况、新问题、新矛盾，作为企业的领导者，必须在关键问题上做出明智、科学的决策，引导企业的发展方向。

一、决策的含义

决策依赖于判断，是从若干个方案中做出选择的过程。这种选择通常不是简单的"是"与"非"，而是对一个缺乏确定性的环境、情景的选择。决策力是指创业者根据主、客观条件，因地制宜，正确地确定创业的发展方向、目标、战略以及具体选择实施方案的能力。决策是一个人综合能力的表现，一个创业者首先要成为一个决策者。

（一）决策的内容

1. 筹资决策

筹资开办企业通常有两种方法：一是借贷，二是利用自有资本。不同筹资渠道的成本、风险、可行性各不相同，这就要求决策者对筹资渠道进行评估，科学地规划企业的负债结构，对不同筹资渠道进行组合，以尽可能降低筹资成本和筹资风险，满足企业运行对资金供给的需求。

2. 模式选择决策

模式选择决策即创业者应确定采用怎样的创业模式，包括单一业主模式、合伙经营模式、公司模式等。

3. 产品选择决策

产品选择决策即对产品经营、开发、设计、包装和品牌经营等做出决策。

4. 市场推进决策

市场推进决策即企业如何在激烈的市场竞争中保持或扩大自身市场份额的决策，内容涉及广告媒体决策、渠道组合决策、促销方式决策、定价决策等。

5. 内部挖潜决策

内部挖潜决策是指对企业运行的活动和活动方式进行取舍和选择，减少浪费、提升效益。

6. 人事管理决策

人事管理决策是指对企业的招聘、培训、奖惩、授权等进行决策。

（二）决策的一般程序

1. 发现问题

创业者在调研和日常的经营管理中要善于发现问题并及时对问题的性质、特征、发展趋势进行分析，在分析的基础上，根据企业生产经营状况适时确定可行性目标。

2. 科学预测

创业者在获得可靠信息的情况下，要运用科学的理论和方法，对企业的未来发展状态和趋势做出预测，制订方案。

3. 确定方案

创业者要运用比较、鉴别，全面评估、总体平衡的方法，从众多方案中选择或综合出一个最佳方案。

4. 试验、修正

确定方案后，创业者应在局部范围内进行试验，根据试验情况对方案进行修正，以保证方案的准确、周密，然后再全面实施并健全反馈机制，注意追踪和监测方案实施的情况，结合实际不断调整方案。

（三）创业者决策误区

1. 决策的浪漫化

决策的浪漫化是指决策目标不明确，决策者一味按自己的思路或凭一时兴趣做决策。

2. 决策的模糊性

决策的模糊性是指决策前的准备不充分，决策者没有收集必要的决策信息，而是凭着灵感、直觉做决策。

3. 决策的急躁化

决策的急躁化是指决策中没有规范的内容限定和程序限制，决策者往往是在危机临近之时才匆忙决策。

4. 没有长远的人才战略

这不仅是人事管理决策上的失误，而且是企业没有完整的决策体系框架的一种表现。

 **案例 2-2**

华为：保护地球，用聆听拯救雨林

热带雨林被称为"地球之肺"，是地球赐予所有生物最为宝贵的资源之一。由于工业化进程的不断推进，人类的砍伐让热带雨林受到了大肆的破坏，因此保护热带雨林的生态平衡和完整，变得刻不容缓。

2019 年世界地球日这天，华为在 B 站公布了与雨林保护组织共同开展公益活动的视频，即回收华为旧手机，将旧手机进行一系列改造后投放到雨林中。这次公益活动以哥斯达黎加热带雨林为主要区域，这片雨林虽然生态丰富、物种多样，却正在遭受盗伐和偷猎问题。为了能更好地倾听和解读雨林的声音，包括动物叫声、水声以及伐木、盗猎的声音，以便志愿人员更多地了解雨林的情况，去保护雨林动植物生态，华为配合雨林保护组织，采取了如下措施：一是通过改装后的华为手机听到雨林的声音，进行数据采集，采集后上传华为云，进行数据储存和分析；二是将改造后的华为手机装进盒子内绑在树上对雨林进行24小时的监听。从收集的雨林声音中精准识别盗伐和盗猎异响，并实时报警，有效地阻止了非法森林砍伐和盗猎行为，还帮助生态保护学家更好地保护生物的多样性。

手机除了用于通信还能用来做什么呢？华为给出了优秀答案。用回收的手机保护雨林环境，不仅是变废为宝的举动，还保护了人类共同的家。华为这项公益行动，无论营销与否都值得大家为之点赞。

资料来源：不只是超级英雄，这些品牌也在默默守护着地球｜一周V案例 [EB/OL].（2019-04-27）[2022-11-11]. http://www.vmarketing.cn/index.php/index/NewsDetail/nid/31889.

【思考】

谈谈你对华为公益营销的认识。

第三节　管　理　力

创业者在企业中是高层管理者，除了要获得在职员工的支持，还要不断激励员工创造性地完成工作，适时地与员工、其他企业、其他相关部门沟通，更要掌握应对企业风险的技巧与方法。

一、激励

在心理学中，激励是指通过科学的方法激发人们的动机，使外来刺激内化为自觉的行为。简单来说，激励就是激发、鼓励的意思。在创业学中，激励是指创造满足在职员工需要的条件，激发并维持在职员工的工作积极性，从而实现企业预期目标的特定行为过程。

企业的发展需要员工的支持，员工的积极性、主动性和创造性将对企业的生存和发展产生巨大的影响。而激励是调动员工积极性、主动性、创造性的有效方法，激励的方式因人而异，具体分为以下几种。

（一）物质激励

物质需要始终是人类的第一需要，是人们从事一切社会活动的基本动因。在企业中，物质激励能充分调动员工的工作积极性，使其更加努力地工作。作为企业管理者，在实施物质激励的过程中应该做到以下几点。

（1）公正。严格按照奖励标准执行。

（2）价值不一。应根据员工对企业贡献的大小实施价值不一的奖励。

（3）反对平均主义。平均分配等于零激励。

（二）目标激励

管理者应该善于发现员工对目标的需求，在工作中引导和帮助员工努力实现自己的目标，让他们对工作产生强大的责任感，自觉地做好工作。

（三）尊重激励

企业上下级之间的相互尊重能形成一种强大的精神力量，有助于企业员工关系的和谐以及团队精神、凝聚力的形成。

（四）参与激励

为员工恰当地参与管理创造和提供机会是调动员工积极性的有效方法，既能激励员工，又能为企业的成功获得有价值的信息。通过参与管理，员工会提升对企业的归属感、认同感，也可以进一步满足自尊和自我实现的需要。

（五）培训和发展机会激励

每个员工都希望通过培训充实自身的知识，提高自身的能力，因此为员工提供进一步发展的机会是企业激励员工的行之有效的方式。

（六）荣誉和晋升激励

授予荣誉是对个体或群体工作的最高评价，晋升则是对表现好、素质高的员工的一种肯定，这两种激励方式都能满足员工的自尊需要，是激励员工不断进取的有效手段。

（七）负激励

激励并不全是鼓励，也包括一些负激励措施，如淘汰、罚款、降职和开除等。

二、沟通

沟通是指通过一定的方式获得他人的信任和支持，以达成自己所设定的目标。

（一）沟通的方式

1. 有形沟通

有形沟通即人与人通过说、写、听、看或肢体语言等方式直接交流。

2. 无形沟通

无形沟通即人与人不直接交流，而是通过其他途径了解他人或让他人对自己有所了解。

（二）成功的沟通者应具备的素质

（1）会表达。表达内心的感受、感情、想法和期望，不可批评、责备、抱怨、攻击他人。

（2）互相尊重。

（3）不恶语伤人。避免祸从口出。

（4）不说不该说的话。

（5）有耐心。对于任何人、任何事，保持谦卑、忍耐、克制。

（6）能从沟通中获取有用的信息。

三、应变力

创业者的应变力是企业生存与发展的基本生命力，具体表现在以下几个方面。

（1）对产品的应变力。随着市场需求的不断变化调整自身产品的品种、规格、花色和质量等。

（2）对市场营销的应变力。随着市场需求的变化不断调整企业自身的营销策略和方式。

（3）管理方面的应变力。随着市场的变化调整经营管理制度、经营方向、用工用人制度等的能力。

第四节 创 新 力

对于不具备良好的创业条件和创业环境的创业者来说，开动脑筋，从身边的小事出发进行创新是创业成功的关键。

一、创新的概念

从哲学角度看，创新是指人们改造现实世界，包括客观世界和主观世界的创造性活动。在这种创造性活动中，人们将新的观念和方法诉诸实践，创造出与现存事物不同的新事物，从而改变现实生活。

二、创新的前提

（1）有一个明确的目标。创业者要明确自己最终所要形成的创新成果是什么样的，同时要明确实现这一目标的一系列途径和方法。

（2）把握重点。任何一个人的时间和精力都是有限的，无法完成所有想做的事情，因此创业者必须合理规划自己的时间、精力等，将其投入重点工作。

（3）学会"扬弃"。创业者的创新过程就是"取其精华、弃其糟粕"的过程。

三、企业创新的核心

企业创新的核心是技术创新，具体包括以下两个方面的内容。

（1）产品创新。产品创新即在技术变化基础上的产品商业化，既可以是全新技术的新产品商业化，也可以是原有产品的技术改进。

（2）工艺创新。工艺创新主要指商品生产技术上的重大变革，包括工艺、设备以及经营管理和组织方法的创新。

产品创新和工艺创新相辅相成、缺一不可，二者共同支撑着企业的技术创新。

四、影响企业创新的因素

（一）经验主义

一般来说，经验是指人们在长期实践过程中得出的结论。利用经验解决实际问题不失为一个好办法，可以提高处理问题的效率，但是既有经验不能解决随着时间和空间的变化出现的新问题。作为创业者，一味地凭经验做事，因循守旧，则难有新的突破，只有在借鉴经验的基础上不断创新才能在激烈的市场竞争中立于不败之地。

（二）教条主义

教条主义又称"本本主义"，它是主观主义的一种表现形式，即把理论当作教条、视书本为《圣经》的思想作风。教条主义的主要特征是：理论与实践相分离，主观与客观相脱离；轻视实践，轻视感性认识；夸大理性认识的作用；不从实际出发，对书本上的个别定义、公式、结论死记硬背、生搬硬套，拒绝对具体问题进行具体分析。

崇尚教条主义的创业者通常认为书本上的知识在任何情况下都是完全正确的、值得推行的，这就犯了理论与实践相分离、夸大理性认识的作用的错误，会阻碍企业的创新与发展。为克服这种教条主义，创业者应该积极地投入实践活动，多思考理论、书本知识与企业实践的适应性和差异，只有一切从实际出发，才能在实际环境中不断创造出新事物。

（三）思维定式

创业者一旦陷入思维定式，就会用一种固定的思路和习惯思考和解决问题，时间长了会造成思维的僵化和呆板，降低思维的开放性和灵活性，这对创新是非常不利的。

五、创业创新能力的培养

（1）有强烈的创新愿望。俗话说，不怕做不到，就怕想不到，创业者只有具有强烈的创新愿望才会采取相关的行动。

（2）有一定的冒险精神。创业除了需要创业者有足够的胆量，还要求创业者有冒险的精神。成功的创业者在决定冒险时，会全面地考虑风险的大小并尽可能让各种风险朝着有利的方向发展。

 案例 2-3

美团 CEO 王兴：创业精神的核心是冒险精神

美团作为我国领先的生活服务电子商务平台，拥有大众点评、美团外卖等消费者熟知的App，服务内容涵盖餐饮、外卖、生鲜零售、打车、共享单车、酒店预订、旅游、电影、休闲娱乐等 200 多个品类，业务覆盖全国约 2800 个县、区、市。美团的使命是"帮大家吃得更好，生活更好"。

美团创始人之一王兴曾是人们口中的"天才少年"，高中时被保送清华大学，大学毕业后拿着全额奖学金去了美国特拉华大学，随后归国创业。

美团并不是王兴的第一个创业项目，他说："创业并不简单，但也不痛苦。面对未来，我依然充满好奇和兴奋，既往不恋、纵情向前是我不变的态度。我希望享受每一天，因为我认为这是一段过程，而不是终点。"

创业精神是一种追求。有了创业精神，创业者才能坚持自己的追求，创业才能从无变有、从小变大、从少变多、从低效变高效。这种创业精神可能颠覆传统的教育观念，因为考试时做选择题必须从给定的几个选项中选择一个答案，回答其他任何答案都不得分，而现实生活中并没有人给你提供几个选项，让你去选。创业者必须突破固有的框架，善于发现全新的事物、角度并把它做大做强。王兴认为，当下，一切行业都在面临互联网化，如果一个人认为自己所属的行业跟互联网没有关系，那么一段时间后，他必将与这个行业没关系了。不管创业者开创的企业是涉足餐饮业、电影业还是生产制造业，哪怕不能完全成为互联网公司，但一定会跟互联网有各种各样的关系，而且这种关系会越来越紧密、越来越频繁、越来越彻底，一切行业都将信息化与互联网化。

资料来源：美团网王兴的创业成功案例[EB/OL].（2016-07-01）[2022-04-11]. https://www.xuexila.com/success/chenggonganli/174572.html?tdsourcetag=s_pcqq_aiomsg.

【思考】

谈谈你对创业者的冒险精神的认识。

（3）善于总结。创业者在创业的摸索过程中，走一些弯路、碰碰钉子是很正常的，关键是要善于在挫折中总结经验。

第五节　社　交　力

一个企业与一个人一样，其生存和发展有赖于良好的社会关系。企业作为一个经济体，它的主要任务是代表投资者的利益，从事创造价值、增加利润的活动，这就要求企业必须在创造利润的过程中承担一定的社会责任，与社会上的不同"利益相关者"，如股东、消费者，政府、媒体、社区、员工等建立有效的社会关系，获取广泛的社会资源。

一、企业的社会责任

按照国际惯例的理解，企业的社会责任大体包括以下几个部分的内容。

（1）对投资者或股东的社会责任。

（2）对消费者的社会责任：满足消费者的需求。

（3）对政府的社会责任：遵纪守法、依法纳税。

（4）对员工的社会责任：提供公平竞争的机会，丰富员工的文化生活，让员工参与管理、参加培训，与企业分享利润。

（5）因使用公共设施所承担的社会责任。

（6）对资源、环境和社会可持续发展的社会责任：保护环境，提供就业机会。

（7）对社区发展、社会慈善事业和其他公益性事业的社会责任：支持社区建设。

二、广泛的社会资源

对于创业者来说，技术专长是利刃，广泛的社会资源是秘密武器。如果只有技术专长，没有社会资源，企业只能"一分耕耘，一分收获"；如果既有技术专长，又有社会资源，企业将是"一分耕耘，数倍收获"。开发和经营社会资源可为企业的发展锦上添花。

（一）社会资源的类型

社会资源主要可以分为以下几种类型。

1. 职业资源

所谓职业资源，是指创业者在创业之前为他人工作时所收获的各种资源。

创业者在正式创业之前会有意识地接触相关行业，最直接的做法是成为相关行业企业的员工，除了要在工作过程中尽可能多地了解该行业的运作过程、技术、资金情况等，还要主动认识该行业的专业人士，这些都是重要的资源，可在将来的创业过程中发挥重要的作用。

2. 人脉资源

所谓人脉资源，是指创业者构建其人际网络和社会网络的能力。

创业者一要通过自己经营的产品和服务吸引更多的人和自己产生链接；二要注重个人的形象和口碑，获得更多的支持和关注；三要接触更多的圈层，寻找更多的机会展示自己的才华和能力，以获得肯定和机会。

（二）扩充社会资源的方法

1. 多参与社团活动

作为创业者，要想扩充自己的社会资源，比较有效的方法是通过参与社团活动多结交一些成功人士，俗话说"近朱者赤，近墨者黑"，这些成功人士的优秀品质和他们的创业经验都是值得创业者学习的。

2. 多与政府部门沟通

任何一位创业者在创业之初，都必须到各个政府部门办理相关手续，涉及部门包括工商管理部门、税务部门、劳动人事管理部门、商检部门、卫生部门、环保部门等。任何一个环节拖延了，都会对企业的运行造成一定的影响。作为创业者，在做到遵纪守法、按章纳税、树立良好的企业形象的情况下，多与政府部门人员打交道，获得他们的支持，利于发展自己的事业。

3. 善于利用现代互联网

继报刊、广播、电视之后，互联网作为一种新兴媒体，有着传统媒体无法比拟的优势，深刻影响着人们的生活。任何人在任何时候都可以从互联网上获取自己想要的知识和信息，利用互联网进行信息交流和资源共享。

 案例2-4

做生意为什么要整合资源

一家保险公司在向客户推销保险的时候会告诉客户办理他们的保险可在生日的时候免费得到一个蛋糕，成交后，保险公司业务员会把客户的年龄、生日、联系方式、家庭住址等告诉合作的蛋糕店，然后把免费提供的生日蛋糕卡送给客户，卡的有效期为客户生日前5天。

当客户拿着蛋糕卡到蛋糕店领取蛋糕的时候，蛋糕店的员工会告诉客户："我们正在搞提前预订生日蛋糕送红酒的活动，只需要支付20元定金即可得到价值××元的红酒一瓶。"

倘若客户支付了定金，蛋糕店员工就会把一张红酒卡给客户，让客户去合作的酒城拿酒。保险公司、蛋糕店、红酒城三方合作，给三方都带来了利益，保险公司给客户送去蛋糕卡可在加强自身营销效果的同时得到拜访、再次促销的机会；蛋糕店、红酒城通过与保险公司的合作得到了大批量的准客户，提高了营业额。这就是资源整合的作用。

资料来源：来自网络并经作者加工整理。

【思考】

谈谈你对整合资源的重要性的认识。

本章小结

创业者能否成功与其自身具备的素质高低有很大的关系，创业者素质包括：诚信力，是创业者发展企业的基石；决策力，是创业者综合能力的表现；管理力，是创业者取得成功的关键；创新力，是创业者为企业谋求发展的前提；社交力，是创业者成功的保证。

思考与讨论

1. 创业者应如何理解诚信？
2. 决策包括哪些内容？
3. 创业者的创新体现在哪里？

实训

1. 采访2～3名自己身边的创业成功人士，了解他们的决策力、管理力的应用。
2. 谈谈你具备的创业者素质有哪些，应该加强的创业者素质有哪些。

第二篇
评估创业机会

创业环境分析

引导案例

北京万圣书园创办于1993年10月，是民营学术书店的先驱。万圣书园早期位于西北三环中国人民大学附近，1994年迁到北京大学东门外的成府街深巷。那个原本偏僻的角落，一天到晚熙熙攘攘，人群川流不息，可谓"谈笑有鸿儒，往来无白丁"。

万圣书园在店内开设了一间"醒客咖啡厅"（Thinker's Cafe Bar），营业面积近400平方米，成为大学教授、学术家、思想家、工商界精英以及外国学者经常聚会的场所。

凭借紧邻清华、北大两所名校这一地理优势，万圣书园经常举办学术沙龙，邀请名人进行学术讲座，以学术气氛和名人效应吸引了大量的粉丝，同时带动了图书的销售。在万圣书园，你很难分清学术和商业哪个是"主"、哪个是"辅"。

资料来源：关于万圣[EB/OL].（2022-04-13）[2022-04-13]. http://www.allsagesbooks.com/index.asp.

【思考】

1. 万圣书园具有哪些环境优势？

2. 万圣书园是如何利用其环境优势进行经营的？

第一节　创业环境概述

创业环境分析是发现创业机会的基础，是进行创业可行性分析的前提。随时变化的环境能给创业者带来机遇，也能给创业者造成威胁。创业者必须清楚宏观的、微观的、行业的等各种环境因素及其发展趋势，同时要判断这些环境因素对具体行业、企业的影响是限制性的还是促进性的，只有这样，创业者才能抓住机遇，避免严重威胁，成功创业。

一、创业环境的内涵

（一）创业环境的概念

所谓创业环境，是指围绕创业者的创业和发展而变化并足以影响或制约创业行为的一切外部条件的总称。它一方面是指影响人们开展创业活动的所有政治、经济、社会文化诸要素；另一方面是指获取创业帮助和支持的可能性。

创业环境是上述各种要素相互交织、相互作用、相互制约而构成的有机整体。创业者的创业过程并不仅仅依靠某一方面的推动，也不仅是某一种要素发挥作用的结果，它的运作需要环境中各方面要素的支持。

（二）创业环境的特征

1. 整体性

创业环境是一个各要素相互作用、相互联系的有机整体，具有整体性的特征。因此，创业者应该运用系统的原则和方法，从整体的角度考察创业环境，不能割裂各要素之间的联系，要从创业环境的整体出发研究个体要素的表现。

2. 主导性

在创业环境的各要素中，总有一个或几个要素在某一阶段的发展中居于主导地位，其在创业环境这个整体中规定和支配着其他的要素。因此，对主导要素的研究具有特别重要的意义。

3. 可变性

区域环境和创业环境都是不断发展变化的，包括经济结构的调整、政治制度的优化、市场需求的变化、消费水平的提高等，这些都极大地影响着创业环境，使创业环境始终处于不断变化的过程中并且逐步趋于完善。因此，创业者必须用动态的观点看待、研究创业环境，这样才能正确认识创业与创业环境之间的关系。

4. 差异性

差异性是指不同地区之间的差异。创业环境是个空间概念，所在的区域不同，内容也不尽相同。区域政治、经济、文化等方面的差异决定了创业环境的地区差异。

二、创业环境的分类

创业环境可以从多个角度进行分类，其基本分类如下。

（一）按创业环境的构成要素分类

从宏观层次看，按构成要素可以将创业环境分为经济环境、政治法律环境、科技环境、商务环境、教育环境、社会文化环境以及自然环境等。

（二）按创业环境的层次分类

创业环境是有层次的，形成一个分级系统。其中，宏观环境是指一国或一个经济区域范围内的创业环境；中观环境是指某个地区或城市、乡镇的创业环境；微观环境是指企业的文化氛围、团队合作精神、创新精神等。

（三）其他分类

创业环境有硬环境、软环境之分。所谓硬环境，是指创业环境中有形要素的总和，如有形基础设施、自然区位和经济区位；软环境指无形的环境要素的总和，如政治、法律、经济、文化环境等。

硬环境是创业的物质基础，但在一定时期内，硬环境的变化是有限度的，而软环境的改善能够弥补硬环境的缺陷，提高硬环境的效用，最终成倍地提高整体环境的竞争力。

 案例 3-1

校园里的"解忧"坚果铺

江阴职业技术学院（简称"江阴学院"）"解忧"坚果铺的前身是坚果小铺。坚果小铺成立于2020年9月，是江阴学院经济管理系市场营销专业在教学实践的基础上开展的实践活动项目，其依托于该专业的"师生营销工作室"，是学生根据所学的专业知识，在专业老师的指导下，结合理论与实践，在原有的虚拟校园产品销售活动的基础上进行的创业实践。

在虚拟校园产品销售活动中，项目组成员发现，越来越多的学生容易受各种事情的影响产生不良情绪，而坚果所含的有益成分会刺激人体分泌多巴胺，使人获得更多的愉悦感。在这种愉悦感的影响下，学生希望能有人陪自己聊天，让自己能尽情吐槽，摆脱负面情绪。因此，项目组将原来的坚果小铺改名为"解忧"坚果铺，旨在为学生提供产品并为其提供更多的陪伴服务，由此逐步摸索出一条校园创业之道。

资料来源：汪彤彤，蔡佳豪. "互联网+"时代高职院校校园创业实践探索：以江阴学院"解忧"坚果铺创业实践为例[J]. 投资与创业，2021，32（21）：62-64.

【思考】

1. 在校园内开设坚果铺是否可行？为什么？
2. 作为一个消费者，你的零食消费观念和购买习惯是怎样的？
3. 大学校园的创业环境有何特点？

第二节　创业环境分析的意义和方法

创业环境分析的目的在于使创业者适应市场环境，寻找成功的创业机会，所以创业者必须利用相应的分析方法对创业所面临的创业环境进行分析和评价。

一、创业环境分析的意义

创业环境的基本要素可对创业活动产生重要的影响，促进创业机会的产生，增强创业者的创业能力。创业机会和创业能力相结合，就会产生创业活动，创业总是在一定的政策环境和市场环境中产生的。创业者必须对环境有深刻的了解并采取相应的对策，才能保证创业的成功。创业环境分析的意义具体体现在以下三个方面。

（一）指导创业

创业活动可以被看成一个开放的系统，它与所处的环境是相互作用、相互影响的。创业者获取资源、在市场上竞争都离不开其所处的环境。通过对创业环境的分析，创业者可以了解创业环境为什么能影响创业活动，从而为创业者评估自己的创业能力和环境因素提供一定的理论参考。

（二）规避创业风险，提高创业的成功率

创业者创业活动的成功率在整个世界范围内都是不高的，究其原因，除创业者自身的能力有限、创业资金不足等外，创业环境的影响，如政府服务意识不高、法制环境不健全、社会服务化程度低等都严重影响着创业企业的生存和发展。通过对创业环境的分析，创业者可以了解创业环境是如何影响创业活动的，从而规避创业风险，提高创业的成功率。

（三）完善社会服务功能，建立有效的创业环境支持体系

创业环境对创业的影响最终表现在创业的成功率上。在创业的过程中，一部分创业者崛起，更多的创业者沉沦了。分析其深层次的原因，主要是创业环境中各个方面的因素对创业活动的影响程度较大。同时，不同因素对创业的影响程度不同，同一因素在创业的不同阶段也会产生不同的影响。因此，创业者应正确评估创业环境因素的影响程度，完善社会服务功能，从而建立有效的创业环境支持体系。

二、创业环境分析的九个维度

创业环境对创业的成败具有决定性作用，因此分析创业环境对于创业者具有十分重要的意义，具体应该从以下九个维度展开分析。

（1）金融支持。金融支持指新成立的企业和成长型企业获得金融支持和资源的程度，包括馈赠和政府拨款。

（2）政策。政策及其实施情况涉及税收和政府规章制度等方面的内容，要分析政策对创业活动是持中立态度还是鼓励态度。

（3）政府项目。这是指各级政府直接提供给新创企业和成长型企业的项目，如政府的采购项目等。

（4）教育和培训。教育和培训是创业活动得以开展的必要条件，也是创业者将潜在商业机会变为现实的基础。

（5）科研成果转移。具体指科学研究和开发在多大程度上创造新的商业机会以及研发是

否可以为新创立的小型企业和成长型企业所用。

（6）商业和专业基础设施。这是指商业、会计和其他法律服务及机构对于允许和促进新创企业、小型企业或者成长型企业的影响。

（7）市场开放程度和进入障碍。这是指为了避免新创企业和成长型企业与现有市场的供应商、分销商和咨询顾问竞争并取代他们的商业贸易规定的稳定和不变程度。

（8）基础设施。具体指可利用的有形资源的质量及其可获得的难易程度，包括通信设施、邮政服务、互联网、公共设施、交通设施（陆、海、空运输）、土地和办公空间、土地成本、财产所有权、办公用地租金等。此外，还包括原材料和自然资源的质量及其可获得的难易程度，如木材、土壤、气候这些对于潜在创业企业的成长和发展有利的自然条件。

（9）社会文化和社会规范。具体指现存的社会文化和社会规范是否鼓励个人行为，这种行为可以导致人们以新的运营模式经营商业或者经济活动，反过来又会导致社会财富和收入的分散。

三、创业环境分析的方法

（一）主观反馈法

主观反馈法即收集现实中的创业者对创业环境各要素的主观评价，再进行系统分析，从而推断创业环境的现况。因为每一位创业者的切身经历和经验都是对客观的创业环境的直接感受，也是对创业环境的最直接评价。

（二）抽样调查法

抽样调查法即从现有的创业者中选择一部分能够充分代表总体信息的调查样本，通过分析这些样本正确认识创业环境。

（三）问卷调查法

问卷调查法即将有关创业环境要素的问题设计成问卷并从创业者总体中选择有代表性的人员进行调查，然后对回答进行统计、分析，以便了解创业环境各要素的真实状况。

（四）个别访谈法

个别访谈法即依照方便、开放的原则，选择较有代表性的创业者进行无结构式访谈，提出有关创业环境的开放式问题，受访者就个人经验和自身的实际遭遇进行陈述，发表个人意见。

（五）座谈访问法

座谈访问即根据区域分布，分别在不同地区召开有关创业环境的专题座谈会，邀请部分创业企业家和企业管理者就创业环境展开有关开放性和封闭性问题的组合座谈，在了解个别企业实际境遇的同时，对共同关心的环境"瓶颈"问题展开讨论并提出相应的对策和建议。

（六）个案分析法

个案分析即选择个别成功创业者，对其创业及成长的过程进行结构式采访，分析其成功与创业环境相关要素的关系以及制约其进一步发展的"瓶颈"要素；选择个别创业失败者，帮助其分析创业失败的原因并分析哪些要素与创业环境有关；选择个别外迁的企业，了解其外迁的主要原因并分析哪些与创业环境有关。

（七）矩阵分析法

环境因素的发展变化可能给创业者带来市场机会，也可能造成威胁，可采用矩阵图分析和评估研究环境因素对企业的有利或不利影响。

1. 机会矩阵

机会矩阵以横坐标表示机会的吸引力，即创业成功后的利益；以纵坐标表示机会出现的概率，即创业成功率。根据各环境因素在这两个维度上的表现就可以区分其重要程度，如图 3-1 所示。

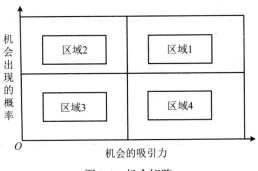

图 3-1　机会矩阵

区域 1：成功率高且成功后会取得较大的利益，因此对创业者的吸引力大，是应该充分利用的环境。

区域 2：成功率高，但成功后取得的利益较小，是创业者应该注意开发的环境。

区域 3：成功率低且成功后给企业带来的利益也较小，是创业者应该注意回避的环境。

区域 4：成功率低，但一旦成功会给企业带来较大的利益，因而创业者应该注意创造条件，力争成功。

2. 威胁矩阵

威胁矩阵以横坐标表示威胁的严重性，即影响企业经营的严重程度或造成损失的大小；以纵坐标表示威胁发生的概率。根据各环境因素在这两个维度上的表现就可以区分其影响程度和性质，如图 3-2 所示。

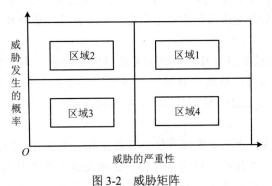

图 3-2　威胁矩阵

区域1：威胁发生的概率高，而且发生后将产生较为严重的负面影响，因此创业者要予以特别关注。

区域2：威胁发生的概率高，但发生后带来的负面影响有限，创业者应该予以必要的关注。

区域3：威胁发生的概率低，并且发生后给企业经营带来的负面影响也比较有限，是可以基本忽略的环境。

区域4：威胁发生的概率低，但一旦发生会产生较为严重的负面影响，因而创业者不能掉以轻心。

3. 机会、威胁综合矩阵

机会、威胁综合矩阵以横坐标表示机会水平的高低，以纵坐标表示威胁程度的强弱，这样就可以将业务项目划分到四个区域内，如图3-3所示。

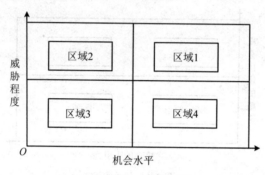

图3-3　机会、威胁矩阵

区域1：威胁程度强、机会水平高，处于这一区域的是风险型业务。

区域2：威胁程度强、机会水平低，是最差的环境状态，处于这一区域的是困难型业务。

区域3：威胁程度弱、机会水平低，虽营利能力不强，但也没有太大的风险，处于这一区域的是成熟型业务。

区域4：威胁程度弱，机会水平高，是最佳的环境状态，处于这一区域的是理想型业务。

案例 3-2

日均 50 家教培破产！知名培训机构将关闭所有门店

天眼查 App 显示，据不完全统计，2021 年 7 月以来，我国已有超 1250 家教培相关机构被法院强制执行，包括华尔街英语培训中心（上海）有限公司、豆神教育科技（北京）股份有限公司等。

2021 年 8 月初，有媒体报道称，华尔街英语将宣布破产，其在北京、杭州、广州等多地的门店已大量关闭，员工与学员集中维权现象频现。天眼查 App 显示，华尔街英语及其分公司已多次被强制执行，如 2021 年 8 月 20 日华尔街英语培训中心（上海）有限公司被执行120 665 元。

此外，豆神教育科技（北京）股份有限公司被执行金额巨大，2021 年 7 月 13 日，该公司被强制执行约 625 万元。在此之前便有爆料称，豆神大语文拖欠员工资、家长退费无门等。对于"跑路"的说法，豆神教育曾回应、致歉并表示主营业务将全面转型。

"双减"措施出台后，仅 2021 年 7 月 25 日至 27 日中午，涉及培训机构退费的相关诉求就达 1084 个。

据企查查报道，2021 年 3 月注销和吊销的教培公司有 310 家，4 月有 307 家，达到了近一年教培机构注销和吊销的最高峰。线下教育培训机构受 2020 年新冠肺炎疫情影响，"元气大伤"，仍未复原。

天眼查数据显示，截至 2021 年 8 月，教培相关企业注销或吊销的数量超 14 万家，较 2020 年同期相比，增长了约 34.59%。

2021 年政策频出，受新冠肺炎疫情的影响，机构经营仍面临很大的问题，破产与倒闭现象时有发生。

资料来源：日均 50 家教培破产！知名培训机构本月底将关闭所有门店[EB/OL].（2021-08-28）[2022-04-15]. https://new.qq.com/rain/a/20210828A07E2J00.

【思考】

校外培训机构为何出现倒闭潮？

第三节　创业宏观环境分析

宏观环境对企业的影响虽是间接的，但力度是巨大的，因为宏观环境因素是企业无法控制的，创业者必须了解或熟悉相应的宏观环境因素才能适应环境、把握机遇。

一、政治环境

与创业活动密切相关的政治环境的主要因素包括政局、国家政策等。

（一）政局

政局是指某一国家在政治制度、外交政策、战争、执政党更换、政府更迭、要员更迭、政策巨变、社会治安恶化、罢工、暴乱、压力集团活动、民族矛盾以及社会动乱等方面的情况。

（二）国家政策

一个国家的政策是该国所有企业都必须遵守的准则，当国家在一定范围内调整或改变某项政策时，企业也要相应地调整经营目标和策略。对国家政策的分析是企业制定发展规划的基础。

1. 政策持续性分析

政策持续性包括政策的稳定性和政策变化趋向的一致性两个方面，各种政策总有一定的稳定性，创业者应对各种政策的稳定性做出合理的预期，以便更好地在国家政策允许的范围内从事创业活动。但由于各种条件总在不断变化，政策的制定者要根据环境的变化重新制定政策或及时调整、修订政策，因而各种政策总有一定的变动性。创业者应对各种政策的变化趋向做出合理的预期，分析各种政策是否会一直朝着对自身企业有利的方向发展。

2. 信贷政策

创业往往离不开银行的贷款支持，大型跨国公司也如此。因为企业难免会遇到资金周转不畅的时候，而市场机遇常常需要迅速、集中投入资金，因此国家和银行对待大众创业的信贷政策会直接影响创业的成败。

3. 税收政策

税收政策对于吸引投资，鼓励、保护创业，促进经济发展具有重要作用。为了鼓励、保护大众创业，减轻创业者的创业负担，发达国家普遍实行优惠的税收政策。

4. 财政补贴

为了引导创业者和中小企业的发展方向，政府不仅采取优惠税收政策——少收税，还采用了财政补贴的方式，以税养企业。

5. 技术创新政策

技术创新政策对于促进科技人才创业、中小企业技术创新起着重要作用。

（1）孵化支持。建立企业孵化器是鼓励技术创新的重要措施，也是技术创新政策的主要体现。所谓企业孵化器，就是由政府给予资金、技术、人力、物资等多方面的支持，协助创建高新技术企业的系统。企业孵化器有助于将科研成果尽快转化为生产力。

企业孵化分为以下四个级别。

① 一级孵化，又叫项目孵化，孵化对象是高新技术的研发成果，目的是使科研成果商品化、产业化，创建新的中小型高新技术产业。

② 二级孵化，又叫企业孵化，孵化对象是中小型科技企业及其创业者。

③ 三级孵化，又叫大孵化，是二级孵化阶段中的企业进入科技园区向大型科技企业发展的过程。

④ 四级孵化，又叫跨国孵化，是高新技术园区的国际企业通过其海外孵化基地孵化成外向型高新技术企业，引入国外尚未产业化的高新技术，实现跨国经营。

企业孵化器与企业之间是一种有偿服务的关系，双方签订孵化协议，互相制约。在创业中心有条件和双方自愿的条件下，创业中心可以参股。创业中心也可以自我孵化，创办企业。

（2）法规支持。我国为了支持高新技术产业的创办，促进高新技术成果转化，出台了《中华人民共和国科学技术进步法》和《中华人民共和国促进科技成果转化法》，鼓励科研机构和科研人员以多种方式转化高新技术成果，可以自办企业，也可以将成果作为资本向其他企业投资，作价可达到企业注册资本的35%。

（3）财政支持。为了扶持和促进高新技术企业的成长和发展，我国在1999年成立"科技型中小企业技术创新基金（简称"创新基金"）。"这是用于支持科技型中小企业（以下简称"中小企业"）技术创新项目的专项基金，属于政府引导性资金，旨在通过支持成果转化和技术创新，培育和扶持科技型中小企业；同时，吸引地方、企业、科技创业投资机构和金融机构对中小企业技术创新的投资，推动建立符合市场经济客观规律、支持科技型中小企业技术创新的新型投资机制，为中小企业营造良好的创新、创业环境。根据中小企业和项目的不同特点，创新基金采取不同的资助方式：一是贷款贴息；二是无偿资助；三是资本金投入。

二、经济环境

经济环境包括经济结构、经济发展阶段、经济周期、国民收入及其变化趋势、资本市场等因素，它们决定了企业潜在市场的大小。

（一）经济结构

经济结构是指一个国家或地区的产业结构、分配结构、交换结构、消费结构、技术结构以及所有制结构等。其中，产业结构与新创企业的关系最为密切，如果一国（地区）的产业结构处于升级阶段，则会提供较多的创业机会。

（二）经济发展阶段

企业的经营活动受其国家或地区所处经济发展阶段的制约。以消费品市场为例，处于经济发达阶段的国家比较重视产品的基本功能，同时比较强调产品的款式、性能与特色；而处于经济欠发展阶段的国家则比较注重产品的基本功能和实用性，采取价格竞争策略的企业具有一定的优势。

（三）经济周期

经济周期是现代社会发展过程中不可避免的经济波动，包括繁荣、萧条、衰退、复苏四个阶段。在经济周期中，经济波动几乎会影响所有部门，造成产量、就业、物价水平、利率等的变动。一般来说，经济周期的不同阶段都可能产生创业机会，但是由于经济总量与经济结构在萧条、衰退阶段处于相对收缩的状态，因而不利于创业活动的开展；在经济复苏、繁荣阶段，经济活动十分活跃，因而有利于新创企业的发展。

（四）国民收入及其变化趋势

国民收入是一个国家物质生产部门的劳动者在一定时期内所创造的价值总和，它反映了一个国家的经济发展水平。人均国民收入是每年平均每人的国民收入，它反映了一个国家消费品市场的平均水平。居民个人收入包括每人的工资、奖金、津贴、退休金、红利、租金、赠予等从各种来源所得的全部货币收入，它反映了消费者的购买力水平。从个人收入中扣除直接支付税款及非税性负担后，所剩的收入是个人可支配收入；从个人可支配收入中扣除维持生活所需的支出（食品费用、固定费用、水电费、分期付款、学费、托儿费、抵押借款等）后，剩余的收入是个人可随意支配收入。所有家庭成员个人收入的总和构成家庭收入。根据恩格尔定律，随着家庭收入的增加，用于购买食品的支出占家庭收入的比重下降，用于住宅、建筑和家务经营的支出占家庭收入的比重基本不变，用于其他方面（服装、娱乐、交通、卫生保健、教育）的支出占家庭收入的比重会上升。

根据经济学的一般原理，收入等于消费与储蓄之和，当收入一定的时候，消费与储蓄的关系是此消彼长。居民收入中有一部分以各种形式储存起来，它是一种推迟的、潜在的购买力，往往影响着消费的潜在需求量及消费模式、消费内容、消费的发展方向。但是，消费者的购买能力并非局限于收入和储蓄，随着金融市场的不断发展和完善，消费者可以通过消费信贷等多种信用形式提升购买力，这是一种预支的购买力。

（五）资本市场

资本市场在现代经济中占有重要地位，它是融通资金、调节投资的主渠道，其发展状态决定着企业可获得资本的数量和取得资金的难易程度，尤其对于新创企业而言，资本市场是决定其能否渡过初创期的资本障碍，从而进一步发展壮大的关键。

三、社会环境

社会环境包括人口结构、社会文化环境等因素。

（一）人口结构

人是市场的主体，是企业经营活动的基础和最终对象。人口的变化意味着市场规模、市场结构的变化。人口总数及其增长速度决定了潜在市场和现实市场的规模，但不同地区由于地理环境、气候条件、自然资源、风俗习惯的不同，消费需求的种类和数量不尽相同，消费者的购买习惯与行为也存在着差别。同样，年龄结构不同的消费者对商品和服务也会产生不同的需求，形成各具特色的市场；性别不同的消费者不仅需求不同，购买习惯与行为也有很大的差异。

（二）社会文化环境

任何企业的经营活动都处于一定的社会文化环境中，所谓社会文化环境，是指一个国家、地区或民族的传统文化，通常由价值观念、信仰、风俗习惯、行为方式、社会群体及其相互关系等内容构成。社会文化环境是影响人们的欲望和行为的重要因素。在不同文化背景下生活的人们会建立不同的观念和信仰，遵循不同的行为规范，因而也具有不同的购买理念，从而导致不同的购买行为。企业只有全面、认真、准确地判断和分析消费者所处的社会文化环境，才能较准确地把握消费者的需求，正确选择自己的目标市场。

四、科技环境

科技环境包括社会科技水平、社会科技力量、国家科技体制、国家科技政策和科技立法等，它们直接或间接地影响着创业活动以及新创企业的生产经营，因为科学技术的发展决定着社会生产力水平，一种新技术的出现必然导致新的产业部门的出现，使消费对象的品种不断增加，范围不断扩大，进而使消费结构发生变化。

五、自然环境

创业者考察自然环境的目的是分析周围的环境及资源是否适合创业项目的发展，能否提供该行业所需的资源条件。同时，随着人们环保意识的逐渐增强，可持续发展已成为全球关注的战略问题，许多国家或地区已经制定了相关的环境保护法。因此，创业者必须顺应可持续发展战略的要求，在生产经营中保证不破坏自然环境、不浪费资源，以实现企业利益、消费者利益、社会利益及生态环境利益的和谐、统一。

六、法律环境

法律是市场经济条件下规范企业经营行为的准则，国家的法令法规特别是关系到经济活动的立法不仅规范着企业的行为，而且会使消费需求的数量和结构发生变化，能鼓励或限制某些产品的生产和销售。在我国，司法均以法律、法规、规章为依据，判例不是法律，没有普遍的约束力，但具有较强的参考意义，尤其是最高人民法院公布的判例。对于新创企业而言，创业者不仅要熟悉我国的基本法律法规，如《民法典》《票据法》《著作权法》等基本民商法律和《企业登记管理条例》等相关工商管理类法规，还要了解相关国际贸易规则与惯例，在与外国公司进行生产、经营、投资合作时，要了解其所在国的反垄断法、反倾销法、劳动法及有关产品安全等方面的法律规定。

 **案例 3-3**

不断起浪！北大"猪肉佬"抖音直播首秀讲述"另类"成功

2020 年 5 月 7 日，北大"猪肉佬"陈生和陆步轩在抖音直播间侃侃而谈，讲述他们的"另类"成功经验。"我 58 岁，又开始创建'肉联帮'，你说我是前浪还是后浪？我是正在起浪。"陈生在抖音里这样说，管它什么前浪、后浪，努力起浪就行了。

2020 年 5 月 7 日，壹号土猪创始人、壹号食品董事长陈生联手壹号土猪联合创始人、壹号食品副董事长陆步轩在抖音开启直播首秀。毕业于北大的他们因卖猪肉而名噪一时，把猪肉卖出了北大的水平。

1984 年，陈生从北大毕业后，先后在广州市委办公厅、湛江市委办公厅端上了"金饭碗"。但喜欢闯荡、挑战的他，很快就辞去公职并先后创办了天地壹号、壹号食品、"肉联帮"等业内知名品牌。

2006 年，陈生在广州菜市场闲逛，发现偌大的菜市场却没有什么像样的猪肉品牌，更别说高端猪肉品牌了。其后，他四处调研和考察，敏锐地"嗅"到了万亿市场里的大商机。在尝遍中国多个猪肉品种后，在业内有关科研机构及肉品专家的肯定下，陈生确定了几款优质品种用于育种研发，壹号土猪就此诞生。

2007 年，"壹号土猪"在广州横空出世，目前已成为国内知名的高端猪肉品牌，连锁店遍布北京、上海、广州、深圳等全国各大城市。2008 年，陈生、陆步轩在广州一拍即合，开办"屠夫学校"，陈生出资办学，陆步轩编写教材。2016 年，陆步轩从档案局辞职，全身心地卖起了猪肉。

2018 年，壹号食品积极布局新零售，全面进入社区生鲜零售领域，旗下再添新成员——"肉联帮"并于 2019 年 12 月获美团旗下龙珠资本 A 轮融资。

在此次直播中，两位北大才子金句频出，陈生说他之所以在农业领域创业比较顺利，跟他的农民出身有关。"我在大学里接受了非常好的教育，又在机关里工作过，还有农村生活经历，所以我在农业领域创业，因为我比很多有知识的人具有更多的农业知识。整体来说，我在农业领域创业得心应手。"

谈及销售技巧，陆步轩毫不掩饰地告诉网友："第一就是诚信，我们读书人脸皮薄，不会骗人，不敢骗人。"

陈生和陆步轩的另类成功引起了众多网友关于读书、择业、成功的讨论。这次直播活动的预告视频引来超过 800 万人的关注，共收获 13 万人的观看。活动当天，两人的抖音号"陆步轩""帮主陈生"共涨粉两万多人。

资料来源：不断起浪！北大"猪肉佬"抖音直播首秀 讲述"另类"成功[EB/OL].（2020-05-09）[2022-04-15]. http://www.gdyhsp.com/page104?article_id=779.

【思考】

1. 壹号土猪创业成功的有利环境因素有哪些？

2. 大学毕业生卖猪肉是否"大材小用"？谈谈你的"成功观"。

第四节　行业环境分析

由于所处的发展阶段不同，不同行业的特征以及经济特性都是不同的。这些特性将直接决定企业所选择进入的行业以及所要生产的产品能否为企业带来可观的利润，甚至关系到企业的生死存亡。创业者进行行业环境分析的目的在于通过了解行业的基本竞争情况及潜在的发展机会，做出正确的投资决策，尽量避免投资失误和资源浪费。

一、行业的发展阶段

行业的发展基本分为四个阶段：孕育阶段、成长阶段、成熟阶段和衰退阶段。一个行业的生命周期从本质上看是由该行业生产所使用的关键技术的成熟程度决定的，而技术同样具有生命周期，即萌芽、生长、成熟、老化期。当一项新技术刚刚被研制出来但还不被人们熟悉时，它的发展较慢，相关行业处于孕育期；一旦技术迅速扩散，形成一定规模，行业会相应进入成长阶段、成熟阶段；进入成熟阶段后，技术扩散速度逐渐放慢，行业随之步入衰退阶段，如果在此期间有新的技术取代原有技术，则行业的生命周期会在技术替代的过程中得以延续。

对创业而言，不同的行业发展阶段所带来的机会和威胁是不同的。

（一）孕育阶段

在此阶段，行业生产的关键技术尚处于研制过程中，消费群体不明确且规模很小，存在大量的创业机会，先进入者拥有制定行业、生产、技术标准的优势，但同时也存在很大的技术风险、市场风险。

（二）成长阶段

在该阶段的前期，行业刚刚形成，现有企业的规模小、产品少，但给创业者的机会多。随着关键技术逐渐成熟，企业纷纷进入，行业规模迅速扩大，投放到市场上的产品数量大、品种多。由于这一阶段的市场需求增长得较快，所以给创业者的机会较多。

（三）成熟阶段

这是行业稳定发展的阶段，企业间竞争激烈，实力弱的企业或被兼并或淘汰出局，实力雄厚的大企业拥有较高的市场占有率。由于市场需求已趋于稳定，这一阶段留给创业者的机会十分有限。

（四）衰退阶段

这是行业逐渐消亡、衰落的阶段，许多企业纷纷退出，由于市场需求下降，原有产品逐渐被新产品替代，这一阶段的市场机会微乎其微，创业者应尽量回避在此阶段进入行业。

以上行业发展的四个阶段的市场机会各不相同，其中机会最多的应属成长阶段，因此创业者应该尽量在此阶段进入行业。

二、行业的进入壁垒

创业者在进入一个行业之前，必须对进入这一行业的障碍有所了解。一个行业的进入壁垒越高，潜在进入者就越难进入。影响或阻碍潜在企业进入的行业壁垒主要有以下几个。

（一）规模经济

无论进入哪一个行业，创业项目都必须具备相应的生产规模，否则难以达到一定的盈利水平。

（二）产品差异

所谓产品差异，是指顾客对某产品所形成的消费偏好。如果某行业存在诸如品牌偏好、风俗偏好或口味偏好等产品差异，新进入企业要付出大量的成本进行品牌建设、产品定位、广告宣传等工作，以建立新的差异，改变顾客对原有品牌的忠诚度，否则将无法售出产品，导致亏损。

（三）顾客的品牌转移难度

顾客的品牌转移难度是指顾客信任和偏爱行业原有品牌的程度。顾客对于原有品牌的依赖程度越高，就越难接受新品牌或根本不想尝试，这样的行业是难以进入的。

（四）所需投资量的大小

进入某一行业所需投资量的大小除了取决于行业最低经济规模和合理经济规模，还取决于该行业的技术复杂程度。一个行业所要求的生产经营技术越复杂，技术难度越大，则新进入企业在开发新产品、试制生产和商品化工作方面付出的成本越多，所需投资量就越大，该行业就越难进入。

（五）转换成本

转换成本不仅包括进入一个新的行业在固定资产、工艺装备的改造和原材料供应转换以及新员工培训等方面的费用，还包括心理转换成本。所谓心理转换成本，是指新进入行业的企业往往需要提供比原有企业更好的产品、更低的产品价格或者给予顾客更多的免费服务项目，否则难以使顾客接受新产品。心理转换成本越高的行业越难进入。

（六）销售渠道限制

如果企业进入一个行业后不能利用原有的销售渠道，就必须花费一定的费用建立新的销售渠道，这方面的费用越高，该行业越难进入。

（七）资源的稀缺性

如果某一行业所需使用的资源，如原材料、劳动力、设备等供应充足，新企业就比较容易进入；相反地，在资源短缺的行业，新企业的加入意味着该行业的资源更加短缺，因此进入难度越大。一个行业的资源稀缺性越强，该行业就越难进入。

（八）技术进步速度

技术进步速度直接影响着产品的生命周期，而企业能否跟上技术进步的速度则直接决定了其产品能否在市场上受到消费者的欢迎。尤其对于一些技术含量比较高的产品或技术更新换代比较快的行业，如计算机行业，企业能否跟上技术进步甚至决定了企业的生死存亡。一个行业的技术进步速度越快，新产品替代老产品的时间越短，该行业就越难进入。

 案例 3-4

大学生创办在线教育培训公司

华南理工大学毕业生创业项目"荔枝微课"的 CEO 黄冠和 CMO 陈劢在学生时代就已经着手创业。黄冠创办过电影 FM 网站、互联网公司以及广州森季软件有限公司，公司规模最多达到 200 人。陈劢在大一时就开了自己的第一家淘宝店，从代销产品到定制生产，再到开设工厂，之后转战移动互联网领域。陈劢敏锐地发现微信群授课中出现的市场痛点，萌发了打造"在线教育培训平台"的创意，于是与已有多次合作的黄冠一拍即合，创办了"荔枝微课"。

广州大学学生王浩兵于 2011 年在校园内开始第一次创业，打造了一个大学、中学的交流平台，3 年时间组织了 100 多场活动，带领大学生到中学做演讲，赚取了第一桶金，之后还创办过校园社交软件和家教平台。2014 年，团队调研发现，双职工家庭的孩子托管问题反映出了很大的市场刚性需求，因此王浩兵萌生了创办现代化托管机构的想法，成功创办了"广州五六点教育信息科技有限公司"，至今在广州市开设了四家直营店。

资料来源：王爱文. 大学生创新型创业孵化路径探析：结合广东高校典型创业案例的分析[J]. 科技创新与应用，2020（5）：34-35.

【思考】

1. 你认为在线教育培训行业的未来发展空间如何？
2. 你认为当前在线教育培训行业所面对的环境中有哪些有利和不利的因素？

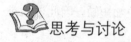 本章小结

创业环境分析是发现创业机会的基础，是进行创业可行性分析的前提。但是，创业环境是随时变化的，这种变化一方面能给创业者带来机遇，另一方面会给创业者造成威胁。创业者只有认清影响创业的各种环境因素及其发展趋势，才能抓住机遇，避免严重威胁，成功创业。

创业环境分为宏观环境和行业环境。

创业的宏观环境分析的主要方面包括政治环境、经济环境、社会环境、科技环境、自然环境和法律环境。

行业环境分析的主要方面是行业的发展阶段和行业的进入壁垒。

思考与讨论

1. 如何理解创业环境的概念？

2. 创业环境的分析具有哪些意义？

3. 创业环境包括哪些内容？

4. 创业的宏观环境调查包括哪些方面的内容？

5. 创业的宏观环境分析包括哪些方面的内容？

6. 创业的行业环境分析包括哪些方面的内容？

实训

1. 把"创业环境""创业宏观环境分析""创业行业环境分析"的理论和方法运用到营销实践中，就某地区的创业环境进行分析，在分析的基础上形成一份《×××的创业环境分析报告》或《对×××创业环境改善的意见》。

2. 能够运用创业环境分析的方法就自己将来的创业项目形成一个初步规划方案。

第四章

创业市场机会识别

知识目标

☆ 把握创业机会对于创业的关键意义，了解创业机会的来源与类型

☆ 熟悉创业机会的认知基础

能力目标

☆ 掌握创业机会的基本评价方法

引导案例

拼多多创立于 2015 年 4 月，于 2018 年 7 月在美国纳斯达克上市（NASDAQ：PDD），是上海本土成长的互联网企业。作为新电商开创者，拼多多致力于以创新的消费者体验，将"多实惠"和"多乐趣"融合起来，为最广大的用户创造持久的价值。截至 2021 年 6 月，拼多多平台年度活跃用户数达 8.499 亿，商家数达 860 万，平均每日在途包裹数逾亿单，是我国（不包括港澳台地区）用户数最多的电商平台，更是全世界最大的农副产品线上零售平台。

拼多多以农产品零售平台起家，是全球唯一具备规模的纯移动电商平台。

拼多多作为"腿上有泥"的新电商，深耕农业，开创了以拼为特色的农产品零售的新模式，逐步发展成为以农副产品为鲜明特色的全品类综合性电商平台，始终与我国农民、农业共同成长。

农产品上行："农地云拼+产地直发"的模式，以稳定的需求重塑农产品流通链条，以产地直发取代层层分销的模式，从而为农货上行搭建起一条高速通路。2020 年，拼多多成为我国最大的农副产品上行平台。

科技普惠：坚持对农业科技领域的长期投入。2021 年 8 月，拼多多设立"百亿农研"专项，由董事长兼 CEO 陈磊担任一号位。该专项不以商业价值和盈利为目的，致力于推动农业科技进步，以农业科技工作者和劳动者进一步有动力和获得感为目标。

助农富农：拼多多直连全国超 1000 个农产区，助力农副产品出村进城及农民增产增收；拼多多买菜创新供应链及"田间直达餐桌"模式，进一步提升农副产品的流通效率；以市场化及科技普惠引导农业现代化升级，培养新农人，有效赋能农业。

资料来源：https://www.pinduoduo.com/home/about/

【思考】

拼多多是如何在激烈的电商竞争中发现并利用市场机会的？

成功的创业者能及时捕捉创业机会并在众多的机会中选择适合自己的进行创业。机会来源于创业者的主观感知和客观存在，创业动机和创业能力是机会识别的基础，创业环境影响机会的识别、评价和选择。识别和选择创业机会是一个动态的过程，机会评价活动贯穿于这一过程。

第一节　创业机会的内涵与来源

一、创业机会的内涵

（一）创业机会的含义

市场机会是指市场上尚未被满足的需求。创业机会是指创业者可以利用的商业机会。从广义上说，机会是指通过对资源进行创造性组合满足市场需求（或兴趣或短缺），从而带来超额价值的可能性。

（二）市场机会的获得

获得市场机会一般存在以下三种情况：一是在现有的产品和服务市场上寻找尚未被满足的顾客，开发一个新市场或者发现现有产品的新功能和新用途并引导顾客使用；二是创造、开发、设计、生产出具有新功能的产品，以满足顾客不断变化的需求；三是由社会分工的演进、专业化所衍生的新的市场机会。

（三）创业机会的特点

1. 具有吸引力

虽然创业机会在市场中以各种形式存在着，但是只有当创业者确认某个机会存在且有价值时，才能够获得商业利润，才会产生创业行为。

2. 持久性

创业过程是动态的、不连续的，它始于创业者的思想创意，但其最终结果会受到很多内、外部条件的制约，但创业机会具有持久性。

3. 适时性

创业机会产生于特定的时间，同时只有在这一特定的时间才有效用。

4. 可识别

创业者对创业机会有一个识别的过程，其受创业者创业愿望、创业能力等因素的影响。

二、德鲁克的机会来源理论

德鲁克明确指出了以下七种外部环境中潜在的机会来源。

（一）出乎意料的情况

出乎意料的情况是指意外的成功、失败或其他外在事件。外部环境中的情况是不可预期的，不论是未被预测的成功还是未被预测的失败，企业家都可以从中找到机会。

（二）不一致性

不一致性即实际状况与预期状况不一致，在这种情况下，机会就可能出现。创业者采用超越传统和习惯的思维方式，往往会发现潜在的创业机会。

（三）过程或程序的需要

创业机会并不一定在"重大突破"中产生，经营活动的各个阶段都会产生一系列的创业机会。

（四）产业和市场结构

产业和市场结构并不是固定的，它实际上是非常脆弱的，一个很小的打击就可能瓦解现有的产业和市场结构。技术的变革、社会价值和顾客偏好的变化都会改变产业和市场的结构，这要求有创业精神来适应这种变化。

（五）人口统计数据

人口统计数据的变化可通过改变顾客偏好以及购买力来影响行业和市场，在任何一种情况下，预期和满足人们的需求方面都有创业机会。

（六）认知的变化

认知的变化意味着人们对事物的态度和价值观的变化，这些变化为企业家创造了潜在的市场机会。

（七）新知识

新知识是创业机会的一个重要来源，以知识为基础的创新是创业精神中的"超级明星"。

三、创业机会的种类

总的来说，创业机会可归纳为技术机会、市场机会和政策机会。

（一）技术机会

技术机会即技术变化带来的创业机会，主要源自新的科技突破和社会科技的进步。通常，技术上的任何变化或多种技术的组合都可能给创业者带来某种商业机会，具体表现在以下三个方面。

（1）新技术替代旧技术。当某一领域出现了新的科技突破和技术且足以替代旧技术时，创业的机会就产生了。

（2）实现新功能、创造新产品的新技术的出现无疑会给创业者带来新的商机。

（3）新技术带来的新问题。任何技术在给人类带来新的利益的同时，也会给人类带来新的问题，迫使人们为了消除新技术的某种弊端再去开发更新的技术使前者商业化，这也会带来新的创业机会。

（二）市场机会

市场机会即因市场变化而产生的创业机会，一般来说，主要有以下四类。

（1）当市场上出现了与经济发展阶段有关的新需求，相应地，就需要有企业去满足这些新需求，这就是创业者可以利用的商业机会。

（2）因当期市场供给缺陷产生的新的商业机会。非均衡经济学认为，市场是不可能真正"出清"——供求平衡的，总有一些供给不能实现其价值。因此，创业者如果能发现这些供给的结构性缺陷，同样可以找到利于创业的商业机会。

（3）先进国家（或地区）产业转移带来的市场机会。从历史上看，世界各国各地的发展进程是有快有慢的。即使在同一国家，不同区域的发展进程也不尽相同。这样，在先进国家（或地区）与落后国家（或地区）之间，就有一个发展的"势差"，当这一"势差"大到一定程度，由于不同国家（或地区）之间存在"成本差异"，再加上经济发展到一定程度时，环保问题往往会被先进国家（或地区）率先提到议事日程上，所以先进国家（或地区）就会将某产业向外转移，这就可能为落后国家（或地区）的创业者提供商业机会。

（4）从中外比较中寻找差距，差距中往往隐含着某种商机。通过与先进国家（或地区）相比较寻找差距，即哪些东西是别人有但我们还没有的，由此可能发现某种商业机会。

（三）政策机会

政策机会即政府政策变化带给创业者的商业机会。随着经济的发展、科技的变革等，政府必然要不断调整政策，这种政府政策的变化可能给创业者带来新的商业机会。

创业机会的识别过程如图 4-1 所示。

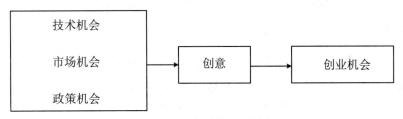

图 4-1 创业机会的识别过程

 案例 4-1

比亚迪：敢闯敢创，成就梦想

1995 年，比亚迪初创于深圳。创业初期的比亚迪专精小小的手机电池，抓住的是移动通信设备风行于世的巨大趋势。仅过了短短七年，敢闯敢拼的比亚迪就让自己成长为摩托罗拉、诺基亚等全球通信设备巨头的电池供应商。一时间，比亚迪在全球声名鹊起。

2003 年，比亚迪闯入完全陌生的行业——通过收购西安秦川，开启了筑梦汽车的道路。但在当时，不看好比亚迪汽车创业的大有人在。他们判断的依据，不仅是因为比亚迪从未卖过、造过汽车，更是因为 2003 年的中国汽车市场和汽车工业完全由外资品牌、合资企业占主导、唱主角。按照汽车工业在欧美日韩的发展经验，如果不交上几十年的"学费"，新晋汽车品牌几乎无法突破成熟品牌固守的市场阵营和技术堡垒。但比亚迪认准的是中国汽车市场的潜力，相信的是中国消费者对自主创新的接受能力，把握的是新能源汽车重新定义汽车核心技术的历史机遇。2005 年，比亚迪 F3 下线，上市后一炮而红。到 2008 年，比亚迪又先后推出了 F6、F0 等畅销车型。比亚迪用实干出来的成绩消解了所有的质疑。

2010 年后，在节能减排的迫切压力下，全球各主要汽车市场陆续加大对新能源汽车的支持和推广力度，汽车市场开始迎来新能源汽车带来的大变局。在中国，由于比亚迪布局前瞻，掌握新能源汽车的关键技术，并率先开始了新能源汽车的研发、生产、应用等经验积累，因此比亚迪不出意料地成为新能源汽车市场的领导者，并从 2015 年开始，连续 4 年引领全球新能源汽车销量市场。

资料来源：先行者比亚迪：敢闯敢创，成就梦想[EB/OL]. (2020-10-17) [2022-11-11]. https://baijiahao.baidu.com/s?id=1680763064716596604&wfr=spider&for=pc.

【思考】

根据案例思考如何发现市场机会。

第二节　创业机会的识别

机会识别是创业过程的起点，也是创业过程中的一个重要阶段。许多好的商业机会并不是突然出现的，而是对"一个有准备的头脑"的一种"回报"，或是当一个识别市场机会的机制建立起来之后才会出现。在机会识别阶段，创业者需要明确机会在哪里，如何识别。

一、创业机会识别的过程

（一）感知

感知是指感觉或认识到市场需求和未得到充分利用的资源。每种机会——市场需求或未得到充分利用的资源都有可能被一些人而不是另一些人所识别。

一些人对市场需求或问题很敏感，能够在自己所处的任何环境里不断发现可能出现的新产品或解决问题的新方法。这种敏感地感知问题或可能性的能力并不一定能发展出解决问题的方法，因为并不是每一个善于提出问题的人都善于解决问题。

另外一些人对那些未得到利用或未得到充分利用的资源尤其敏感，如未开垦的荒地、闲置的生产力、未加利用的技术或发明创造、未到期的金融资产等。但是，发觉这些未得到利用的资源的人并不一定知道如何利用这些资源才能创造价值。例如，发明家、科学家等在构思新的产品或服务时并不了解新产品或新技术的市场接受程度和商业可行性如何。

（二）发现

发现是指识别或发现特定市场需求和专门资源间的配合。要感知到市场需求和资源的配合，前提条件是这些需求和资源可能在一个尚未运转的企业内实现匹配。对已经匹配的市场需求和资源的感知表现为探查并发现特定的地区和产品市场空间。

（三）创造

创造是指以商业概念等形式创造一种独立的需求与资源间的新的配合。从逻辑上说，创造商业概念紧随感知需求和资源，使市场需求和资源相匹配。但是创造不仅仅是感知和发现。商业概念的创造包括资源的重组和重新定位，这是为了创造和传递比现有情况更多的价值。商业概念等形式的创造不仅是调整现有资源和市场需求的配合，还可能导致对现有企业进行重组或彻底改革。创造性的机会识别活动通常与机会利用活动结合在一起，涉及人力、物力资源的投入。

二、影响创业机会识别的因素

机会识别受多种因素的综合影响。首先，创业者要有创业的意愿。没有创业的意愿，面对再好的创业机会也会视而不见或与其失之交臂；其次，要具备识别机会的能力。"机会只垂青于有准备的头脑"，没有识别机会的能力是很难在瞬息万变的市场中捕捉到机会的；最后，如果创业环境不乐观，再有吸引力的市场机会也不能发挥效用，更谈不上识别了。

（一）创业的意愿是机会识别的前提

创业的意愿是创业的原动力，推动着创业者去发现和识别市场机会。研究表明，多数创业者希望通过创业实现自己的理想和抱负、改变现状、成就一番事业，这种创业意愿大致分为以下两种。

1. 改变现有生活方式

在现实中，因不满足于现状而创业的人不计其数，许多创业者期望通过创业来改变现有生活方式。

2. 自主创业

自主创业是创业意愿的主流。全球创业观察（Global Entrepreneurship Monitor，GEM）指出，全球三分之二的创业是机会型创业，即创业者因有更好的机会而选择创业。

（二）创业能力是机会识别的基础

如果说创业意愿与创业者的性格特征有一定的关联，那么识别创业机会在很大程度上取决于创业者的个人（团队）能力。

1. 财务管理能力

创业者的重要任务之一就是确定价值，因此财务管理经验与能力不仅对于打算购买现有企业的创业者至关重要，对创建新企业并试图估算企业未来价值的创业者也十分重要。

2. 洞察能力

能够成功发现并利用创业机会是由机会本身的特性和企业家所拥有的创业信息与认知能力共同决定的。不同的人从相同信息中洞察到的内容会有很大差异。

3. 模仿与创新能力

研究发现，创业榜样对潜在的创业者具有重要的示范作用。一般而言，当人们选择创业机会时，他人的成功经验是鼓励他们选择同一条发展道路的重要因素。

三、识别创业机会的途径

（一）现有的市场机会

对创业者来说，在现有的市场中发现创业机会是自然、经济的选择。这是因为在现有市场中难免有尚未得到满足的需求，在这样的环境中创业能减少发现创业机会的成本，降低创业风险，可提高创业成功的概率。

1. 不完全竞争下的市场空隙

不完全竞争理论或不完全市场理论认为，企业之间或者产业内部的不完全竞争状态导致市场存在各种现实需求，大企业不可能完全满足市场需求，必然使得中小企业具有市场生存空间。中小企业与大企业互相补充，才能满足市场上不同的需求。市场对产品的差异化需求是大中小企业并存的理由，细分市场以及系列化生产使得创业成为可能。

2. 规模经济下的市场空间

规模经济理论认为，无论在什么行业，企业都存在最佳规模或最适度规模，超越这个规模，必然带来效率低下和管理成本的增加。行业不同，企业所需要的最经济的、成本最优的规模也不同，企业要适应这一规律，以发展适合自身的产业。

3. 企业集群下的市场空缺

企业集群是指地方企业集群，是一组在地理上靠近的相互联系的企业和关联的结构，它们同处一个特定的产业领域，由于具有共性和互补性而联系在一起。集群内的中小企业彼此之间发展高效的竞争与合作关系，形成高度灵活的、专业化的生产协作网络，具有极强的内在发展动力，依靠不竭的创新能力保持地方产业的竞争优势。

（二）潜在的市场机会

潜在的创业机会来自于新技术的应用和社会大众需求的多样化。成功的创业者能敏锐地感知到社会大众的需求变化，并从中捕捉市场机会。

（三）衍生的市场机会

衍生的市场机会来自于社会分工的演进、经济活动的多样化、产业结构的调整与国企改革：社会分工的演进为创业机会提供了新空间；经济活动的多样化为创业拓展了路径；产业结构的调整与国企改革为创业提供了新契机。

四、创业机会识别的结果：发现创业机会

发现创业机会是创业机会识别过程中最重要的一步，创业者可通过以下几种方式发现创业机会。

（一）顾客

创业者可以通过正规或非正规的方式接触有关新产品或服务的创意的最终焦点——潜在顾客，了解顾客的需求或潜在需求，从而形成创意。

（二）现有企业

创业者可对市场竞争者的产品和服务进行追踪、分析和评价，找出现有产品存在的缺陷，有针对性地提出改进产品的方法，形成创意并开发有巨大潜力的新产品，进行创业。

（三）分销渠道

由于分销商是直接面向市场的，他们不仅可以提供有关产品改进和新产品类型等方面的广泛信息，而且能对全新的产品提出建议并帮助推广新产品。因此，与分销商保持沟通是创业者

形成创意的一条有效途径。

（四）政府机构

一方面，创业者可根据专利局的文档了解大量的新产品创意及有关新产品引进的法律制约；另一方面，创业者可以从具有市场潜力的创意中得到有益的启发。

（五）研发活动

企业自身的研发人才及设备是企业成功开发新产品的创意来源。

第三节 创业机会评价

机会识别成功后，便进入机会评价阶段。对创业者来说，创业机会评价类似于投资项目评估，对于创业活动能否取得收益无疑是十分重要的。另外，创业机会评价可帮助创业者理性地分析其创意是否具有可供开发的实际价值。事实上，60%～70%的创业计划在最初评价阶段就会被否决，因为这些计划不能满足创业投资者的评价要求。为了全面、真实地反映被评价机会的价值构成并使评价指标体系便于操作、运算，建立评价指标体系应遵循以下原则。

（1）系统性原则。机会评价的指标体系一方面应做到尽可能完整、全面、系统地反映创业机会的全貌，另一方面应力求抓住主要因素，突出评价重点，不要面面俱到。

（2）科学性与实用性原则。指标体系有必要正确反映评价项目各价值构成要素的因果、主辅、隶属关系及客观机制，在满足完备性要求的前提下，指标的设置力求简练、含义明确、便于操作。

（3）互斥性与有机结合原则。指标体系有必要排除指标间的相容性，消除重复设置指标而造成评价结果失真的不合理现象，避免出现过多的信息包容、涵盖而使指标内涵重叠。但指标完全独立无关就构不成一个有机的整体，因此指标之间应有逻辑关系。

（4）动态与稳定性原则。为了进行综合、动态的比较，指标设置应静态和动态相结合并具有相对稳定性，以便借助指标体系探索系统发展变化的规律。

（5）可比性原则。机会综合评价的目的是鉴别机会的优劣，选择最优机会。因此，机会比较要求建立共同的比较基础和条件，符合可比性原则。

一、创业机会评价指标

简单的机会评价指标体系只有两三项指标，复杂的可达数百项指标，指标的多少视创业者性格和创业机会识别的复杂程度而有所差异。在同等条件下，细心、严谨的创业者在进行机会评价时会考虑采用较多的评价指标；在对较难识别的创业机会进行评价时，多数创业者会选择较完备的评价指标体系对其进行综合评价。

（一）行业与市场

一个具有较大潜力的企业应能够生产出满足客户需求的产品，这种产品应能令客户感到具有较大的价值。也就是说，对客户来说，他们能够从产品或服务的购买中得到利益，或可降低成本，或可获得较明显的、可衡量的、确定的价值。因此，有吸引力的市场机会应容易被识别到且能带来持续的收入。另外，创业者应尽量避免进入竞争激烈的市场，一是因为风险太大，二是因为利润较低、获利能力较弱。

（二）经济因素

投资回报率在15%以上是必须达到的标准，那些投资回报率不到5%的企业是十分脆弱的。创业机会的资本需要量不能太多，较少或中等的投资机会是有吸引力的。考虑到初创企业的盈利能力较弱，需要较多研究开发资金的机会显然缺乏吸引力。

（三）收获条件

创业的目的主要有两种：一是开创一项事业并经营下去，二是实现资本的保值、增值。若有更好的机会，创业者一般会考虑将现有企业出售。作为风险投资者，也要考虑在一定的时间将所投资金收回。因此退出机制对于创业机会的评价相当重要。资金的退出主要有企业被收购或出售、公开发行股票等各种途径。好的创业机会应该同时具有获利预期和退出机制，而没有退出机制的创业机会对创业者而言是缺乏吸引力的。

（四）竞争优势

成本优势是竞争优势的主要来源之一。成本可分为固定成本和可变成本，又可分为生产成本、营销成本和销售成本等。较低的成本能给企业带来较大的竞争优势，从而使得相应的投资机会较有吸引力。一个新企业如果不能取得和维持一个低成本生产者的地位，那么它的预期寿命就会大大缩短。

能有力地控制价格、成本和销售渠道等的创业机会具有较大的吸引力，这种控制与市场实力有关，是一种相对力量。例如，拥有专利或具有某种独占性（局部垄断），就能将竞争者阻挡在市场之外。

（五）管理团队

一支强大的、拥有一些行业"超级明星"的管理队伍，对于创业机会的吸引力是非常重要的。这支队伍一般应该具有互补性技能和一致性技能并在同样的技术、市场和服务领域具有赚钱和赔钱的经验。如果没有一个称职的管理团队，创业机会是没有吸引力的。

（六）致命缺陷

存在致命缺陷的创业机会是没有吸引力的。通常，这些缺陷涉及上述种种指标中的一个或几个，如市场太小、市场竞争太激烈、进入市场的成本太高、不能以有竞争力的价格进行生产等。

（七）创业者的个人标准

创业机会的选择取决于创业者的个人意愿，涉及创业者的性格特征、能力本位和期望目标。

（八）战略性差异

在相对成熟的市场里，有吸引力的机会应避免产品或服务的同质化。另外，创业者具有创新思维和灵活的适应能力，能快速地调整生产和经营，也可提升创业机会的吸引力。

二、创业机会评价的方法

对于创业机会的评价，目前尚无统一的方法，创业者在进行非正式评价时往往不考虑评价指标体系和评价方法，仅凭直觉做出判断。综合国内外的研究成果，创业机会的评价方法一般有定性分析法和定量分析法。

（一）定性分析法

采用定性分析法评价创业机会的流程包括五大步骤：第一步，判断新产品或服务将如何为购买者创造价值；明确使用新产品或服务的潜在障碍以及如何克服这些障碍；根据对产品及其市场认可度的分析，得出新产品的潜在需求以及早期使用者的行为特征；产品达到预期收益的时间。第二步，分析产品在目标市场投放的技术风险、财务风险和竞争风险。第三步，在产品的制造过程中是否能保证足够的生产批量和可以接受的产品质量。第四步，估算新产品项目的初始投资额；明确使用何种融资渠道；第五步，在更大的范围内考量风险的程度以及如何控制和管理风险因素。

（二）定量分析法

1. 标准打分矩阵

首先选择对创业机会成功有重要影响的因素，然后由专家小组对每一个因素进行打分（分为三个等级——优秀是 3 分、良好 2 分、一般是 1 分），最后得出各个创业机会中所有影响因素的加权评均分，对不同的创业机会进行比较。

2. 公式法

技术成功概率×商业成功概率×(价格-成本)×投资生命周期/总成本=机会优先级

在该公式中，技术成功概率和商业成功概率是以百分比表示的；价格是指单位产品的销售价格；成本是指单位产品的成本；投资生命周期是指可以预期的年均销售数保持不变的年限；总成本指预期的所有投入，包括研究、设计、制造和营销等的费用。对于不同的创业机会，将以上各项目的具体数值带入公式，得到的优先级越高，创业越有可能成功。

 案例 4-2

胡润和他的财富榜

胡润（Rupert Hoogewerf）1970 年出生于卢森堡，1993 年毕业于英国杜伦大学（Durham University），通晓德语、法语、卢森堡语、葡萄牙语等七种语言，是《胡润百富》的创刊人。

1990 年，还在大学就读的胡润曾到中国人民大学深造了一年，毕业后，胡润与其父亲一样从事会计行业。1997 年，凭借中文优势，胡润从伦敦来到上海的安达信，他最初的想法是在中国奋斗几年后回英国做个"中产"。

在胡润的记忆里，1990 年是全球 IT 业爆发的时期，他身边的很多朋友、同事都选择了下海创业，从那些创业成功者脸上的笑容中，胡润感觉到，那才是他想要的生活。但对胡润而言，干什么、做哪个行业是一个大问题。

自 1990 年第一次来到中国以来，胡润一直感受着中国日新月异的变化。每一次回到英国，当朋友问及中国是什么样子的时候，胡润带着不确定性的回答总是难以令其"解渴"，于是他试图寻找一种万变经济中的不变标准。

胡润想到了那些中国经济成长过程中最大的受益者。从一开始，胡润就很明确，这些人的故事代表着中国的故事，诠释着中国的变迁。对于他们的故事，包括中国十多亿百姓在内，全世界都十分好奇却又毫不知情。1999年，胡润利用闲暇时间查阅了100多份报纸、杂志及上市公司的公告报表，凭着兴趣和职业特长，经历了几个月的折腾后，他终于排出了中国历史上第一份和国际接轨的财富排行榜。

资料来源：胡润[DB/OL]. [2022-04-15] https://baike.baidu.com/item/%E8%83%A1%E6%B6%A6/835800?fr= aladdin.

【思考】

1. 胡润在中国的经济发展中发现了什么机会？
2. 胡润百富榜的推出与中国经济发展之间存在什么关系？

第四节　创业机会选择

完成创业机会的评价后，便进入机会的选择阶段，机会选择对于创业成功具有关键性意义。

一、机会选择原则

对创业者来说，创业过程中的很多事情需要其亲力亲为，既要关注创业过程，也要重视创业结果。因此，对创业者来说，仅有利润回报是不够的。可以说，创业机会的选择是一种不确定条件下的多目标决策。创业者在进行机会选择时，应遵循以下原则。

（一）目标相符原则

目标相符是创业机会选择时的首要准则。创业者的动机有许多，如做自己喜欢的事、个人成就需要、增加收入等，在选择创业机会时必须选择与自身主要目标相符合的。

（二）资源匹配原则

资源匹配在创业机会选择时也是需要重点考虑的。对创业者而言，能够选择什么样的创业机会在很大程度上取决于创业者拥有或可利用的创业资源的数量和质量（是否能满足创业需要）。

（三）环境适应原则

环境是企业赖以生存的土壤。一般来说，创业者难以改变环境，只能适应环境。创业环境的主要影响因素有政府政策、产业政策、税收政策、基础设施等。

二、创业机会可行性分析

（一）市场调查

这一阶段的工作是创业者根据自己的创业设想，有选择性、有针对性地收集有关市场信息，尤其是同类产品或服务的有关信息、消费者需求偏好、竞争对手的状况、收益回报情况等信息。

（二）市场分析与研究

创业者在市场信息收集过程中已经对与创业相关的市场有了一定的了解，接下来还应对这些市场现象与信息做进一步的分析与研究。例如，你设想创办一个花店，目前已经了解到其他花店的经营情况和利润回报等信息，但这还不够，因为别人的花店赚钱或亏本并不能决定你的花店也赚钱或亏本，更常见的情况是做同样的生意，有的人赚钱，有的人亏本。因此，你要进一步分析别人赚钱的做法、亏本的原因，从而进一步明确你应该如何经营你的花店。

（三）项目资金需求量分析

进行市场研究后，创业者应根据经营设想，分段测算项目所需的投资资金量。一般来说，创业之初，资金非常短缺，所以应坚持精打细算的原则，但是不能在必须投入的资金方面打折扣，不能为了减少投资而影响到项目效益的发挥，这是得不偿失的。项目投资测算最好能做到滚动开发，用项目本身产生的效益不断完善配套资金，促使项目投资完善。

（四）项目盈利能力分析

创业者应对每一个项目的盈利能力进行规模分析，只有当项目的销售额在盈利平衡点之上，项目才可能产生效益，因为固定资本并不因销售额减少而减少。因此，项目可行性分析的重要内容之一就是编制盈亏平衡分析表或进行盈亏平衡分析。

（五）市场不确定性分析

市场是千变万化的，虽然创业者的经营设想本身就应具有前瞻性，但未来市场的变化并不是完全按照创业者的预期发展的，如消费者的消费偏好是受很多因素影响不断变化的，因此项目的可行性分析应充分考虑市场的不确定性，针对未来市场的变化提出相应对策。

三、创业机会开发

虽然创业机会的发现是创业的必要条件，但是并不是所有被发现的机会都能开发成功，创业机会的开发涉及机会本身的特性和创业者个人特点之间的相互作用。

（一）机会本身特性的影响

创业机会本身的特性，即其在各个方面体现出的不同之处会影响其本身的价值和人们的开发意愿。

（二）机会的价值

创业者并不会开发具有相同期望价值的所有创业机会，通常会权衡开发不同创业机会的成本，最终选择成本较低的创业机会进行开发，除了要考虑开发机会所需要的资金成本，还要考虑资源成本。

（三）创业者个人的特点

机会存在于环境中，有不同知识储备的创业者在面对不同的创业机会时会产生极大的差异。创业者知识储备包括市场知识、满足用户需求的工具类知识和消费者需求知识三类。这些知识储备支持并促进创业者去识别、发现和开发创业机会，以满足消费者的需求。

另外，个体的认知与人格差异也被认为是影响创业机会开发的重要因素，包括自我效能、风险容忍度、创造力、好奇心、想象力、开放的思想、认知偏差等多个方面。

（四）开发成功的概率

创业是具有一定风险的行为，拥有较多社会网络和社会资本的创业者通常具有更高的成功概率。他们与来自不同领域、不同地点的人产生交互，获得多元化的资源和信息。这些资源和信息使创业者及其团队在看待创业机会时可采用多元视角，并获得支持，从而提高创业机会开发成功的概率。

四、创业机会的市场评估标准

（一）市场定位

一个好的创业机会必然具有特定的市场定位，专注于满足顾客需求，同时能为顾客带来增值的效果。因此，在评估创业机会的时候，可由市场定位是否明确、顾客需求分析是否清晰、顾客接触通道是否顺畅、产品是否可持续衍生等评估创业机会可能创造的市场价值。创业带给顾客的价值越高，创业成功的概率越大。

（二）市场结构

对创业机会的市场结构进行分析，分析内容包括进入障碍、供货商、顾客、经销商的谈判力量、替代性竞争产品的威胁以及市场内部竞争的激烈程度。通过市场结构分析，创业者可以大致了解新企业未来在市场中的地位以及可能遭遇竞争对手反击的程度。

（三）市场规模

市场规模及其成长速度是影响新企业成败的重要因素。一般而言，市场规模大，进入障碍相对较少，市场竞争的激烈程度也会略有下降。如果新企业要进入一个十分成熟的市场，那么纵然市场规模很大，但由于成长速度放慢，利润空间必然很小，因此不值得再投入资金。反之，一个正在成长的市场通常也是一个充满商机的市场，所谓水涨船高，只要进入时机正确，必然会有很大的获利空间。

（四）市场渗透力

对于一个具有巨大市场潜力的创业机会，市场渗透力（市场机会实现的过程）是一项非常重要的评估标准。市场渗透力是指产品进入市场、占领市场的能力，它反映产品的竞争能力，通常用市场占有率表示。分析市场渗透力要考虑四个方面的问题：一是要分析竞争对手的情况，包括竞争对手的数量、性质、历史、资产、产品数量、质量、价格、服务、销售量、市场占有率等情况；二是要分析代用品的生产销售状况；三是要进行竞争因素分析，主要包括产品价格、质量、售后服务等；四是要考虑政府对竞争的有关政策，如反垄断法、关税、进出口限额，国内生产许可证制度、物价管制、质量标准等。

（五）市场占有率

预期可取得的市场占有率是评估一家新创公司市场竞争力的重要指标。一般而言，市场领导者的市场占有率至少为 20%。如果市场占有率低于 5%，则企业的市场竞争力不高，自然也会影响未来企业上市的价值。

（六）产品的成本结构

产品的成本结构可以反映新企业的前景是否明朗。例如，通过物料与人工成本所占比重、变动成本与固定成本所占比重以及经济规模产量可以大致判断企业创造附加价值的幅度以及未来可能的获利空间。

 本章小结

把握创业机会对于创业具有关键性意义。成功的创业者必须及时捕捉创业机会并在众多机会中选择适合自己的。

机会识别是创业过程的起点，也是创业过程中一个重要的阶段。影响创业机会识别的因素包括创业意愿、创业能力。

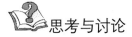 思考与讨论

1. 创业机会对于创业有什么意义？
2. 创业机会的表现是什么？
3. 创业机会选择的原则有哪些？
4. 德鲁克理论中创业机会的来源有哪些？
5. 影响创业机会识别的因素是什么？
6. 如何评价创业机会？

 实训

1. 根据所学理论分析你身边有哪些创业机会并加以评价。
2. 运用所学理论对"校园网吧"这一创业机会进行全面分析。

创业风险

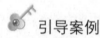

引导案例

2010 年，小米作为新人一举杀入智能手机行业。在成立的第四年，小米手机销量便问鼎中国第一和全球第三。回顾这些年，小米虽然发展迅猛，但跟很多初创企业一样，也不可避免地遇到了困难与风险。

1. 寻求合作，解决供应链难题

2010 年年末，在获得高通的专利授权后，小米开始寻找合作伙伴，搭建自己的供应链体系。本以为有摩托罗拉团队带过来的供应商资源，雷军可以不用担心，但事实是大多数供应商因为担心小米的出货量，拒绝和小米合作。最后雷军和林斌亲自到供应链一线和供应商洽谈。在经过多次拜访沟通和用尽一切人脉后，小米终于获得了一些供应链的合作协议。

2. 调整团队，走出管理困境

从 2015 年下半年开始，小米手机的销量开始出现明显下滑，这并不是小米的产品不受欢迎，而是小米的产品周期和供货节奏出现了明显的紊乱，跟不上产品的热度。当时小米内部都没有一个完整信息系统。每周的核心订货会上，供应链、生产、销售三个部门分别抱着三台计算机，打开各自的 Excel 表格进行对照。业内人士都不敢相信，小米一年几千万台的出货量居然是靠这样的方法管理出来的。雷军也意识到，如今手机团队的能力可能和小米的体量不太匹配了。于是，小米进行了艰难的人事调整，从一个创业公司成长为一家更为成熟的公司。

3. 起诉美国政府，捍卫自身权利

2021 年 1 月 15 日，在小米冲击高端市场时，一场突如其来的横祸袭击了小米。当天，小米被美国政府列入涉军清单，这意味着美国投资者不能投资小米了，导致小米股票暴跌，蒸发了 3000 亿的市值。小米对此非常愤怒，在当天也发布了澄清公告，表明小米并非"涉军企业"，坚决反对美国国防部的无理制裁，选择直接起诉美国政府，捍卫合法权益，最后赢得了诉讼。

资料来源：首席数智官：2021 雷军最新演讲：从成立到现在，小米的每一个艰难时刻[EB/OL].（2021-08-10）[2022-04-11]. https://baijiahao.baidu.com/s?id=1707719474641435298&wfr=spider&for=pc.

【思考】

创业过程中有哪些创业风险？

第一节　创业风险概述

一、创业风险的含义

本杰明·富兰克林曾说："除了死亡、税收，没有什么是确定的。"同样地，对创业者而言，"除了风险，没有什么是确定的"。一般意义上的风险是指导致各种损失事故发生的可能性。创业风险是指由于创业环境的不确定性，创业机会与创业企业的复杂性，创业者、创业团队与创业投资者的能力与实力的有限性，创业过程中必然会出现各种意想不到的情况或困难，从而导致创业结果偏离创业的预期目标。

二、创业风险管理的意义

风险管理的理论和实践始于 20 世纪 30 年代的美国保险业，于 20 世纪 50 年代发展为一门管理科学。对创业企业而言，风险管理的意义有以下几个方面。

（一）减轻企业的资金压力

资金问题始终困扰着创业企业和创业者，由于前期投入大且短时间内得不到回报，创业企业实力薄弱、现金流不足等问题普遍存在。虽然企业可以通过多种渠道获取收入，但与创办初期所需耗费在各方面的资金相比可谓杯水车薪。一旦创业者对资金使用方面的风险认识不足，就会产生资金与实际项目不匹配的现象，造成各种财务风险。因此，选择科学、合理的风险管理方式可以使企业资金得到更有效的利用。

（二）获取更有利的竞争地位

创业初期，企业在人才、技术、产品与市场上的竞争优势会为企业带来发展所需的资金，但是一旦遭遇风险损失，就可能使这些竞争优势全部消失。例如，消费需求的变化会导致企业现有产品滞销，给企业带来目标市场选择方面的风险，导致企业无法收回投入资金。

（三）促进企业管理的规范化

在创业初期，企业规模不大，员工低于 20 人的占大多数，加上受资金、场地的限制，新创企业不可能专门成立管理部门或高薪聘请管理人才，由其他岗位人员兼职管理岗位的情况并不鲜见，有些企业甚至连必需的专业分工都尚未实现，更不用说明确划分管理职责了。因此，很多企业的管理责任全部落在创业者身上，创业者难免分身乏术，没有办法一边经营、开发新业务，一边抽出精力和时间用于管理、识别各类风险。创业者只有对风险管理有充分的认识并在企业具备了相应的条件后，建立一个合理的风险管理体系，由专人分工负责各类风险的管理工作，才能促进企业管理的规范化。

（四）提高创业者的综合素质

创业者的综合素质是影响创业成功的要素之一。创业就是从无到有的过程，得失全在一瞬间，各种要素都处于不确定的状态下，因此各创业环节都可能存在潜在的风险。能够辨别和统筹管理这些风险是创业者具备创业能力的表现，这种创业能力不是与生俱来的，需要创业者不断学习，从实践中积累经验并在创业过程中不断获得成长。

（五）促进企业综合竞争力的提升

在创业企业经营、发展过程中实施有效的风险管理有利于提高企业生产、经营的稳定性，同时创业者可通过风险管理充分了解企业将面临的风险的类型、性质、严重程度等，提前做好风险防范措施，减轻创业风险给企业带来的危害。例如，通过风险管理工作，创业者了解到企业将面临一轮财务风险，这时企业可以暂缓其他投资项目，及时补足财务缺口，使企业迅速恢复至正常运营状态。

三、创业风险的处理方式

当前，常见的创业风险处理方式有以下几种。

（一）避免

避免是指设法回避损失的发生，即从根本上消除特定的风险单位或中途放弃某些既有的风险单位。这是处理风险的一种消极方法，通常在两种情况下采用：一是某种特定风险的发生频率或所致损失的程度相当高时；二是用其他方法处理风险的成本大于收益时。没有风险就没有收益，避免风险虽然简单易行，却意味着收益的损失。因此，对企业而言，采用避免风险的方法在经济上是不适当的，而且在某些情况下避免了某一风险又可能引发新的风险。

（二）预防

预防是指在风险损失发生前为了消除或减少可能引发损失的各种因素而采取的处理风险的具体措施，其目的在于通过消除或减少风险因素降低损失发生的概率。预防通常在风险发生频率高、所致损失程度低时使用，具体措施可分为工程物理法和人类行为法。工程物理法是指预防措施侧重于风险预防的物质因素，如防火结构设计的改善、防盗装置的升级等；人类行为法是指预防措施侧重于对员工的行为教育，如开展安全教育、消防培训等。

（三）自留

自留是指企业自我承担风险损失的方法，分为主动自留与被动自留两种。风险自留常常在风险所致损失程度较低、损失在短期内可以预测以及最大损失不影响企业财务稳定性时采用。在以上这些情况下，风险自留的成本要低于其他风险处理方式的成本且方便、有效。但是，风险自留有时也会因为风险单位数量的限制而无法发挥其效用。

（四）转嫁

转嫁是指一些企业或个人为避免承担风险损失,有意识地将损失或与损失有关的财务后果转嫁给另一个单位或个人去承担。风险管理者会尽一切可能回避并排除风险,把不能回避或排除的风险转嫁给第三者,不能转嫁的或造成损失程度小的可以采用自留方式。转嫁风险的方式主要有两种:保险转嫁和非保险转嫁。保险转嫁是指向保险公司缴纳保险费,将风险转嫁给保险公司。当风险事故发生时,保险人按照保单的约定得到经济补偿。非保险转嫁具体分为两种方式:一是转让转嫁,适用于投机风险,如当股市行情下跌时卖出手中的股票;二是合同转嫁,即企业将具有风险的生产经营活动承包给他人并在合同中规定由对方承担风险损失的赔偿责任,如通过承包合同将某些生产、开发程序或产品销售任务转给他人等。

对创业企业而言,究竟采用哪种风险管理方式需要根据风险评估的结果和具体的环境进行选择。对于损失金额很小的风险,宜采用自留方式;对于出现概率大、损失金额大的风险,如财产责任风险,则宜采用转嫁方式;对于人力资源风险、财务风险、项目选择风险、环境风险等其他风险,则宜采用预防和避免的方式处理。

四、创业风险的来源

创业环境中存在诸多不确定性因素,加上创业企业和创业机会的复杂性,创业者、投资者、创业团队在起步阶段能力有限,面临的创业风险也很多。这些创业风险主要来源于以下几个方面。

（一）融资缺口

融资缺口存在于学术支持和商业支持之间,是研究基金和投资基金之间存在断层的体现。其中,研究基金通常来自个人、政府机构或公司研究机构,它既支持概念的创建,也支持概念可行性的最初证实;投资基金则用于将概念转化为有市场的产品原型(这种产品原型应有令人满意的性能,投资者对其生产成本有足够的了解并且能够识别其是否有足够的市场)。创业者可以证明其构想的可行性,但往往没有足够的资金实现构想的商品化,通常只有极少数基金持有者愿意支持创业者,帮助创业者补足这个资金缺口,如专门针对早期项目进行风险投资的个人或政府资助计划等。

（二）研究缺口

研究缺口主要存在于仅凭个人兴趣所做的研究判断和基于市场潜力分析的商业判断之间。当一个创业者最初判定一个特定的科学突破或技术突破可能成为商业产品的基础时,他仅仅停留在令自己满意的论证程度上,然而这种程度的论证在商业领域未必可行,要真正转化为商业化产品(大量生产的产品),必须具备有效的性能、低廉的成本和优良的质量,能经得起市场的考验,要满足这些要求需要开展大量复杂的、耗资巨大的研究工作,有时甚至需要花费几年的时间,由此形成研究缺口。

（三）信息与信任缺口

信息和信任缺口存在于技术专家和管理者(投资者)之间。在创业过程中存在两种不同类型的人:一是技术专家;二是管理者(投资者)。二者对创业有不同的预期,思维方式、信息来源和表达方式也不同。技术专家知道哪些内容在科学上是有趣的、哪些内容在技术层面上是可行的、哪些内容是根本无法实现的，而管理者（投资者）通常比较了解将新产品引进市场的程序。当涉及具体项目的技术内容时，管理者（投资者）不得不相信技术专家，可以说管理者（投资者）是在拿别人的钱冒险。如果技术专家和管理者（投资者）不能充分互相信任或者不能进行有效的交流，那么二者之间的信息和信任缺口会越来越大，以致引发极大的创业风险。

（四）资源缺口

资源与创业者之间的关系就如颜料、画笔与画家之间的关系，没有了颜料和画笔，画家即使有了构思也无法描绘出来，没有所需的资源，创业也就无从谈起。在大多数情况下，创业者不一定也不可能拥有所需的全部资源，这就形成了资源缺口。如果创业者没有能力弥补相应的资源缺口，那么要么创业无法起步，要么创业者在创业中会受制于人。

（五）管理缺口

创业者并不一定是出色的企业家，不一定具备出色的管理才能，由此形成管理缺口，具体分为两种情况：一是创业者利用自己擅长的某一新技术进行创业却因不具备专业的管理才能而形成管理缺口；二是创业者利用自己的某种奇思妙想或新的商业点子创业但因不具备战略规划能力或不擅长管理具体事务而形成管理缺口。

第二节　创业风险的主要类型

面对可能出现的各种风险，创业者要想进行有效的防范，必须在了解不同风险的基础上对它们进行准确识别，才能针对不同种类的风险采取不同的防范措施。

按照内容划分，创业风险可分为创业项目选择风险、创业市场风险、创业财务风险、创业人力资源风险和创业技术风险等。

一、创业项目选择风险

（一）创业项目选择风险的成因

创业项目选择风险源自创业企业在选择投资机会时面临的盈利或亏损的不确定性，主要表现在以下几个方面。

1. 市场需求量的不确定性

创业往往依托于某一创新技术，因此对于采用创新技术生产的产品，消费者往往不能及时了解其性能，从而对新产品持观望态度。例如，微波炉上市之初，由于消费者担心微波对人体有辐射危害，厂家、商家、新闻媒体不得不反复宣传"微波炉不会对人体产生危害"，再加上有用户现身说法，才逐渐打消部分消费者的疑虑和担心。因此，创业者如果不能对新产品的市场接受度或市场容量做出正确估计，就会影响新产品的商业价值，导致风险产生。

2. 市场接受时间的不确定性

一个全新的产品从进入市场到被市场接受总要经历一定的过程，若创业企业因财力不足而广告宣传不到位，其产品为市场所接受的过程就会延长，因此不可避免地会出现产品销售不畅甚至积压的情况，再加上固有的资金短缺问题，创业企业将面临资金流不畅的风险，最终可能导致创业夭折。

3. 产品市场扩散速度的不确定性

产品的市场扩散速度是很难测算的，主要有以下几个原因。

（1）市场推广力度。如果企业的实力较为雄厚，那么就可以将自己的产品推广到全国乃至全球市场，市场的扩散速度自然较快。反之，如果企业实力较弱，那么一般会选择先扎根一隅，待企业发展壮大后，再将产品铺向全国乃至全球。一般企业在初创阶段，综合实力会相对较弱，因此会选择先在某个地区推广产品。例如，新式茶饮品牌"茶颜悦色"就是一家湖南本土品牌，其将近所有门店都位于湖南省内。

（2）市场环境影响。理论上，一种产品会因为其显著的差异化或者极强的性价比为市场所青睐。但也有例外，如果消费者对某些品牌有很高的忠诚度，或者市场中的竞争者实力非常强大，那么，即使产品再好，也难免会被埋没，导致产品无法很好地扩散。

（3）市场对新鲜事物的接受程度。某些新产品出现时，大部分消费者往往会持观望态度，不敢轻易尝试，这也会导致产品扩散速度减慢。例如，美国哈德公司于1959年开发了施乐914复印机并谋求与IBM公司合作，但IBM公司预测施乐914复印机在10年内仅能售出5000台，便拒绝了哈德公司的合作邀请。然而，随着复印技术迅速被采用，哈德公司在30年间售出了20万台复印机，后改名为施乐公司，成为拥有10亿美元资产的大公司，而IBM公司只能为自己因严重低估产品的市场前景而造成的损失懊悔不已。

4. 产品市场竞争能力的不确定性

对于新产品，尤其是高新技术产品，创业者很难衡量其未来的市场竞争能力，因为产品的市场竞争能力是产品价格、产品服务和产品功能优势综合作用的结果。在产品价格方面，如果一款产品的开发成本较高，那么它的定价就偏高。若价格超出了市场的接受范围，产品就会缺乏竞争力，产品的商业化、产业化就无法实现，最终导致投资者遭受损失。另外，兼具功能、价格和服务优势的产品逐渐被市场认可和接受后，众多竞争者会蜂拥而至，分割该产品的市场份额，导致市场竞争加剧，使企业利润减少、投资回报率降低。

5. 市场战略的不确定性

战略对企业至关重要，它决定着企业的发展方向。例如，小米手机就是因为有良好的市场战略布局，才在短短11年间迅速发展成我国乃至全球增速最快的智能手机品牌。据统计，2021年第二季度，小米手机全球市场份额超越苹果，晋升全球第二。一个好的产品构思或商业点子需要完善的市场战略在价格定位、目标客户选择、营销策略、品牌塑造等方面提供支撑和指导才能取得成功。

（二）创业项目选择风险的规避

项目选择风险给创业者带来的损失不可估量，创业者可以从以下几个方面着手规避。

1. 建立市场监测与策略调整机制

通过建立市场监测与策略调整机制，创业者可在企业运营过程中定期重复市场分析过程，保持对关键市场信号的敏感度，也可以结合产品试销推广阶段调整前期制定的市场营销策略。

2. 学会放弃，试着等待

"有所为，有所不为"不仅是大公司制定多元化战略时需要时刻牢记的准则，也是创业企业在选择业务内容时需要遵守的原则。在实践创业设想的过程中，如果创业企业不能确定自己所提供的产品或服务是否能与近期市场需求相符、与远期市场需求接轨，那么暂停对现有产品或服务的人力、物力和精力投入，等待市场趋势明朗后再行动不失为一种理性的选择。

3. 与强者联合，规避项目选择风险

创业企业在创业过程中还会遇到这样一种情况：虽然短期内市场对创业企业所提供的产品或服务的需求不够明显，但是经过一段时间的投入和培养，消费者需求会有明显增长。在这种情况下，借助行业中强势企业的力量规避项目选择风险不失为一个简单、有效的方法。

 案例 5-1

格力多元化的坎坷之路

早在 2012 年，董明珠成功接任朱江洪之后便提出了"每年增长 200 亿，2018 年营收 2000 亿，5 年再造一个格力"的远大目标并为之规划了一个多元化经营战略，涉及生活电器、高端装备和通信设备等板块。但事与愿违，除空调外，董明珠无论是做手机、投资芯片还是进军新能源汽车领域，都没有得到业界与市场的认可，甚至还遭受了诸多非议。

2015 年，格力手机试图以"搅局者"的身份杀入手机行业，但至今依然不被业界看好。其实，格力布局手机市场的主要目标在于构建万物互联的场景闭环，毕竟未来各种智能家居产品都需要网络连接，而手机很有可能成为家庭智能家居场景中的最佳入口之一。因此即便市场惨淡，董明珠也始终没有放弃手机市场。但是，格力的手机业务"烧钱"不止，仅受内部员工青睐，究竟何时才能具备"自我造血"的能力呢？

时过一年，董明珠又在股东大会上提出了收购"珠海银隆新能源"的方案，结果遭到股东集体反对。之后，她个人投资 9.37 亿元入股银隆，还拉来了万达、京东等共同出资，逐渐将银隆的实际控制权揽入手中。被收购后，银隆爆发了诸多负面消息，包括"大面积停工""资金枯竭""供应商上门讨债"等，最终董明珠与银隆创始人魏银仓彻底翻脸、对簿公堂。

将银隆内部梳理完毕后，董明珠又不断将格力电器与银隆捆绑起来寻找新的合作机会，同时格力又与威马汽车达成战略合作。可见，董明珠对汽车领域一直兴趣不减。

2018 年上半年，董明珠又提出要在 3 年内投入 300 亿元用于研制芯片，向家电产业链的上游进军。据内部信息透露，格力集成电路全资子公司将是纯芯片设计公司，生产由代工厂代工，但并不排除格力在未来独立自主制造芯片的可能。在专业人士看来，设计、制造芯片的技术、人才门槛都不低，而且造芯并非一朝一夕就能完成的。此外，围绕芯片的投资一般都是千亿级别的，外行砸个几百亿就想获得成功，可谓难上加难。

总之，回溯董明珠带领格力涉足的跨界领域，想要取得成绩需要整个集团投入大量的人力、财力且投资回报周期特别长、彼此间的覆盖面也极小、关联度极低。这样一来，自然更难形成相互扶持的产业体系。

资料来源：深思格力电器的多元化，董明珠究竟扮演了什么角色？[EB/OL].（2019-09-27）[2022-04-11]. https://baijiahao.baidu.com/s?id=16458103604762212268&wfr=spider&for=pc.

【思考】

为什么格力集团的多元化发展问题频出？需要如何改进？

二、创业市场风险

创业市场风险发生在创业的市场实现环节，源自市场的不确定性，具体可分为市场营销风险、市场竞争风险。

（一）市场营销风险

市场营销风险源自新创企业制定和实施的营销策略与其营销环境（包括微观环境和宏观环境）的发展变化不协调，这种不协调会导致新创企业的营销策略难以顺利实施、目标市场缩小或消失、产品难以顺利售出、盈利目标无法实现等。市场营销风险的成因主要有以下几个。

1. 营销模式不转变

20 世纪末，我国企业界涌现出一批昙花般的企业，如巨人、爱多、三株等，它们借助轰炸式广告效应、大规模的营销队伍和密集的销售网络以惊人的速度发掘出大规模的消费需求，成功把握住了市场机会。但随着市场的不断变化，由于不适应新形势，这些企业在市场营销模式方面出现了重大失误，缺乏对消费者需求变化的调查、研究、分析，只是为了宣传而宣传，因而在经历了短暂的辉煌后逐渐没落。

新创企业多是在短期内快速成长起来的，没有经历痛苦的市场导入过程，在开拓新的市场区域或推进新产品上市时往往复制原有的市场营销模式。但能在市场开拓初期获得成功的价格策略、渠道策略和促销策略并不适用于产品市场成熟阶段，随着市场的成熟，新创企业需要就营销模式精耕细作，而不能一味依赖取得成功的旧有模式。

2. 盲目依赖广告

新创企业盲目依赖广告，采取强势的"广告轰炸"手段会造成市场预期过高，若企业不能提供符合预期的产品或服务，就不能形成消费者对其产品或服务的忠诚度；若企业出现信誉问题时，消费者就会产生强烈的上当受骗的感觉，最终导致企业的失败，秦池就是这样一个例证。在初创期利用广告获得知名度和美誉度后，新创企业应转而修炼"内功"，使企业内部管理与广告策略相匹配。

3. 营销过程缺乏危机管理

新创企业在危机管理上会存在以下问题。

（1）缺乏危机意识，预见性差。危机意识要先行，这样才能防患于未然。在很多新创企业，管理者大多限于常态化管理，危机意识淡漠，这就造成危机爆发后，没有专门的人员、机构、危机预案和沟通协调机制去应对，这就会导致企业遭受重创。

（2）隐瞒事实，逃避责任。当危机爆发时，有些企业企图通过拒不承认、隐瞒事实等手段逃避、推卸责任，这种做法会导致企业信誉破产，形象一落千丈。

（3）缺乏公关技巧。有些新创企业缺乏公关经验和沟通技巧，在危机爆发后，相关措施无法让公众信服，无法遏制舆论发酵，最终导致事件愈演愈烈，难以挽回。

（4）错失危机管理时机。一方面，在危机爆发之前，企业不能很好地抓住机会将危机消灭在摇篮中，另一方面，当危机爆发后，企业又反应迟缓、行动不果断，这必然会使企业在处理危机事件时陷入被动。因此，新创企业在成长过程中要树立危机管理意识，完善公关工作，学会处理突发事件。

（二）市场竞争风险

新创企业需要在复杂的动态环境中识别竞争者及其策略，评价竞争者的实力和优势，预测竞争者的战略地位，防范市场竞争风险，以便在市场中突出自身的竞争优势，确保本企业在市场乃至行业中占有有利地位。

防范市场竞争风险的重点包括以下几个。

1. 大量的或势均力敌的竞争者

当行业中存在数量众多且实力相当的企业时，它们为了争取更大的市场份额，必定会使出浑身解数，采取强有力的措施，这就导致行业内的竞争形势异常激烈。此时新创企业如果没有足够的信心与这些竞争者抗衡，那么就要先评估各竞争者的实力和优势，并找准自己的定位，培育自己的竞争优势，生产更有差异化的产品或应用更加独特的营销策略吸引目标客户，以应对挑战。

2. 缓慢的市场增长

当市场处于增长阶段时，企业竞争压力较小，市场竞争风险也较小；在无增长或缓慢增长的市场中，由于各企业都要抢夺竞争对手的消费者来扩大自己的市场份额，竞争态势将会非常激烈。

3. 高额的固定成本或库存成本

当行业固定成本较高时，企业为了降低单位产品的固定成本，势必会增加产量。当每个企业都试图使产能最大化时，就会导致整个行业产能过剩。为了减少库存，企业一般会采取降低价格、向消费者提供回扣或其他特殊折扣的办法。

4. 产品缺少差异或转换成本低

当不同产品缺少差异时，消费者的关注点就是价格和服务，因此生产者会在价格和服务上展开激烈的竞争。同样，当不同产品的转换成本较低时，购买者会有很大的选择空间，也会产生同样激化竞争的效果。

5. 重要的战略利益

如果行业中的几家企业都想在行业中占据领导者地位，成为市场占有率最高的企业，那么也会加剧行业内的竞争形势。此时，竞争者为了谋求市场地位，势必会使用各种方法扩张市场份额，这就会威胁到其他企业的利益。因此，企业为了维护自身地位，不仅要在产品和服务上完善和创新，还需要通过产品线的延伸或者多元化策略，占有更多消费市场，以保持自身的地位和优势。例如近年来，美的、奥克斯、海尔等名牌都相继发力，不断冲击格力空调的领导者地位，为了应对竞争，格力开始在小家电领域深耕，以通过扩展家电产品线保持自己的市场份额。

三、创业财务风险

创业财务风险会使企业因资金供应不及时或不足而导致创业失败，具体分为以下几种。

（一）筹资风险

筹资风险是指与企业筹资相关的风险，一般是指由于资金供需情况、宏观经济环境等因素的变化，企业在筹集资金方面的不确定性。

1. 筹资风险内因分析

（1）负债规模。负债规模是指企业负债总额的大小或负债在资金总额中所占比重的高低。在财务杠杆作用下，当企业投资利润率高于借入资金利息率时，企业扩大负债规模，适当提高借入资金在总资产中所占的比例，会提高企业的资产收益率；反之，在企业投资利润率低于借入资金利息率时，企业负债越多，借入资金在总资产中所占的比例越高，企业资产收益率就越低，严重时企业会发生亏损甚至破产。

（2）负债的利息率。在同等负债规模的条件下，负债的利息率越高，企业所负担的利息费用支出越多，企业破产的风险就越大。

（3）负债的期限结构。负债的期限结构是指企业所使用的长、短期借款的相对比重。如果负债的期限结构安排不合理，如应筹集长期资金却采用了短期借款或者相反，就会增加企业的筹资风险。另外，若长、短期债务的比例不合理，还款期限过于集中，就会导致企业在债务到期日的还债压力过大，资金周转不灵，从而影响企业的正常经营活动。

2. 筹资风险外因分析

（1）经营风险。经营风险是企业生产经营活动本身所固有的风险，其直接表现为企业税息前利润的不确定性。当企业完全用股本融资时，经营风险即企业的总风险，完全由股东均摊。当企业采用股本与负债融资时，其还本付息的资金最终来源于企业的收益，如果企业经营不善，营业利润不足以支付利息费用，则不仅股东收益化为泡影，还要用股本支付利息，严重时会导致企业丧失偿债能力，被迫宣告破产。

（2）预期现金流入量和资产的流动性。负债的本息一般要求以现金（货币资金）偿还，如果企业投资决策失误或信用政策过宽，不能足额或及时地实现预期的现金流入量以支付到期的借款本息，就会面临财务风险。此时，企业为了防止破产可以变现其资产，当企业资产的总体流动性较强，变现能力强的资产较多时，其财务风险就较小；反之，当企业资产的整体流动性较弱，变现能力弱的资产较多时，其财务风险就较大。很多企业宣告破产不是因为没有资产，而是因为其资产不能在较短时间内变现，不能按时偿还债务。

（3）金融市场。金融市场是资金融通的场所。企业负债经营要受金融市场的影响，如负债利息率的高低就取决于取得借款时金融市场的资金供求情况，而且金融市场的波动（如利率、汇率的变动）也会导致企业遭遇筹资风险。当企业主要采取短期贷款方式融资时，如遇到金融紧缩、银根抽紧、短期借款利率大幅度上升，就会引起利息费用剧增、利润下降，更有甚者会由于无法支付高涨的利息费用而破产清算。

筹资风险的内因和外因相互联系、相互作用，共同诱发筹资风险。一方面，经营风险、预期现金流入量和资产的流动性、金融市场只有在企业负债经营的条件下才有可能导致企业遭遇筹资风险，此时企业的负债比率越大，负债利息越高，负债的期限结构越不合理，企业的筹资风险越大。另一方面，虽然企业的负债比率较高，但企业已进入平稳发展阶段，营业收入稳定且处于上升阶段，经营风险较低且金融市场的波动不大，那么企业的筹资风险就相对较小。

3. 筹资风险的防范

（1）建立有效的风险防范机制。新创企业必须立足于市场，建立一套完善的风险防范机制和财务信息网络，及时地对财务风险进行预测和防范，制定适合企业实际情况的风险规避方案，通过建立合理的筹资结构分散风险。例如，通过控制经营风险来减少筹资风险，充分利用财务杠杆原理控制投资风险，使企业按市场需要组织生产经营，及时调整产品结构，不断提高企业的盈利水平，避免由于决策失误而造成的财务危机，把风险减少到最低程度。

（2）确定合理的财务结构。在资金结构中应把握好负债经营的"度"，若负债的比例过大，即过度负债经营，那么企业会过度依赖外界因素，也就加大了企业的经营风险和财务风险，生产经营环节稍有脱节，就会发生资金回收不及时、资金成本大幅度增加的问题，最终降低企业经营利润、削弱企业活力。企业要合理确定债务资金与自有资金、短期资金与长期资金的比例关系并随着企业生产的变化而加以调整，一方面要筹集足够的资金以满足企业生存和发展的需要；另一方面要注意筹集的资金不能过多，以免产生资金配置风险，出现资金闲置，加重企业的债务负担，要尽量做到资金筹集量与资金需求量的相互平衡。

（3）正确选择筹资方式。企业的筹资方式可归为两大类，即负债筹资和股票筹资。一般来说，负债筹资的资金成本相对较低，利息税前支付，但偿还风险相对较大，表现为能否及时、足额地还本付息。企业应根据利率走势合理安排筹资：当利率处于高水平或正由高向低过渡时，应尽量少筹资，对必须筹措的资金，应尽量采取浮动利率的计息方式；利率处于低水平或正由低向高过渡时筹资较为有利，应尽量采用固定利率的计息方式来保持较低的资金成本。股票筹资不存在还本付息的问题，它的风险只存在于其使用效益的不确定性上。但是股票筹资的利息需税后支付，资金成本相对较高。

（4）选择适当的筹资时机。筹资机会是客观存在的，能否把握住筹资机会不仅影响着筹资的效益，也关乎筹资风险。企业在选择筹资机会时要做到几点：要与企业经济活动的周期和财务状况相匹配、要与企业的股票行市相匹配、要与企业未来现金流量相匹配。

（5）确定合理的筹资结构。企业所筹集资金的来源、方式、期限或成本不同，其筹资风险也不同，应将负债经营资产收益率与债务资本成本率进行对比，只有前者大于后者，才能保证本息到期归还，实现财务杠杆收益。另外，根据组合风险分散理论，多元化筹资可以有效地分散企业的筹资风险，单一化筹资是不现实的，也可能是非常危险的或成本很高的。合理的筹资结构中各筹资方式所占比例应在保证筹资风险最小化的同时使加权资金成本最小化。

（二）资金链断裂风险

资金链是指维系企业正常生产经营运转的基本循环资金链条。现金—资产—现金（增值）的循环是企业经营的过程，企业要维持运转，就必须保持这个循环过程的良性、不间断运转。发生资金链断裂风险后，企业将面临债务危机，进而无法偿还到期债务。

1. 资金链断裂的原因

（1）运营资金不足。运营资金是指企业维持日常经营所需的资金，简单来说就是存货加应收账款减去应付账款。运营资金风险是指因运营资金不足给企业造成的风险，它是企业面临的主要财务风险之一。运营资金作为维持企业日常生产经营所需的资金，与企业经营活动的现金循环有着密切的关系，如果运营资金不足，现金循环就无法顺利完成，从而影响企业正常的生产经营活动。一般情况下，企业运营资金不足的主要原因有以下几个。

① 现金周转速度减慢。现金循环周期的变化会直接影响企业所需运营资金的数额，如果企业现金周转速度减慢，那么企业对运营资金的需求量将增加。这时，如果企业没有足够的现金储备或借款额度，就无法增加资金投入，企业原有的运营资金就会因现金周转速度的减慢而无法满足企业正常生产经营活动的需要，运营资金将出现一定额度的缺口。

现金周转速度减慢的原因有以下三个：一是存货增加，企业产品销售不畅会导致产品积压、库存增加、存货周转期延长。二是收款延迟，因为客户的原因，企业没有按照约定的期限回收应收账款会导致收款延迟，应收账款周转期相应延长。三是提前付款，因为供应商或企业内部管理的原因，企业提前偿还了供应商的货款会导致应付账款周转期缩短。

② 销售规模扩大。当一个企业迅速扩张时，销售规模扩大可能会产生更多的盈利，但企业可能面临运营资金不足的问题，因为它需要为不断扩大的业务筹集运营资金。如果一个企业以超过其财务资源允许的业务量进行经营，将可能导致过度交易，从而造成企业运营资金不足。

③ 运营资金被占用。很多企业并没有将企业的运营资金用在日常的生产经营中，而是将其用于对外投资或购置固定资产、无形资产等长期资产，而对外投资或购置长期资产项目都不可能在短期内形成收益，由此导致现金流入存在长期滞后的现象，从而造成企业运营资金不足。

（2）不能及时收回销售款。如果企业不能在到期日及时收回销售款，一方面会使运营资金减少，影响企业的正常生产经营；另一方面会造成企业偿付负债能力下降，使企业没有足够的现金偿付供应商的货款或其他应付款项。这就会产生信用风险。信用风险是指由于企业赊销导致销售款不能及时收回而给企业带来的风险。

信用风险是企业普遍存在的一种财务风险，对企业的危害极大。在实际经营过程中，引发信用风险的原因是多种多样的，归纳起来主要有以下两种原因：一是突发性坏账引发的风险；二是大量赊销引起的风险。

（3）资产流动性不足。流动资产是企业为偿付其债务所持有的现金或可以迅速筹集的现金，包括现金和可迅速转化为现金的资产。其中，可迅速转化为现金的资产主要包括应收账款和存货，存货的变现能力和速度均不如应收账款。

资产流动性不足是指相对于企业的短期负债来讲，企业的流动资产不足。资产流动性不足是一种严重的财务风险，称为流动性风险。企业发生流动性风险的主要后果是企业短期偿债能力不足，到期不能及时偿还债务，最终可能被清算或破产。造成企业资产流动性不足的原因包括两个：一是增加流动负债用于对外投资或购置长期资产；二是增加流动负债以弥补运营资金的不足。

（4）投资失误。企业若投资失误，将无法取得投资回报，如此可能增加偿债风险或连累主营业务的经营。

（5）相关方损失。相关方遭受损失会引发连带风险，使企业受到牵连，最常见的情况是：企业以自身的资产为其他企业做信用担保，被担保企业发生重大损失后，担保企业也会因连带责任而不得不承担被担保公司的相应义务，最终结果是被担保企业的损失转移到了担保企业。

2. 资金链断裂风险的防范

（1）建立完善的资金链运作管理和监督体系。企业必须建立健全对资金链的统一管理体系，有效筹集和运用资金。为此，企业一方面应认真研究贷款政策、资金市场的供求情况以及国家政策和资金市场利率的走向，营造低成本、多元化的资金融通渠道；另一方面，企业要盘活资产存量，及时清理闲置、积压资产，同时要加大应收账款的回收力度，加快资金周转速度。此外，企业还要建立内部结算中心进行统一的财务调度，制订科学、合理的资金运作方案，通过优化资本结构、降低资金使用成本、建立偿债准备金等手段合理安排资金的使用，防范资金链断裂风险的发生。

（2）用收付实现制的会计原则管理现金流。权责发生制是在费用和销售发生时入账，收付实现制是在付出和收到现金时入账。前者不能真实地反映现金的流入和流出，报表上的业务收入和净利润值并不是交易发生的实际现金状况；后者与现金流量一致，利于现金流管理。创业者必须时刻关注现金流量表，仔细分析预算的现金流量与现实的现金流量的差距，采取有针对性的措施改善现金流状况。

四、创业人力资源风险

创业人力资源风险是指在企业初创期和成长期，由于人力资源的原因而导致企业的经营结果与经营目标相偏离，主要包括创业团队风险和关键员工离职风险。

（一）创业团队风险

创业过程中，建立优势互补的创业团队是企业人力资源管理的关键之一。团队是人力资源的核心，"主内"与"主外"的不同人才、耐心的"总管"和具有战略眼光的"领袖"、技术与市场两个方面的人才都是不可偏废的。组织创业团队时，创业者要考虑不同团队成员的性格和看问题的角度，既要有能提出建设性、可行性建议的成员，也要有能不断发现问题的成员，这对创业过程大有裨益。

1. 创业团队风险的成因

（1）团队成员没有共同的愿景和目标。如果团队成员只考虑如何通过团队达到自己的目标而不考虑如何实现个人与团队的双赢，只是为了完成工作而工作而不是为了更好地完成团队任务而共同努力，这么这样的团队将成为实现企业目标的障碍，不仅不会助力创业成功，还会成为创业过程中的潜在风险。

（2）不能塑造和谐的创业团队关系。在创业过程中，不和谐的团队关系，如拉帮结派等会给企业经营造成人为阻力，左右企业的重大决策。这种团队关系不仅不会给企业带来高绩效，相反会增加创业过程中的风险。"具有和谐平等、相互信任的人际关系"是高效团队的一大特征。只有在表达自己的意见时只需要忠实于团队而无须忠实于某个人时，团队成员才能相信团队中存在平等的发展机会，才会将自己和团队紧密地联系在一起。

（3）团队规范和纪律缺失或执行不力。不少创业企业在团队建设过程中过于追求团队的亲和力和人情味，认为"团队之内皆兄弟"，而严明的团队纪律有碍团结，如此会导致管理制度不完善或虽有制度但执行不力，形同虚设。通用电气公司前CEO杰克·韦尔奇认为，指出谁是团队里最差的成员并不残忍，真正残忍的是对成员存在的问题视而不见，文过饰非，一味充当老好人。对于这一点，每一个创业团队都要有足够清醒的认识。

（4）团队角色配置不合理。有一些人将团队精神理解为集体主义并简单地将其与个人英雄主义对立起来，这常常导致团队成员的个性创造和个性发挥被扭曲和淹没。没有个性意味着没有创造力，这样的团队只有简单的复制能力，而不具备持续创新的能力。其实，团队不仅仅是人的集合，更是能量的结合。团队精神的实质不是要团队成员牺牲自我去完成一项工作，而是要充分利用和发挥团队所有成员的个体优势去做好每一项工作。

2. 创业团队风险的防范

（1）在企业成立之前，考察一下团队成员之间的合作情况。团队成员在价值观、目标、股份等方面会有很大的不同，能否解决好成员在这些方面产生的分歧将直接决定新创企业的生存和发展状况。

（2）在确定创业团队成员的股份比例、工资等时不可人人平等，否则不利于企业的决策和管理。

（3）创业者要保持警觉性。在现实生活中，并非人人都是高素质、高品德的完人，因此创业者应该保持警觉性，理性、客观地观察团队成员的行动，不能简单地以情感为原则处理与团队成员的关系。

（4）创业者应该具有动态的发展观念。企业的创建与发展是一个动态的过程，因此创业者应秉持动态的发展观念，建立一套完善的团队调整机制，根据成员的实际贡献调整创业团队的组成。

（二）关键员工流失风险

企业关键员工是指那些拥有专业技术、掌握核心业务、控制关键资源、具有特殊经营才能、对企业的经营与发展会产生深远影响的员工，这类员工的流失会给企业造成重大损失。

企业可以从以下几个方面入手防范关键员工流失风险的发生。

1. 为关键员工制定职业生涯规划

企业可通过提供职业生涯机会评估，帮助关键员工设定职业生涯目标并拟订具体的行动计划，使关键员工清晰地看到自己在企业中的发展道路，对未来充满信心，乐于与企业共同发展。国外不少企业都建立了员工个人职业表现发展档案（personal performance development file, PPDF），为员工设计了一条经过努力可以达到个人目标的道路，档案内容包括个人情况、阶段性目标以及为实现目标所需要的技能、条件等，可有效地将企业发展目标和个人目标结合起来。例如，惠普公司在互联网上为其员工提供了自评工具，可帮助员工拟订详细的职业发展计划，这也是该公司员工流失率远远低于其主要竞争对手的一个重要原因。

2. 利用培训和开发手段激励关键员工

《世界经理人》的一次网上调查显示，在企业所提供的七项福利（医疗保险、退休保障、住房及补贴、带薪休假、业务用车、进修和培训机会、子女教育津贴）中，43%的员工首选进修和培训机会。由此可见，进修和培训机会已经成为许多员工颇为重视的福利项目。对高素质的关键员工而言，与高薪水相比，良好的进修和培训机会更重要，因为他们不仅仅是为了赚钱而工作，更希望通过工作得到发展和提高。

3. 契约约束

企业可以与关键员工签订合作协议并在协议中阐明双方的责任、权利和义务，一旦出现问题就可诉诸法律。例如，通过事先签订的"竞业禁止"协议，企业可要求员工在离开后的一段时间内不得从事与本企业有竞争关系的工作并要为本企业保守商业秘密、技术秘密等，同时可规定针对相应损失的补偿措施。

五、创业技术风险

创业活动往往表现为将一种新技术应用于实践并将其转化为产品或服务的过程，其中技术可行性低、预期与实际存在较大偏差等技术风险将导致创业的失败。

（一）创业技术风险的成因

1. 技术应用成功的不确定性

一项技术要成就现实的产品和服务，必须经过反复的试验，而最终的结果如何，能否将技术成功地转化，这些都具有不确定性。例如格力在研发光伏发电空调时，因为光伏发电相较于传统的能源发电技术难度更大，稳定性更低，为了使其能够很好地应用到空调使用中，格力专门成立研发团队，经过上千次的实验，才最终研制成功。也就是说，创业企业想将技术与产品相结合，会存在一定的风险。

2. 生产技术的不确定性

实验室和生产车间的工艺条件不同，一些在实验室中可以顺利应用的技术到了生产车间可能发生很难实现甚至实现不了的问题，因此创业者应对各技术条件或其他制约条件进行协调，以免产生技术风险。

3. 技术寿命的不确定性

某些技术性产品变化迅速、寿命短，极易被由更新的技术生产的产品所代替，使生产原有技术性产品的企业蒙受技术被淘汰带来的损失。

4. 没有及时将自己研发出来的技术申请专利

研发产品没有及时申请专利，产品上市后国内外的企业纷纷仿制，这些企业在技术上以较少的投入进入市场，迅速蚕食市场份额，对此企业会毫无回击之力。

（二）创业技术风险的防范

（1）建立技术发展趋势监测系统。利用该系统，企业可实时追踪相关技术的发展状况，判断未来技术发展趋势，监测竞争对手的研发进展、产品的商业化进展，关注市场对不同技术产品的种种反应。

（2）高度重视专利申请、技术标准申请等技术保护性措施。

（3）在合适的时机选择战略合作伙伴，采取灵活的方式分担风险。

第三节　特许加盟创业风险

一、特许加盟的含义

特许加盟又称特许经营，是指特许人以签订特许经营合同的形式将自己所拥有的商号、商标、专利、产品、专有技术、经营模式等授予被特许人使用，被特许人按合同规定在特许人同意的业务模式下从事经营活动并向特许人支付相应的费用。被特许人可以分享特许人的成功经营模式和诀窍并获得由此带来的比单体经营更为丰厚的利润。

特许加盟的优势有：降低市场风险；通过使用现有的商誉和品牌减少广告费用；货源有保障，有助于降低成本；提高加盟店的管理水平；等等。

 案例 5-2

肯德基"生活如此多娇"

肯德基是美国跨国连锁餐厅之一，也是世界第二大速食及最大炸鸡连锁企业，由创始人哈兰·山德士（Colonel Harland Sanders）于1952年创建，出售产品包括炸鸡、盖饭、薯条、蛋挞、汽水等高热量餐食。

肯德基在我国采取的特许经营模式强调"不从零开始"，指的是将成熟的肯德基店面转让给通过资格评估的加盟者（创业者），同时赋予加盟者权力，使其可以在原有餐厅位置用肯德基品牌继续经营。也就是说，加盟者接手的是一个成熟的餐厅，不用停业整修，也不用开设新餐厅，更不必重新招募员工等，不仅省去了很多时间，投资风险也大幅度降低，更提高了创业成功的概率。换一种说法就是，加盟者没有自行选址的权力，不能自主装修店面，而是采取整体转让方式获取肯德基餐厅。

肯德基特许加盟要求加盟申请人必须自愿处理餐厅日常经营事宜并亲自管理餐厅，如果加盟者缺乏资金，可以找合伙人共同加盟，合伙人要接受资格评估和调查并与主要加盟者一起办理申请流程，主要经营者的资金占比至少应为 30%。成功加盟后，主要加盟者要全权参与餐厅的运营、管理，而合伙人可以不参与餐厅的日常经营、管理。肯德基加盟申请人需具备以下条件：有企业家精神；认同肯德基的企业文化；没有犯罪和破产记录；具有大专及以上学历；愿意处理日常经营事宜和亲自管理餐厅；愿意从事服务行业的经营、管理工作；有为了事业迁移到其他城市的意愿；具有足够的资金；在相关行业中有很好的企业人员管理经验；与肯德基品牌没有利益冲突。肯德基中国总部为加盟者提供的创业条件有：完善的餐厅管理系统；一个有价值的品牌；一家正在营业的肯德基餐厅；部分餐厅运营团队；统一采购、配送；首期 10 年加盟权；完备的培训体系；完善的追踪和考核系统；房产租约谈判协助。在特许加盟创业费用方面，初始投资金额有差异性特点，加盟费根据餐厅所在城市、装修、利润、设备、租约和员工专人人数而定，肯德基给予加盟者资金方面有一定的自由度，但其自身在该项目中的资金投入占比应超过 70%。

资料来源：肯德基："生活如此多娇"[EB/OL].(2022-04-11)[2022-04-11]. https://baike.baidu.com/item/%E7%94%9F%E6%B4%BB%E5%A6%82%E6%AD%A4%E5%A4%9A%E5%A8%87/3332792?fr=aladdin.

【思考】

肯德基的特许加盟管理有哪些优势？为什么其加盟成功率较高？

二、特许加盟创业风险的主要内容

（一）投资风险

选择特许加盟方式的创业者一般持有少量资金，迫切地想要干出一番事业，因此许多特许加盟企业打出"低准入、高回报"的广告语以吸引创业者，有些甚至允许创业者免费加盟并提出为加盟连锁店提供店面选址、技术培训、物流配送、运营管理等一系列支持服务，还做出了假设性投资回报表，一些自身辨别能力较差、缺乏法律知识的创业者不能识别其中夹杂着的虚假信息、不实言论，很容易盲目地投入资金，深陷其中。此外，若创业者对市场前景、企业资质、产品品质等考察得不到位，对加盟店的销售能力过于乐观或对收益的期望过高，签订合同时没有仔细研究双方的权利和义务是否合理，终将自尝苦果，引发投资或经营风险。

（二）经营风险

1. 特许人支持不力

在创业初期，创业者受资金限制且缺乏管理经验，很难凭自身能力对抗市场风险，这时特许人的指导与扶持对创业者来说十分重要。众所周知，肯德基、麦当劳等成熟的特许经营机构都有相当复杂的培训体系（内容涉及技术、服务、质量等方面）以及高效率的物流、配送体系。但大部分尚不成熟的特许加盟企业并没有制定详细的针对加盟人的培训和管理计划，即使有也缺乏具体的、可操作的方案，因此屡屡出现所谓的总部无能的情形，即特许人在收取加盟费和保证金后并不能向加盟人提供有效的支持。有些特许加盟企业并没有把自己与加盟人视为利益共同体，而是将加盟人看作"待宰的羔羊"，只想通过后者获利，忽视了自身企业的长远发展。

2. 特许人盲目扩张和过度限制被特许人行为

特许人盲目扩张是指特许人忽视特许体系的能力建设，片面地追求发展速度，不加节制地发展被特许人。这种盲目扩张的行为一方面大幅度降低了被特许人经营加盟企业的成功率，另一方面会导致特许经营体系产生质量失控、品牌受损的问题，最终殃及整个特许经营体系。在特许经营中，为了保证特许经营体系的统一性，特许人会严格地限制和要求被特许人的经营，被特许人的自由空间较小且随时可能承受总部品牌价值降低对自己造成的不良影响。

3. 特许人单方面设定霸王条款

与普通的买卖合同、租赁合同不同，特许经营合同是一项复合式合同，内容不仅包括商标的许可使用，还涉及设备与产品供应、加盟费用的确定、加盟店的管理等一系列内容，被特许人一般很难定夺特许经营合同的内容，即使提出修改意见，特许人通常也会以特许经营合同是标准合同为由拒绝被特许人。

（三）诈骗风险

在特许经营中，不法分子或不法企业会钻法律的空子实施诈骗行为，如企业不具备发展加盟商的资格却在互联网平台发布招商加盟信息，以低投资、高回报等诱人的虚假信息诱导创业者加盟。面对各种各样的陷阱和诈骗行为，创业者很难在第一时间识别出来，意识到的时候已经成为受害者，不得不承担经济损失。

三、特许加盟创业风险的防范

（一）认真审核特许人的资格

创业者在选择特许人时务必审核其资格，具体涉及以下内容。

（1）企业法人营业执照、税务登记证。

（2）企业设立时间和从事特许经营的时间。

（3）商标注册证书，专利证书，商号，产品和独特的、可传授的经营管理技术或诀窍的情况及相关的市场知名度。

（4）是否具备一定的经营资源。

（5）已有直营店和加盟店的数量与经营情况。

（6）是否有能力提供培训、指导及后续支持。

（7）是否具备成熟的特许经营体系和管理模式等。

（二）到样板店、加盟店进行实地考察

在正式签约之前，创业者应对特许人的样板店、加盟店进行实地查访，全面考察门店的运营状况。

（三）要求查看各种经营手册

特许人的各种经营手册是其特许经营体系和管理模式的集中体现，故在正式签约之前，被特许人应要求查看特许人现有的各种经营手册，包括运营手册、门店管理手册和培训手册。

（四）明确合同签约人

签订特许经营合同时，特许人的法定代表人往往不亲自签字，而由业务人员作为代表签字。在此种情况下，法定代表人应签署委托书给代表人，创业者必须审核委托书的真实性。为了避免发生招募公司和与创业者实际签约的公司不一致的情况，创业者在签约时务必确保对方签约者确为自己拟加盟的特许人。

（五）合同条款必须由双方协商确定

首先，创业者在任何情况下都不应采取口头协议的方式，必须签署书面合同，同时应避免在未经任何调查的情况下进行现场签约。其次，在特许人预先准备好合同时，被特许人必须仔细审阅合同内容，对于不给予充分时间商讨合同内容、急于签约的特许人，要提高警惕。再次，被特许人要在平等、自愿、公平的基础上与特许人谈判、签订合同，不可无条件地接受特许人的要求，如要求被特许人放弃某些权利或履行某些额外义务，以便在将来双方产生纠纷时依法保护自己的合法权益。最后，创业者自身的专业知识有限，条件允许的话，可以请专业人士，如律师、审计师、会计师、特许经营专家等参与考察与谈判过程。

（六）注意签订特许经营合同时的细节问题

（1）许可范围。双方必须明确特许经营合同中约定的授权性质是独占许可、排他许可还是普通许可，这直接影响着被特许人未来的经营业绩。

（2）加盟费用。特许经营涉及各种名目的加盟费用，在订立特许经营合同时，被特许人必须明确加盟费用的项目、金额以及收取方式。

（3）保证金。为了确保被特许人履行特许经营合同中规定的义务，特许人通常要求其交付一定的合同履行保证金。合同期满后，如被特许人没有发生违约行为，特许人应将保证金全额退还，所以合同中应对保证金的收取、扣除和返还进行明确规定。

（4）培训和指导。为了有效地获得特许人的持续支持，保证加盟项目的长期运营，被特许人务必确认合同中有关培训、技术指导等的要求的合理性。

（5）违约责任。合同一方有违约行为时，另一方可要求违约方承担违约责任，因此签订特许经营合同时，被特许人应当检查违约金条款的设定及其数额是否合理、双方的违约责任是否对等。

（6）争议解决方式。双方在签订特许经营合同时应就争议解决方式做出约定，具体可选择的方式有仲裁和诉讼，选择仲裁即意味着放弃诉讼。

（7）期满续约。期满续约时有两个问题需要注意：一是续约的优先权，在同等条件下，现创业者应享有续约的优先权；二是现创业者续约的加盟费可随着特许人知名度的上升而相应提高，也可能特许人会给予部分减免。就这两个问题，双方最好在合同中进行明确约定。

（七）提高对特许经营的认识，规避风险

特许经营有优势也有风险，成功的前提是做出科学的决策而非投机取巧。选择加盟创业方式的创业者应该系统地学习特许经营的理论知识，严格地按照特许经营所要求的步骤选择特许人，既要准确地评估自己的实力，也要科学地评估特许人的加盟系统，只有这样才能避免掉入加盟的陷阱。

 **本章小结**

创业风险是指在创业过程中，由于创业环境的不确定性，创业机会与创业企业的复杂性，创业者、创业团队的能力与实力的有限性，而导致创业活动偏离预期目标的可能性及后果。其主要来源于融资缺口、研究缺口、信息和信任缺口、资源缺口和管理缺口。

创业过程中主要的创业风险包括项目选择风险、市场风险、财务风险、人力资源风险和技术风险。市场风险包括市场营销风险和市场竞争风险；财务风险包括筹资风险和资金链断裂风险；人力资源风险包括创业团队风险和关键员工离职风险。

特许经营加盟创业的风险主要有特许人投资风险、经营风险和诈骗风险。特许经营加盟创业风险的防范方法有：认真审核特许人的资格；到样板店、加盟店进行实地考察；要求查看各种经营手册；明确签约相对方；合同条款必须由双方协商确定；注意签订特许经营合同时的细节问题；提高对特许经营的认识，学会规避风险。

 思考与讨论

1. 创业风险管理的重要性表现有哪些？
2. 创业风险有哪些类型？
3. 特许加盟创业风险有哪些？

实训

1. 组建一个创业团队，针对团队成员的特点列出你认为可能出现的团队风险并提出解决方法。
2. 选择一个你喜欢的企业并对其财务风险进行分析。

第六章

创业市场调研

知识目标

☆ 了解创业市场调研的含义

☆ 了解创业市场调研的方法

能力目标

☆ 掌握开展创业市场调研的方法

 引导案例

中国社科院城市与竞争力研究中心与企查查大数据研究院联合发布的《2020 中国企业发展数据年报》显示，截至 2021 年 2 月，我国共有在业/存续的市场主体 1.44 亿家，其中企业 4457.2 万家、个体工商户 9604.6 万家。2020 年，我国新增注册市场主体 2735.4 万家，同比增长 12.8%。

报告显示，2020 年第一季度新增注册市场主体 367.9 万家，同比下降 23.3%；第二季度开始实现正增长，新增注册市场主体 772.7 万家，同比增长 18.7%；第三季度在经济景气度整体向好的大背景下，由于受到新冠肺炎疫情的影响，注册量增速有所放缓，新增注册市场主体 734.7 万家，同比增长 14.9%；第四季度，随着各行各业进入全面复苏期，注册量实现"报复式"反弹，达到 860.1 万家，同比增长 31.3%。

从行业分布来看，纳入统计的 18 个行业（不包括"公共管理、社会保障和社会组织""国际组织"）中，共有 12 个行业实现同比增长，6 个行业同比下降。其中，金融业以 98%的增长率高居第一，"文化、体育和娱乐业"以 83.4%的增长率紧随其后。在同比下降的行业中，值得关注的是房地产业、制造业，这与 2020 年国内地产行业景气度较低以及实体制造业的下滑有直接的关联。同时，受制于旅游行业的整体颓势，"住宿和餐饮业"的注册量同比下降 27.0%，下降幅度仅次于采矿业，位列倒数第二。

值得注意的是，2020 年基于新场景（外卖、直播、在线教育、宠物经济……）的新经济模式正在大范围地点燃发展新引擎。企查查数据研究院认为，2020 年外卖、快递、直播等产业链中个体经营者的大量涌现是个体工商户注册量增长的主要因素，这也为全年经济发展提供了巨大的动力。

直播电商无疑是 2020 年表现最突出的新经济业态。企查查数据显示，2020 年我国直播相关企业注册量达 7.5 万家，超过以往历年注册量的总和，同比增长 879%。此外，养宠一族的规模正在不断扩大，2020 年宠物相关企业新注册量达 37.6 万家，同比增长 90%。而"云生活"与"宅经济"也正在与越来越多的生活场景发生关联，其中最为突出的是教育、办公两大场景，2020 年在线教育、远程办公相关企业的注册量分别同比增长 97%、303%。此外，越来越密的海外仓布点让更多的"中国制造"走出国门，跨境电商即将进入黄金时代，2020 年跨境电商相关企业注册量同比增长 62%。

资料来源：《2020 中国企业发展数据年报》：2020 年新增注册市场主体同比增长 12.8%[EB/OL].（2021-03-01）[2022-04-11]. https://baijiahao.baidu.com/s?id=1693019343017416067&wfr=spider&for=pc.

【思考】

假如你准备创业，根据上述数据，你打算如何做？

第一节 创业市场调研概述

一、创业市场调研的含义

从字面上理解，创业市场调研可以分为"创业"和"市场调研"。创业的意思是开创基业，也可以通俗地理解为创造一番事业。市场调研是指运用科学的方法，有目的地、系统地收集、记录、整理有关市场营销的信息和资料，分析市场情况并形成判断、结论，了解市场现状及其发展趋势，为进行市场预测、制定营销决策提供客观、准确的资料。综上所述，<u>创业市场调研就是为制定创业、管理决策而开展的一系列市场调研工作</u>。

二、创业市场调研的原则

（一）阶段性原则

创业过程可以分为萌芽期、启动期、初创期、发展期和成熟期四个阶段，不同创业阶段的工作重点不同，因此市场调研的重点也不同（见表 6-1），因此创业者应根据企业所处阶段有针对性地设置不同的调研目标，采取不同的调研方法和调研手段。

表 6-1 不同创业阶段的工作重点以及市场调研的重点

序　号	创业阶段	工作重点（M）	市场调研重点（Z）
1	萌芽期	M1.1 确定创业方向； M1.2 确定创业领域； M1.3 评估投资价值； M1.4 确定创业形式； M1.5 确定创业团队； M1.6 确定资金来源； M1.8 确定产品及服务； M1.7 确定盈利模式	Z1.1 了解市场痛点； Z1.2 了解市场需求； Z1.3 了解竞争状态

序 号	创业阶段	工作重点（M）	市场调研重点（Z）
2	初创期	M2.1 完成法人单位注册； M2.2 完成组织架构构建； M2.3 组建法人单位人员； M2.4 确定法人单位场地； M2.5 开展市场营销推广； M2.6 完成产品及服务的交付	Z2.1 获取市场反馈； Z2.2 了解竞争优势； Z2.3 了解产品及服务的竞争力
3	发展期	M3.1 掌握市场需求的变化趋势； M3.2 完善组织架构体系； M3.3 完善制度体系的建设； M3.4 完善内部管理流程； M3.5 提高客户管理质量； M3.6 完善产品及服务的内容	Z3.1 了解市场需求的变化趋势； Z3.2 了解产品及服务的改进方向； Z3.3 了解客户群体的变化； Z3.4 获取有关产品及服务迭代的信息
4	成熟期	M4.1 掌握市场需求变化； M4.2 优化组织架构体系； M4.3 优化制度体系； M4.4 优化内部管理流程； M4.5 优化产品及服务； M4.6 选择发展方向	Z4.1 获得精品信息； Z4.2 获取客户反馈； Z4.3 分析政策导向； Z4.4 获取有关产品及服务迭代的信息

（二）系统性原则

市场调研讲究科学、合理，应该有理论的支撑和完善的操作流程、调研技术及调研方法。企业无论是自行展开调研工作还是委托专业机构进行调研，均需要遵守系统性原则。系统性原则具体体现在两个方面：一是系统地思考如何有效地开展创业市场调研，了解影响创业或者决策的相关因素及其相互关系；二是遵循基本的市场调研流程：组建（选择）调研团队—明确调研目的—选择调研方式—确定信息来源—选择调研工具—实施调研—对调研信息进行筛选—形成统计报告—分析统计结果—形成调研分析报告—调研结论的使用与反馈。

（三）真实性原则

开展创业市场调研必须遵循真实性原则，具体体现在以下三个方面。

1. 调研对象匹配度

想要获得真实的调研数据以支撑决策、判断，创业者必须根据调研目的匹配合适的调研对象。

2. 数据来源的真实性

创业者可以从权威部门、市场专业机构发布的相关统计报告获得真实数据，也可以通过科学的方法开展各类调研活动，不能凭空臆造、弄虚作假。

3. 分析、判断的科学性

创业者应使用科学的信息、数据分析工具，对获得的调研信息进行科学、严谨、专业的分析，以确保获得有效的调研结论，为创业提供真实的信息和数据支撑。

 案例 6-1

创业故事两则

故事一

徐波是湖南到广州的打工仔，张勇光是他的朋友。2002 年的一天，两个人坐在一起商量，觉得长期这样打工不是个出路，同时看着周围很多老乡因为做生意，不大不小多少都发了点儿财，两个人看着有点心动，就想自己也做点生意。两个人都没有多少本钱，做什么好呢？想来想去，徐波说："广州有很多湖南人，也有很多湘菜馆，但是馆子不是所有人都下得起的。对大多数人来说，大多数时间还是自己在家里做饭吃。湖南人的口味比较特殊，做饭用的原材料也比较特殊，而且湖南人比较认死理，乡土观念较重，而广州看不到专门经营湖南土特产的商店，如果我们做这一行，说不定会有钱赚。"

两个人马上进行市场调查，果然，除了在一些大小超市有些湖南来的零星杂货外，广州的大街小巷真的是看不见一家专门经营湖南土特产的商店。调查的结果让两个人大为兴奋。不久，两个人合伙投资 10 万元的湖南杂货店在广州大道南方日报社附近正式亮相，商店取名为"湖南味道"。两个人虽然钱不多，但为了不让人误认为自己是随时会飞掉的"野鸡小店"，痛下决心花了 1 万元请广州书画界的名家李华白题写了"湖南味道"四个字的招牌。招牌挂出来，厚重的墨迹果然让人肃然起敬。

在徐波和张勇光的店里，处处突出"湖南味道"，所售货物都是地道湘产自不必说，连员工都是非纯正湖南人不用。走进徐波和张勇光的店里，触耳一片"湘音"。几乎没有经过什么曲折，徐波和张勇光的小店从第一个月就开始赢利，如今"湖南味道"在广州的湖南老乡中不说人尽皆知也差不多了。

资料来源：创业成功的案例 [EB/OL].（2022-03-09）[2022-10-17]. https://wenku.baidu.com/view/7855b232954bcf84b9d528ea81c758f5f61f2913.html.

故事二

晏涛今年 22 岁，毕业前是三峡大学记者团的记者。2021 年年初的一天，他在网上发现了校园广告商机，身在宜昌的他想到了所在的三峡大学和该市的另外 3 所大学、9 所中专、上十万学生，他有了创业的冲动。

他将这一想法告诉了要好的赵同学，得到了赵同学和其他同学的肯定。经准备，4 月份，由 6 名"股东"成立的公司启动运营。有了创业的想法后，他们组织了 4 个人就"商家是否愿意向三峡大学内的媒体投入广告"进行了市场调查。

发出 500 份市场调查问卷，回收了 480 份，被访问的商家有服装鞋帽、餐饮娱乐、IT 数码等与学生消费相关的商品，分析结果表明，被调查商家 100% 愿意向三峡大学校园内投放广告。

这一结果让他们很激动，觉得找到了创业的良机。

但是到 11 月底，他们共投入 17 万元，营业收入 3 万多元，其中 10 月和 11 月，营业额分别只有 2000 元和 3000 元。

晏涛说，投入产出严重失衡，业绩每况愈下，是项目选择出了问题。宜昌属于三线城市，真正向这种城市投放广告的大客户很少，缺少了一定数量的大客户，校园广告投放量少得可怜。

这一注水的调查结果最终作为决策的依据，公司运作失败。

资料来源：大学生创业失败案例 [EB/OL].（2022-05-14）[2022-10-17]. https://wenku.baidu.com/view/38743cc2e309581b6bd97f19227916888486b90d.html.

【思考】

分析两个创业案例为什么结果截然不同？

第二节　创业市场调研的意义

创业需要有激情、果敢、谨慎，更需要精准施策。通过创业市场调研，创业者可以明确创业的方向，选择更具有发展前景的领域开展创业活动并有效控制创业行为、规避风险，提高创业的成功率。

一、确定创业方向

对创业者而言，创业最大的难点在于方向的选择，既不能凭一时兴趣，也不能人云亦云。开展创业市场调研可以帮助创业者确定创业方向，最大程度地提高创业的成功率，为创业打下坚实的基础。

二、明确创业领域

创业领域即创业者未来要深耕细作的市场领域。创业领域需要创业者通过经市场调研所获取的信息来确定。

三、管控创业风险

商场如战场，选择创业就是选择向安逸发起挑战，投身于市场信息瞬息万变的商海中，创业者会面临很多诱惑、考验和抉择，开展市场调研可帮助创业者尽可能规避创业风险，做出有利于创业和企业发展的判断。

案例 6-2

在充分做好市场调研前，不要被创业激情冲昏了头脑

海姆和他的兄弟开了一家以生产企业标志的促销品为主要业务的名叫 D. Enterprises 的公司。一次海姆与他的朋友打高尔夫球，朋友问他为什么不生产促销用的鼠标垫，这让海姆抓住了商机。经过短暂的研究与开发，D. Enterprises 成为一家生产鼠标垫的一站式商店并大获成功。

在鼠标垫生意红红火火之际，海姆却将赚来的钱投入乙烯产品生产，这使原本生意很好的 D. Enterprises 因资金短缺而陷入困境，越做越差。

海姆失败的原因在于他被创业激情冲昏了头脑，没有进行充分的市场调研就投入了大量的资金，忽略了已经颇为成功的老项目，不仅流失了老客户，还让其他竞争者有了可乘之机。企

业要生存，必然要不断地开发新产品、退出新项目，为此企业首先要进行市场调研，分析产品的市场前景与竞争形势。其次，企业要认清自身的实力与优势所在，在投资新项目前进一步稳固自身的优势，以防在转移注意力的时候被竞争者抓住机会，陷入被动的局面。

资料来源：在没有充分做好市场调研前，不要被创业的激情冲昏了头脑[EB/OL].（2019-06-16）[2022-11-23].https://weibo.com/ttarticle/p/show?id=2310474383829694527486.

【思考】

海姆创业转型失败的主要原因有哪些？

第三节　创业市场调研的主要内容

创业能否成功受各种因素的影响，其中主要的影响因素有政策与经济环境、技术发展与变革、行业发展状况、市场需求及变化、用户需求、产品销售、竞争对手等，如图6-1所示。因此，创业者应在不同时期针对不同的影响因素展开相关的调研工作，获取有利于创业和企业长远发展的信息和数据。

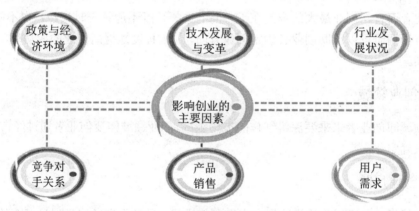

图6-1　影响创业的主要因素

一、政策与经济环境调研

企业是一个国家社会、经济、文化发展的重要组成部分，是整个国民经济建设的重要载体，其产品及服务的品种、规格、质量和数量等受社会总需求的制约，而社会总需求的动态发展是顺应国家经济建设方针的。因此，企业的经营、管理必须适应国家经济的发展形势，必须严格遵守政府制定的方针、政策和法令。只有在这个大前提下，企业才能合法、自主地经营。由此，开展创业调研时创业者首先必须对国家、各地区出台的政策及经济情况进行调研，了解政策及经济变化对创业和企业发展的影响。政策与经济环境调研的内容应包括但不限于以下内容：五年规划、政策、法律法规、地区经济生产总值、国民收入、积累与消费的比例、发展速度、基建规模、基建投资、社会商品零售总额、人口增长情况、就业率、主要产品产量等。调研这些内容的目的有三个：一是判断和确定企业的服务方向；二是通过调研主要产品的产量，按相关比例测算对本企业产品的需要量；了解国家、各地区相关政策对创业和企业经营带来的影响。

二、技术发展与变革调研

技术发展与变革调研主要是调研与本企业提供的产品及服务有关的技术的现状和发展趋势，具体内容包括但不限于以下内容：世界范围内科学技术的现状和发展趋势；国内同行业科学技术的现状和发展趋势；计划创业或已有企业所需要的设备、原材料、技术的状况及其发展趋势。进行技术发展与变革调研的目的有三个：一是掌握同行业的技术动态，确定本企业的科研方向；二是确定产品及服务的迭代需求、发展方向等；为正确地进行产品及服务的研发提供决策支撑，确定新产品及服务的质量水平、要素要求等。

三、行业发展状况调研

行业发展状况调研包括创业涉及的整个行业市场、地区市场的供需现状，产品所处生命周期阶段以及行业竞争状态及结构等。具体来说，整个行业市场、地区市场的供需现状的主要调研内容包括：商品供给的充足程度；市场空隙；库存状况；相关地区、企业产品的差别和供求关系及其发展趋势；整个市场的价格水平的现状和趋势。企业产品所处生命周期阶段的调研即调查哪些产品的销售处于成长发展期、哪些产品处于成熟的旺销时期、哪些产品在市场上处于饱和状态、哪些产品的销售处于衰退期。识别产品所处生命周期阶段的主要指标有市场增长率、需求增长率、产品及服务的种类、竞争者饱和度、进入壁垒及退出壁垒、技术需求及变革、影响用户购买行为倾向的要素等。在现代社会中，在一个行业中，竞争对手不是固化的，而是动态的，随时都可能出现潜在的行业新进入者，特别是跨界的竞争。因此，在开展行业竞争状态及结构调研时，除了要考虑即将进入的传统行业竞争状况，还应考虑新技术、新应用、新的营销模式带来的跨界竞争关系。在开展行业发展状况调研时，可以选择使用波特五力分析模型（Michael Porter's Five Forces Model）。波特五力分析模型是迈克尔·波特（Michael Porter）于20世纪80年代初提出的，对企业战略的制定产生了全球性的深远影响。用于竞争战略的分析，可以有效地分析客户的竞争环境。供应商的议价能力、购买者的议价能力、潜在竞争者进入的能力、替代品的替代能力、行业内竞争者现在的竞争能力的状况及综合强度决定着行业竞争的激烈程度，从而决定着行业中企业最终的获利潜力以及流入本行业的资本量。行业发展状况调研的目的有两个：一是影响创业者最终进入某一领域；二是影响创业者的行业竞争策略。

行业发展状况调研的流程如图6-2所示。

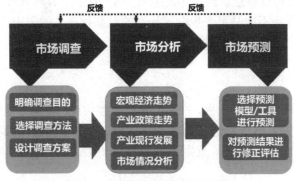

图6-2 行业发展状况调研的流程

四、用户需求调研

用户需求调研的目的是了解、熟悉用户，掌握用户需求的变化规律，千方百计地满足用户的需求并通过调研培育用户的需求和使用习惯。用户需求调研主要包括以下几个方面的内容。

（1）用户特点。对于个人用户，应主要了解其性别、年龄、所处地域等；对于企业用户，应主要了解企业性质、企业负责人的性别和决策风格等。

（2）影响用户需求的各种因素。影响用户需求的因素有消费者的购买力、商品或服务的供应量、商品的价格水平、相关商品的价格、消费者的偏好、消费者对商品未来价格的预期、消费者对经济发展的预期、突发情况（战争、疫情等）等。不同要素也需要进一步细分。以购买力为例，事业单位的购买力受国家财政经济状况及税收政策、单位预算收入等因素的影响；企业单位受企业所处发展阶段、企业资金实力、行业特点等因素的影响；个人购买力主要取决于劳动者个人和家庭的经济收入。

（3）用户偏好。对于企业用户，需要调研用户所在地区的社会风俗、企业负责人的决策习惯等；对于个人用户，需要调研其使用习惯、文化水平、民族特点等。不同类型的用户其需求的表现形态不尽相同，如个人用户的购买动机一般是隐性的，需要通过深度挖掘才能了解真实的需求。个人用户的购买动机可以分为以下三种基本类型：

① 理智动机，是指用户物质上讲究实用的需要，如产品性能好、操作方便、节省能源、备品配件供应及时、修理方便；

② 感情动机，是指满足用户在感情上的某种精神需要和欲望，如色泽、式样、包装的要求以及为了声望、友谊、好胜、好奇等各方面的心理动机；

③ 偏爱动机，是指用户对某种特定的品牌，尤其是对名牌产品有特殊的偏爱，即使在产品的质量、价格相同的情况下，用户非购买自己喜欢的品牌不可。因此，可以通过创业市场调研，了解消费者对自己品牌的感觉和喜好，有利于打造消费者喜欢的品牌，使用户产生深刻而独特的印象和良好的声誉。

（4）用户的现实需求和潜在需求。所谓现实需求，就是用户已经意识到有能力购买且准备购买客观存在的某种产品的需求，既包括对本企业已有的新、老产品的需求，也包括对本企业没有生产而市场已有产品的需求。调研用户现实需求的目的有两个：一是了解市场容量的大小；二是确定本企业的生产条件是否有能力满足用户的这种需要以及满足的程度如何。所谓潜在需求，就是用户自己还没有意识到但客观上在"将来时代"有对某种产品的需求或者用户已经意识到但由于种种原因不能马上产生购买行为的对某种产品的需求。调研用户潜在需求的目的是确定企业开发新产品及服务的方向。

五、产品销售调研

企业只有把产品顺利地销售出去，产品的价值才能实现，企业才能获取一定的盈利，才能有足够的资金重新购置生产资料进行再生产。因此，对产品销售的调研实际上就是对产品销路、产品价值能否实现的调研，这对企业是至关重要的。产品销售调研主要包括以下三个方面的内容。

（1）企业所生产的各种产品在一定的销售区域内是独家产品还是多家产品；用户对本企

业的产品是否满意、不满意的原因是什么；本企业的产品在市场上是畅销还是滞销、原因是什么。

（2）企业各种产品的价格在市场上有无竞争能力；用户对产品价格有何反映；市场价格的现状对哪些产品有利、对哪些产品不利；产品的价格波动幅度有多大、发展趋势如何。

（3）销售渠道、销售过程和销售趋势。具体包括：企业的产品是完全通过自设网点销售还是部分经由代销网点销售；代销商的经营能力、社会声誉、目前销量和潜在销量如何；委托代销的运输成本、工具、路线、仓库储存能力等如何；人员直销和非人员直销的优势和劣势；采用哪种广告媒体（如电视、广播、报纸、杂志、广告牌）的效果较好；采取哪种服务方式（如成套供应、配件准备、分期付款、免费维修、价格折扣、技术培训）最受用户欢迎；等等。

六、竞争对手调研

企业的竞争场所是市场，产品销售量是企业竞争能力的体现。竞争对手调研主要包括以下几个方面的内容。

（1）全国或一个地区内有哪些与本企业同类型的企业、各企业的实力（企业满足市场要求的能力，包括生产能力、技术能力和销售能力等）如何；这些企业中，哪家是最主要的竞争对手、哪家是潜在的竞争对手。

（2）主要竞争对手产品的市场分布如何、市场占有率如何；其产品销售对本企业的产品销售有何影响。所谓市场占有率，就是指本企业的某种产品在市场销售的同类产品中所占的比重，它反映了一个企业的竞争能力和经营成果。

（3）主要竞争者采取了哪些市场营销组合策略；这些营销组合策略发生作用后将对本企业产品的生产经营产生何等程度的影响。

（4）市场竞争程度；竞争对手的策略、手段和实力；企业同类产品的生产、经营、成本、价格、利润的比较。

 案例 6-3

"钱大妈"败走京城，到底发生了什么

凭借着不卖隔夜肉一炮而红的"钱大妈"品牌曾备受资本的青睐。这是一个生鲜食品连锁品牌，在南方市场，尤其是在广东本土地区，"钱大妈"遍布大街小巷，可谓人尽皆知。在资本的扶持下，"钱大妈"一路狂奔，迅速在全国扩张，同时也暴露出很多经营模式上的问题。

"钱大妈"店里的生鲜食品并不便宜，价格普遍高于农贸市场，因此销售额有限，店面规模并不大。这个品牌的招牌是肉类，店里所有的食品都要在当天全部卖完，因此店里设定了阶梯定价，晚上七点以后开始打折清货。图便宜是人的天性，所以到了晚上，"钱大妈"店里常常挤满了买打折货的顾客。

生鲜行业的利润其实不像传说中的那么高且损耗比较大。顾客对这类产品的忠诚度不高，哪里物美价廉，顾客就往哪里去。南、北方顾客的生活习惯不同，因此在南方做得相对成熟的模式，到了北方可能并不适用。南方顾客买菜可能一次只买两个番茄、一根黄瓜，但北方顾客可能一次就囤十斤的菜。采取日清模式的"钱大妈"需要有每天持续不断的客流来支撑其生存，

而北方的冬天漫长、寒冷，到了晚上，人们都不爱出门，即使打折，商品也没有销路。

临近 2022 年春节，北京的"钱大妈"门店已经全部停止营业，多家注销。

资料来源："钱大妈"败走京城，到底发生了什么[EB/OL].（2022-01-19）[2022-04-11]. https://xw.qq.com/cmsid/20220119A05JH000?pgv_ref=baidutw.

【思考】

你认为"钱大妈"败走京城的主要原因是什么？

第四节 创业市场调研的流程

企业可以自主开展创业市场调研，也可以委托专业机构开展调研，创业市场调研可以分为准备阶段、实施阶段和总结阶段，各阶段的具体工作内容如图 6-3 所示。

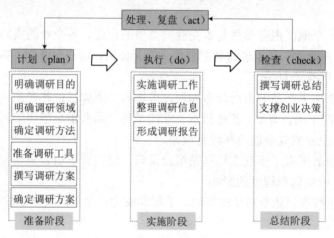

图 6-3 创业市场调研的流程

一、准备阶段

（一）明确调研目的

不同的调研目的对应着不同的调研方向、调研内容、调研对象、调研范围等，对创业者而言，调研目的包括但不限于以下内容。

（1）为决策提供依据：通过调研，为选择创业方向、创业领域，制定投资决策等提供依据。

（2）观察市场变化：针对特定的产业、区域、产品及服务做对照性分析，从经济、科技、市场容量、竞争状态、市场饱和程度等维度观察市场的变化趋势。

（3）调查产品及服务的相关信息：了解产品及服务需求的现状及其变化趋势，为产品及服务的迭代提供依据。

（4）调整广告营销策略：针对特定的广告做促销效果、投入产出预测等方面的分析与判断，以便及时调整广告营销策略。

（5）产品测试：在产品上市前提供一定数量的试用品给指定消费者，通过调查他们的意见了解产品满足客户需求的程度，就该产品未来的市场接受度及销量做出预测，进而调整产品策略或营销策略。

（6）概念测试：针对指定消费者，利用沙龙、研讨会、座谈会、网络问卷或电话访谈等方式测试新的销售创意、品牌被市场接受的程度。

（7）产品及服务质量：安排隐藏身份的研究员购买特定物品或特定的服务，并完整记录整个购物流程，以此测试产品、服务态度等。

（8）零售店审查：审查连锁店或零售店提供的服务是否妥当。

（9）需求评估：评估产品的最大需求量，测算产品及服务的边际成本。

（10）销售预测：根据最大需求量预测销售量，为企业制定采购、仓储、物流、资金周转等决策提供依据。

（11）调查客户满意度：利用问卷或访谈等形式量化客户对产品及服务的满意程度。

（12）调查分销商的情况：调查零售商、批发商对本企业产品及服务、品牌的态度。

（13）价格调整测试：找出价格改变时最先受到影响的消费者。

（14）消费行为研究：将潜在消费者的消费行为、心理思考等用人口统计方法在象限内进行研究。

（15）调查消费者购买决策的影响因素：如个人消费者的购买力，不同时期的消费意愿，对产品颜色、性能、外观设计、价格区域、品牌、产地的偏好等；对法人消费者的采购需求、选择范围、性能要求等。

（16）品牌命名测试：通过线上、线下各种方式有针对性地了解消费群体或者面向领域的相关者对新产品或者品牌名称的反应。

（17）广告和促销活动研究：

分为两种类型：一是广告或者促销活动投放前，应重点研究产品或服务特性、市场竞争者广告或者促销策略、群体特点及喜好等；二是广告或者促销活动投放后，重点调研针对对应的人群所做的销售策略的效果，如广告是否达到理想的效益，广告受众人群是否对传递的信息有正面的反应，等等。

（二）明确调研领域

不同的调研目的其调研领域也不尽相同（见表 6-2）。

表 6-2　在不同调研目的下的调研领域

序　号	调研目的	调研领域（举例）
1	为决策提供依据	决策者属性：个体、法人； 决策类型：如个体创业、法人投资等
2	观察市场变化	调研范围：宏观市场；微观市场； 调研相关要素：绝对相关、相对相关、时间周期等
3	调查产品及服务的相关信息	如同类或者相近竞争者的产品价格、服务水平等
4	调整广告营销策略	营销对象：终端消费者、法人； 营销途径：营销平台选择； 营销模式：地推、沙龙、技术爱好者群体、大范围投放等

续表

序　号	调研目的	调研领域（举例）
5	产品测试	调研对象：个体、法人； 测试方向：产品使用、产品性能、产品外观等
6	概念测试	根据概念类型选择调研领域和方法
7	产品及服务质量	调研对象：个体、法人； 质量属性：功能满足需求情况、售后质量等
8	零售店审查	服务态度、产品摆放、客流量、执行要求等
9	需求评估	调研对象：个体、法人； 需求评估内容：产品性能、产品外观、产品功能、价格区间、产品订单量等
10	销售预测	调研对象：个体、法人； 调研类型：产品颜色、服务类型、产品功能等
11	调查客户满意度	了解客户对所提供的产品及服务的满意情况，包括合作过程中的各个要素和环节
12	调查分销商的情况	分销商的态度、产品服务反馈、货物流通频率等
13	价格调整测试	产品及服务的价格在市场的竞争状态
14	消费行为研究	调研对象：个体、法人； 个体消费行为：对产品和服务的偏好，如价格、性能、功能、市场影响力、消费周期、消费习惯等； 法人消费行为：如价格、性能、功能、市场影响力、消费周期、采购习惯等
15	调查消费者购买决策的影响因素	个人消费者购买力，不同时期消费意愿，对产品颜色、性能、外观设计、价格区域、品牌、产地的偏好等；对法人消费者的采购需求、选择范围、性能要求等
16	品牌命名测试	了解用户对产品及服务品牌的反应
17	广告和促销活动研究	调研国家和地方政策、了解用户习惯、了解营销平台的投入与产出成效等

（三）确定调研方法

明确调研领域后，创业者应选择合适的调研方法，包括问卷法、资料研究法、座谈法、样本抽查法等。

（四）准备调研工具

确定调研方法后，创业者需要编制调研所需的问卷、访谈大纲，选择调研工具（如问卷网、问卷星等）和调研渠道（如社区群、微信群等）

（五）形成调研方案

创业者应根据了解到的信息撰写调研方案，内容应包括调研背景、调研目的、调研对象、调研团队、调研方法、调研范围、实施调研的方法、调研预算、调研所应取得的成效等。

（六）论证调研方案

调研方案编制完成后，创业者应组织相关人员对调研方案进行可行性论证，确保调研工作的顺利开展和调研目标的实现。

二、实施阶段

（一）实施调研

创业者应根据调研方案，有计划、按步骤地进行调研工作，同时要为调研的开展提供后勤支持并尽可能使用信息化手段提高调研工作的效率。

（二）整理调研信息

创业者应根据调研目标对调研所收集到的信息和数据进行整理和筛选，去除无用的信息和数据，确保调研结果的真实性、准确性。

（三）形成调研报告

结合调研目标、调研数据统计报告编制调研报告，内容应包括调研背景介绍、调研对象情况、调研组织实施情况、调研预算支出情况、调研目标实现情况、调研结论分析等内容。

三、总结阶段

不论是个体创业还是企业投资，创业市场调研工作会贯穿经营的不同阶段，因此，有必要建立开展创业市场调研的可持续发展的质量保障思维和体系，为创业决策、创业领域选择、产品及服务研发、产品及服务定价、营销和宣传策略制定、经营管理策略调整等提供科学、及时、有效的支撑。决策者对每一次的调研工作都应进行及时复盘，总结成功经验，吸取失败教训，将存在的问题在下一轮的工作中解决，如此往复，才能不断提高创业市场调研工作的精准度和成效，为创业和企业经营提供坚实的支撑。

第五节　创业市场调研的方法

一、PDCA 循环工作法

PDCA 循环是由美国质量管理专家沃特·阿曼德·休哈特（Walter A. Shewhart）首先提出的，受戴明采纳、宣传后获得普及，所以又称戴明环。全面质量管理的思想基础和方法依据就是 PDCA 循环。PDCA 循环的含义是将质量管理分为四个阶段：①plan（计划），包括方针和目标的确定以及活动规划的制定。②do（执行），根据已知的信息设计具体的方法、方案和计划，再根据设计和布局进行具体运作，实现计划中的内容。③check（检查），总结执行计划的结果，分清哪些对了、哪些错了，明确效果，总结经验，找出问题。④act（处理），对总结的结果进行复盘，对成功的经验加以肯定并予以标准化，对失败的教训进行总结并予以重视。没有解决的问题，则纳入下一个 PDCA 循环解决。

PDCA 循环工作即在质量管理活动中把各项工作按照"做出计划—计划实施—检查实施效

果—实施成功的纳入标准、不成功的留待下一循环"去解决。这一工作方法是质量管理的基本方法，也是企业管理各项工作的一般规律。

以上四个过程不是运行一次就结束，而是周而复始地进行，一个循环完了会解决一些问题，未解决的问题则进入下一个循环。

PDCA 循环是全面质量管理所应遵循的科学程序。全面质量管理活动的全部过程就是质量计划的制订和组织实现的过程，这个过程就是按照 PDCA 循环不停顿地、周而复始地运转的。

二、5W2H1E 八要素工作法

5W2H1E 八要素工作法的前身是 5W2H 法，因简单、方便、易于理解和使用且富有启发意义被广泛应用于企业管理和技术活动，既有助于决策和执行性活动，也有助于弥补考虑问题时的漏洞，确保相关要素的完整性。

（1）why（为什么），即在开展调研工作时需明确开展创业调研的目的。

（2）what（是什么），即创业市场调研的内容、维度有哪些。

（3）who（谁）：即创业市场调研的负责人、调研对象等是谁。

（4）when（何时）：即何时开展调研、调研周期多久等。

（5）where（何处）：即调研范围多大、开展调研工作的地点在哪里等。

（6）how（如何做）：即如何实施调研；如何提升调研效率；选择什么调研方法；选择什么调研工具等。

（7）how much：即明确调研的程度、资金和资源的投入量等。

（8）effect：即调研的成效、效益、成果、收益等。

灵活使用 5W2H1E 八要素法可以帮助创业者更加科学地制定创业市场调研方案。

三、SWOT 分析法

SWOT 分析法，也称 TOWS 分析法、SWOT 分析模型、道斯矩阵、态势分析法，是 20 世纪 80 年代初由美国旧金山大学的管理学教授韦里克提出的，被广泛使用于企业战略制定、竞争对手分析等场合。

在现代的战略规划报告中，SWOT 是一个被广泛应用的科学分析工具。SWOT 即优势（strengths）、劣势（weaknesses）、机会（opportunities）和威胁（threats）。采用 SWOT 分析法，企业可以对某个特定组织或者目标的内、外部条件进行综合和概括，分析相关方的优势、劣势及其面临的机会和威胁等，结合自身的相关条件与外部竞争者进行比对，明确自身的强项、弱点，明确创业的方向、领域，使创业战略更加清晰、明朗。

本章小结

市场调研就是指运用科学的方法，有目的地、系统地搜集、记录、整理有关市场营销信息和资料，分析市场情况并形成判断结论，用于了解市场现状及其发展趋势，为市场预测、营销决策提供客观的、正确的资料的过程。创业市场调研就是为创业、管理决策而开展的一系列市场调研工作。

影响创业的主要因素有政策及经济状况、技术的发展与变革、行业的状况、市场需求及变化、客户的喜好、产品的推广与销售、市场的竞争关系等。在不同的时期针对不同的影响因素展开相关的调研工作，获取有利于创业和企业长远发展所需要的信息和数据。

创业市场调研可以分为准备阶段、实施阶段、总结阶段。不同的阶段又可以根据实际情况分为不同的工作内容。开展创业市场调研可以通过委托专业机构或者自主实施两种方式进行。

创业市场调研的方法有 PDCA 循环工作法、5W2H1E 八要素法和 SWOT 分析法。

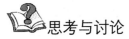思考与讨论

1. 创业市场调研的目的是什么？
2. 创业市场调研需要遵守什么原则？
2. 创业市场调研的内容有哪些？
3. 简述创业市场调研的流程；主要的调研方法有哪些？

实训

运用创业市场调研的方法及工具开展一次创业市场调研并撰写创业市场调研报告。

第三篇
创建企业

创业计划书

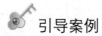 引导案例

专注于为创业者和投资人提供对接服务的天使汇（AngelCrunch）在 2013 年推出"快速合投"——快速团购新创企业股权的活动，该活动上线仅仅 14 天就获得开门红——成功为创业项目 LavaRadio 募得了 335 万元人民币的资金，比预定融资目标 250 万元多出了 34%，一个非常成熟的商业计划书（business plan，BP）是这次融资最大的法宝。LavaRadio 是一个软、硬件设备结合互联网的环境音乐电台，面向个人用户在合适的位置播放合适的音乐，同时为商家用户提供一站式环境音乐解决方案。这个项目在天使汇平台上线第 5 天时融资额就超过了目标数额，一周内有 20 多位投资人约见新创企业代表，第 14 天融资达到 335 万元，之后依旧不断有投资人约见创业团队表明投资意向。LavaRadio 成为中国国内第一个众投成功的项目，是中国天使众投的第一单。LavaRadio 团队也没有想到可以在如此短的时间内完成融资，创始人兼 CEO 陈曦表示，LavaRadio 登录天使汇的时候，团队成员的心情非常复杂，"要知道，直到现在，LavaRadio 这个产品都没有正式上线，我们甚至做好了最坏的打算，不过我们有一个非常成熟的 BP，这是我们最大的法宝。我也非常自信，当投资人看到我们的 BP 后会下定决心认可这个项目"。

尽管项目完成得非常顺利，结果也超乎预期，但是看似偶然的背后蕴藏着一定的必然性。正如陈曦所说，LavaRadio 的商业计划书写得非常好、非常成熟，从产品形态、商业化模式、执行计划、财务数据到团队都介绍得非常清晰。当投资人看到这份 BP 的时候，存疑的问题基本都有了解答。陈曦表示："这是我第一次创业，在此之前对融资完全不了解，第一次写的商业计划书'惨不忍睹'，天使汇的成员提供了很多有价值的建议和意见，最终才拥有了这份非常完美的 BP。而且他们还告诉我怎么和投资人接触、怎么用投资人的语言和术语与投资人沟通。此后我信心十足,看到投资人之后也不会觉得紧张和不知所措,这使我变得看起来很专业。"

资料来源:刘志阳. 创业管理[M]. 北京:高等教育出版社,2020.

【思考】

如何理解创业计划书对创业成功的重要性?

第一节 创业计划概述

撰写创业计划书不是一件容易的事,需要创业者付出大量的时间和精力,但正所谓磨刀不误砍柴工,完善的创业计划可帮助创业者明确方向、提升效率,提高创业成功的概率。

一、创业计划的概念

创业计划又称商业计划,是创业者在初创企业成立之前就应准备好的书面形式的计划,用来描述创办一个新企业时所需的所有内部要素和外部要素。创业计划通常是市场营销计划、生产和销售计划、财务计划、人力资源计划等的集成,同时也包括创业头三年内制定所有中期和短期决策的方针。

创业计划是对企业进行宣传和包装的文件,它可向风险投资企业、银行、供应商等外部相关组织宣传企业及其经营方式,同时可为企业未来的经营管理提供必要的分析基础和衡量标准。过去,创业计划单纯地面向投资者,而现在,对外,创业计划是企业推销自己、获得资金和生意机会的工具;对内,创业计划可为企业指明方向,为企业的经营管理提供依据。

二、创业计划的作用

在创业初期,创业者不可能掌握详细的市场调查数据,也无法准确地了解竞争对手的情况,此时企业的创业计划至少具有以下几个方面的作用。

(一)有利于指导创业实践

创业计划是创业全过程的纲领性的文件,是创业实践的战略设计和现实指导。

制订创业计划时,创业者必须认真分析自己所拥有的资源、已知的市场情况和初步的竞争策略并保持清醒的头脑,客观、严肃、不带个人主观情感地从整体角度审视自己的创业思路,编写成书面的、规范的创业计划书,为创业者、创业管理团队和企业雇员提供了一份清晰的、关于创业企业发展目标和发展战略的说明书,它能引导企业创业实践过程的不同阶段,让人了解"做什么""怎样做"。同时要结合现实情况进行适当调整,以确保计划的可操作性。

(二)有利于吸引风险投资家

企业的成长离不开外来资金,如果没有创业计划,创业者就不知道创办企业所需资金的确切数额,也就不知道如何制订融资计划。同时,所有投资人都要求创业者提供创业计划,他们需要根据创业计划进行风险评估,选择他们认为具有发展潜力的企业进行投资。必须明确的是,即使创业者既不需要借钱也不需要寻找合作伙伴,也必须撰写详细的创业计划书。

（三）有利于获得银行贷款等其他资金

因为初创企业的经营风险太大，所以银行往往不愿意为这类企业提供贷款，如果要为这类企业提供贷款，银行一般要求创业者先提供创业计划书。一份规范、专业的创业计划书相当于企业的名片，浓缩了企业的经营设想，可反映企业创始人的良好素质，也可大大提高获得银行贷款和其他形式资金的可能性。

（四）有利于企业的经营管理

一份完善的创业计划应包括反映企业现状和未来发展方向的所有信息以及良好的效益评价体系和管理监控指标，可以增强创业者的自信，使创业者在实践中做到有章可循，对企业的经营更有把握。同时，创业计划有助于企业员工了解本企业的发展战略，使员工真正做到心往一块想、劲往一处使，提高企业的凝聚力。

（五）其他

合作伙伴、供应商和分销商对企业的发展至关重要，合作伙伴可能是企业资金或技术的主要来源，而供应商和分销商能为企业带来稳定的原料和产品销售渠道。一份完善的创业计划书不仅可增强创业者的自信，也可增强合作伙伴、供应商、分销商等对创业者企业的信心，从而助力企业的成长和发展。

三、撰写创业计划书的准备工作

（一）明确撰写人

创业计划是创业者能力和构思的具体体现，亲自撰写创业计划可以帮助创业者厘清思路，把创业的激情融入计划，有利于提高计划的感染力。但是创业计划书的写作过程非常复杂，需要融合各方面的知识，如市场营销知识、企业管理知识、财务管理知识、人力资源知识和调查与预测知识等。任何一个创业者都不可能在所有方面都是专家，所以为了尽可能地使创业计划符合实际，更加具有可操作性，在撰写的过程中，创业者应该征求财务专家、市场营销专家、律师、工程师等的意见和建议。

（二）明确创业计划的阅读对象及其需要

首先，创业者必须明确阅读创业计划书的对象是谁，要充分考虑不同阅读者对哪些问题感兴趣，只有满足特定对象的需要，做到有针对性、重点突出，才能吸引阅读者的兴趣，做到事半功倍。

1. 创业者的角度

创业者比任何人都了解包含在这家风险企业中的创造力和技术。创业者首先必须很清楚地表达出这家企业是经营什么的，有什么特色，有什么卖点。

2. 市场的角度

如果创业者是一位技术专家，他往往只会考虑技术和产品本身，而不考虑产品能否卖得出去，这是失败的前奏。创业者必须以用户的眼光来审视企业的经营运作，采取一种以顾客为导向的市场营销策略，这就需要进行大量的市场调查工作，甚至还要亲自请教市场营销专家。

3. 投资者的角度

创业者应该试图用投资者的眼光来考察企业的生产经营,投资者往往特别关注计划中的财务规划,如果创业者不具有财务分析和预测的能力,就应该聘请外部的财务专家。

(三)明确需要收集的信息

正式撰写创业计划书之前,创业者应根据企业的目标收集相关信息,主要包括市场信息、运营信息、财务信息等。

1. 市场信息

产品或服务的潜在市场信息对创业者来说尤为重要。为了明确产品或服务的市场规模,创业者需要明确定义市场,包括目标顾客是男性还是女性、是企业还是消费者个人、是高收入人群还是低收入人群、是城市居民还是农村居民,是以国内市场为主还是以国外市场为主等。确定了目标市场,新创企业才能确定市场规模和市场目标。市场信息主要来源于相关组织已经公布的信息(即第二手资料),企业也可以通过开展市场调查获得第一手资料,开展市场调查可确保信息的真实性、及时性,但往往要花费较多的资源。

2. 运营信息

撰写创业计划所需的运营信息主要涉及以下几个方面的内容。

(1)选址。创业计划书应明确企业的地址,主要考虑企业运作需要的空间大小(生产生活用的场所都应该考虑进去)、对顾客来说是否便利、是否接近供应商及分销商、价格或租金是否合适、是否符合周围顾客群的消费能力和消费习惯以及当地的法律规定等。

(2)生产制造。为了保证生产的正常运转,企业应该在创业计划书中明确需要拥有或掌握哪些技术,同时应该明确具体的工序是由企业自己完成还是分包给其他企业;如果是分包,要明确由谁来完成及如何确保质量等。

(3)原材料。企业应该在创业计划书中明确生产产品需要哪些原材料、这些原材料由谁提供、原材料的价格如何、原材料的供给是否有保障等。

(4)设备。企业应该在创业计划书中明确需要哪些设备、设备的维护和保养如何解决、是购买设备(新的还是旧的)还是租赁设备、从哪里购买或租赁等。

(5)劳动技能。企业应该在创业计划书中明确需要工人掌握哪些技能、员工的工资如何确定(是计时还是计件)、如何对员工提供技能培训、员工招聘何时开始(一般而言,应该在企业成立之前着手招聘事宜)等。

(6)其他相关开支。企业应该在创业计划书中明确办理证、照的费用,购置办公用品的费用,等等。

(7)其他相关开支。企业应该在创业计划书中明确办理证、照的费用,购置办公用品的费用等。

3. 财务信息

创业者必须对企业的资金需求、资金周转情况、赢利能力做出全面的评价,这样才可说服投资人进行投资。撰写创业计划书所需的财务信息主要包括以下内容。

(1)资金的需求和来源,即创办企业需要多少资金、为什么需要这么多资金、创业者自己准备出资多少、不足的资金准备如何解决。

(2)未来的销售状况,即未来三年能实现多少销售额及相应的费用开支有多少、能否实现赢利、何时开始有利润、每年的利润有多少等。

（3）资金的周转，即未来三年的现金流量如何、能否满足日常开支和偿还债务的需要。

（4）企业的投资收益率如何、投资回收期多长。

（5）风险资本的退出。如果引进风险资本，创业者及其他参与者需要根据过去的市场情况和企业的具体状况分析确定风险资本将在何时、以何种方式退出。

（四）准备一份优秀的创业计划作为参考

撰写创业计划书的难度很大，创业者最好找一份与创业项目相关的、已经取得成功的创业计划作为参考，绝对不能照抄，必须保留企业自身的特色。

四、撰写创业计划书应遵守的原则

撰写创业计划书应该遵守以下原则。

（一）以市场为导向

利润来自市场需求，没有对市场进行深入的调查和分析，创业者所撰写的创业计划书将是空泛的。撰写创业计划书应以市场为导向，充分显示所掌握的有关市场现状的信息、已取得的市场成就并对市场的未来发展趋势做出预测。

（二）开门见山

投资人往往不愿意花费过多的时间阅读一些对他来说毫无意义的东西，因此开门见山的写法较容易引起投资人的关注和兴趣，有助于提高融资的成功率。

（三）清晰明了

创业者应在创业计划书中将自己的观点清晰明了地表述出来，否则投资人或其他参与者不可能对其创业项目产生兴趣。

（四）观点客观

在撰写创业计划书前，创业者必须进行大量的调查和科学的分析，确保做到实事求是。

（五）通俗易懂

撰写计划书时应该尽量避免使用技术性很强的专业术语，因为这些术语不是谁都能明白的，而且投资人更关心的是企业能创造多少价值。如果必须使用专业术语，应该在附录中加以解释和说明。

（六）前后一致

创业计划书内容复杂繁多，一旦出现前后不一致、自相矛盾的情况，阅读者就很难明白计划的内容，甚至会对计划产生怀疑。因此，创业者在列明数据和事实时要确保前后一致、互相之间没有冲突。

（七）突出优势

突出优势就是突出创业计划的卖点，包括企业的竞争优势、创业者的强烈企图心、创业者的经营管理能力、目标一致的管理团队、独一无二的技术优势、对市场的清晰认识等信息。同时，创业者也应该说明可能遇到的风险或威胁，不能只强调优势和机遇而忽略不足之处。

（八）循序渐进

创业计划书内容繁多，撰写时应该注意逻辑性，遵循循序渐进的原则，不能追求一气呵成而杂乱无章。

五、创业计划的推介

（一）推介创业计划的重要性

创业计划的推介是创业者展示自身能力的机会，投资人在选择投资项目时，不仅会考虑项目本身的优劣，也非常重视创业者的个人能力和魅力，若创业者结结巴巴，连自己的创意都讲不清楚，投资人则不会投入资金。

（二）推介创业计划应注意的问题

为了提高推介的成功率，创业者应注意以下几个方面的问题。

（1）准备充分。首先，创业者应该做到表达生动、具有号召力和感染力。其次，创业者应该突出表达计划中的重点、推测对方会提出哪些问题并做好解答相关问题的准备，还要学会随机应变。

（2）注意互动。推介开始前，创业者应主动申明欢迎双向校对，对方若有疑问可随时提出。在推介过程中，创业者不应只顾着自己说话，要创造机会让在场的投资人或合作伙伴等参与发言或展开讨论。

（3）少用专业术语。很多投资人可能并不懂技术，也没有兴趣详细了解技术问题，因此创业者不必花费太多的时间介绍技术，更不要频繁使用专业术语，可以事先准备一些书面资料发给有需要的与会者。

（4）出色的沟通表达能力。一般来说，推介会上创业者展示自己项目的时间很短，因此实际进行推介的人一定要具有出色的沟通表达能力而不一定是创业者本人，这样才能在短时间里让听者产生共鸣，激起投资人或其他参与者的兴趣和热情。

第二节 创业计划书的组成要素

一份完整的创业计划应包括表 7-1 所示的组成要素。

表 7-1 创业计划书的组成要素

一、封面和目录	4. 产品品牌和专利
二、执行摘要	5. 产品成本分析
三、产品或服务介绍	四、组织与管理
1. 产品说明	1. 组织
2. 产品竞争优势	2. 管理
3. 产品市场前景预测	五、行业和市场

续表

1. 市场分析和目标市场选择	八、财务计划
2. 竞争对手分析	1. 经营规划与资金预算
3. 年度销售额和市场预期	2. 预计损益表
六、营销策略	3. 盈亏平衡分析
1. 营销战略	4. 预计现金流量表
2. 产品、价格、促销和分销	5. 预计资产负债表
3. 销售过程	九、风险与机遇
4. 销售策略	十、退出战略
七、生产计划	十一、附录

一、封面和目录

封面应该包括企业的名称、地址、日期以及创业团队核心成员的联系方式（包括固定电话号码、移动电话号码和电子邮件地址）等，这些信息应置于封面顶部中心位置，封面底部可以注明保密等事项。如果创业企业已有独特的商标，应把商标放在封面中心的位置。目录应列出创业计划书主要组成部分及其对应的页码。

二、执行摘要

执行摘要是整个创业计划书的精华，涵盖了创业计划的所有要点，可让读者在最短时间内了解创业计划。

执行摘要应以简洁、可信的方式强调创业经营的要点，要着重说明企业的与众不同之处及有利于成功的因素，具体内容包括企业介绍、主要产品和业务范围、市场情况、营销策略、组织与管理、生产计划、销售计划、财务计划、资金需求等。

在介绍企业时，首先要说明创办新企业的思路、企业的目标和发展战略；其次要说明企业未来的经营状况，包括自身和竞争对手的经营情况；最后要介绍创业团队其他主要成员的背景、经历、特长等。

三、产品或服务介绍

创业计划书的读者最关心的问题就是产品或服务是否具有创新性、能否卖得出去、市场有多大、能否赢利，因此创业者应对新产品或服务做出详细的介绍，包括产品类型、产品的竞争优势、产品的市场前景预测、产品的品牌和专利、产品的成本分析等，针对技术部分可以附上技术图纸或相关照片等资料。

产品或服务介绍应通俗易懂，尽量避免用专业性很强的术语，使读者一目了然。另外，产品或服务介绍应力求实事求是，因为列入计划书的每一个承诺都需要企业兑现，一旦无法兑现承诺，投资者就会重新考量与创业者的合作，甚至不再继续投资。同时，无法兑现承诺也会使企业的信誉受损，客户流失，最终可能导致创业失败。

四、组织与管理

（一）组织

组织是指企业的组织结构和所有制形式。企业的组织结构包括直线制、直线职能制、事业部制等。在现实中，为选择合适的组织形式，新创企业应该综合考虑以下因素：行业特点、企业规模、技术复杂程度、市场需求的变化、职工素质的高低、企业内部的分工与布局、管理者的管理水平等。一般来讲，初创企业宜采用直线制或直线职能制。不管采用何种形式，都应该反映在创业计划书中，具体包括企业的组织结构图（可以放在附录中）、部门的划分及各部门的责权利、每一个岗位的要求和职责。

所有制形式包括独资形式、合伙形式、公司制形式，依据法律规定，在不同的所有制形式下，创业者承担的责任有很大的差别。

（1）独资形式。如果采用个人独资企业形式，创业者要对企业的债务承担无限责任。若企业的资产不足以偿还企业到期债务，创业者就需要用其他个人可执行资产清偿债务，也就是说企业的责任就是创业者个人的责任。虽然这种所有制形式加大了创业者的责任和风险，却可向潜在的投资者表明创业者的信心和决心，有助于增强外来投资者的投资欲望。

（2）合伙形式。如果采用合伙企业形式，合伙人通常要对企业债务承担连带无限责任，若企业的资产不足以偿还企业的到期债务，所有创始人都要以自己的个人财产来清偿公司的到期未偿还债务，这就会让所有创始人都非常关注企业日常的生产经营和运作。这类企业的创始人自有资金规模一般比个人独资企业大，有利于从外部获得资金支持。采用"合伙企业"形式，应该签订合伙协议，需要明确合伙人之间的分工，明确各合伙人的责权利，以免出现职责冲突和利益纠纷。

（3）公司制形式。如果采取公司制形式，创业者自己只需要承担有限责任，如果企业不能偿还到期债务，创业者（股东）仅以其对公司的投资额为限来对公司债务承担责任，债权人没有权利要求创业者（股东）拿出个人的其他财产来替公司还债。这种所有制形式有利于降低创业者的风险，但法律要求创业者投入的资金规模较大，是现代企业实践中最常采用的形式。

（二）管理

很多投资者在浏览完创业计划书的执行摘要后，会直接跳到管理部分，评估创始人及其团队成员的学历、经历、特长等。企业能够成功是因为其经营者能够做出比竞争对手更高明的决策，这就需要企业拥有一支有竞争优势的、优势互补的、有经验的团队，这样的团队能促使企业尽快步入正轨，帮助创业者实现企业的既定目标，增强外部利益相关者对企业的信心。

五、行业和市场

这部分内容应该包括市场现状综述、竞争对手介绍、目标顾客和目标市场、本企业产品或服务的市场定位、市场特征等。为了做好市场分析，创业者必须深入市场进行调查、研究，尽量扩大信息的收集范围，重视对宏观环境与微观环境的预测，利用科学的预测手段和方法。

六、营销策略

营销策略是创业计划书的重要组成部分，主要描述企业的产品或服务将如何进行分销、定价和促销。制定营销策略应该考虑的因素主要有消费者的类型及特点、相关产品或服务的种类及特性、企业的实际情况、外部环境因素等。

营销策略主要包括市场机构与营销渠道的选择、营销队伍及其管理、促销计划与策略、价格策略。对于新企业来说，这些工作非常重要，尤其是价格策略的制定，它不仅关系到企业能否打开市场，而且关系到企业能否赢利及赢利多少。

七、生产计划

如果新创办的企业属于制造业，那么计划书中必须包括生产计划的内容。生产计划主要描述完整的产品生产制造过程。一件产品的制造过程一般包括很多工序或工艺，其中部分工序或工艺由企业自己完成，另一部分则分包给其他企业完成（要么因为成本低，要么自己没有这项技术）。对于由企业自己完成的工序或工艺，应说明厂房的布局、需要的机器设备和技术条件、生产程序的设计和生产的步骤，生产周期标准和生产作业计划的制订、所需的原材料及供应商、生产成本、质量监控和改进计划等；对于分包出去的工序或工艺，应说明分包商的名称、地点、分包的原因等。

如果新创企业不属于制造业，而属于零售业和服务业，则应将生产计划改为相应的经商计划，其内容相对简单，主要包括从哪里采购货物、存储控制系统的建立、库存需求等。

八、财务计划

财务计划的内容包括经营规划与资金预算、预计的现金流量表、损益表和资产负债表、盈亏平衡点分析、财务比率的分析等。

（一）经营规划与资金预算

在编制预计财务报表之前，创业者应筹划经营，编制资金预算。如果创业者是独资经营，那么预算决策就由创业者全权负责；如果采用合伙经营或公司制形式，就需要合伙人在分工的基础上共同完成资金预算。首先，应该制定销售预算，销售预算应该反映季节变化及营销策略对需求的影响。其次，应该制定经营成本预算，经营成本包括固定成本和变动成本。固定成本是指与销售量无关的成本，如固定资产的折旧、房屋和设备的租金、固定的工薪等，不管销售量如何变化，这部分支出始终保持不变。变动成本是指与销售量保持同方向变化的成本，如销售成本、广告费用、原材料费用等。一般而言，随着销售量的增加，这部分支出也随之增加。

（二）预计损益表

损益表是反映企业一定时间内经营成果的财务报表，主要提供有关经营成果方面的信息，包括收入、成本和费用、利润等。通过这些信息，创业计划书的阅读者可以了解企业在一定时间内的收入实现情况和费用耗费情况、生产经营活动的成果、赢利能力和变化趋势。

首先，应该按月估计销售收入。销售收入的估计应立足于市场研究、行业销售状况及试销经验，同时应利用比较科学的预测方法，如专家意见法、德尔菲法、时间序列分析法。其次，要按月估计经营开支。不可遗漏每一笔支出，应该仔细地评估，以保证每一笔开支尽可能符合实际。创业初期收入不多，但开支不少，往往入不敷出，创业者必须对此做好充分准备。

（三）盈亏平衡点分析

创业者自己应该清楚企业将在何时开始获利并将其反映在计划中。创立之初，产销量通常很小，企业一般处于亏损状态，随着产销量的增加，企业将出现既不赢利又不亏损的情况，说明企业达到了盈亏平衡点。这时的销售量称为盈亏平衡点销售量，销售额称为盈亏平衡点销售额，盈亏平衡时的销售额向创业者指明了支付全部的固定成本和变动成本所需的销售额。如果销售单价低于或等于产品的单位可变成本，企业永远无法实现赢利，只有销售单价高于产品的单位可变成本，随着产销量的增加，才会出现盈亏平衡点，随着产销量的进一步扩大，企业才会开始赢利。通过盈亏平衡点分析，创业者可以预测为实现既定的利润目标，企业应达到的产销量及销售额。

（四）预计现金流量表

现金流量表是反映企业在一定时间内现金及现金等价物流入和流出信息的财务报表。通过现金流量表，外部投资者可以评价企业的支付能力、偿债能力、周转能力，了解企业未来的现金流量，分析企业收益质量及影响现金净流量的因素。这些信息对外部投资者来说非常重要，因为现金流量会影响银行贷款的顺利收回和投资人资金的及时撤出。

现金流量表的编制需要使用预计的销售收入及销售成本费用等数据，但和编制损益表不一样的是，需要根据现金可能变化的时间对这些数据进行适当的调整，如果某一时期的现金流支出大于流入，创业者就应该有渠道筹集资金，以确保有足够的现金流来应付对外支出，这种现象往往出现在入不敷出的创业初期。

无论是预计损益表，还是预计现金流量表，设置多种情境的假设都是必要的。这些情境与预计不仅是为了编制预计损益表和预计现金流量表，而且更重要的是，它能令创业者熟悉影响经营的各种因素，了解这些因素的变化对企业经营将会产生怎样的影响。

（五）预计资产负债表

资产负债表是反映企业在某一特定日期财务状况的报表。通过资产负债表，可以了解企业资产和负债的总额及构成情况以及所有者所拥有的权益。企业未来的每一笔经济业务都会影响到资产负债表。资产=负债+所有者权益，资产负债表就是根据这一关系按照一定的分类标准和顺序，对企业一定时期的资产、负债和所有者权益各项目进行排列的。资产是企业拥有或者能够控制的能以货币计量的经济资源，包括流动资产、长期投资、固定资产、无形资产和其他资产。负债是企业对债权人的负债和欠款，包括流动负债和长期负债。所有者权益是所有者在企业资产中享有的经济利益，其金额为资产减去负债后的余额，包括实收资本、资本公积、盈余公积和未分配利润。

创业者在创业计划书中至少应列出新创企业3～5年的预计财务报表，以便读者对企业的长期经营有全面的估计和认识。

九、风险与机遇

任何一家新创企业都将面临一些潜在的风险，创业者有必要进行风险评估，以便及早制定有效的应对策略。新创企业面临的风险可能有技术不成熟、资源短缺、管理不到位、市场和产品存在不确定性、对关键人员的依赖性、竞争残酷、技术的进步导致产品过时等。针对风险制订应急计划和备选战略可向潜在投资者表明创业者对经营中存在的风险是有充分认识的，并且对可能发生的风险已经做了充分的准备。

机遇包括政府政策的倾斜、市场需求的急剧扩大、强有力竞争对手的退出、技术的垄断等。机遇是各方所关注的焦点之一，创业者应该不失时机地加以把握和利用，制定具体的策略，让机遇带动企业的发展，给企业带来丰厚的利润。

十、退出方式

投资者通常十分关注他们将如何从新企业中获利、如何收回资金等细节问题。

常见的退出方式有三种：一是股份回购，即由创业者在一定的时候按照约定的价格和比例回购风险投资者持有的股份；二是公开上市，即如果企业能够实现公开上市，则风险投资者能够通过证券市场把手中持有的股份卖出去，这样就能够成功地退出企业；三是股权协议转让，就是在创业计划中注明允许风险投资者在一定的条件下将手中持有的股份通过协议的方式转让给其他投资者。创业者应在创业计划书中对这几种方式进行可行性分析并说明每种退出方式的投资回报率。

十一、附录

创业计划一般应有附录，内容包括正文中未列明的补充资料，如主要人员的简历、专利技术的证明文件、相关资料的来源和说明、协议与合同、专业术语的阐释、供应商的资料等。

案例 7-1

"90后"大学生如何做校园水果电商

孙寅奇在做电商"炫果水果店"之前开过休闲零食店，第一次创业的他由于缺乏经验，在错误的时间选择了一个自己不熟悉的行业，在和房东谈房屋租赁的时候亏了3万元。第二次创业做电商"炫果水果店"的时候，孙寅奇首先就去了解了水果行业的现状，然后调查了目标区域内潜在的竞争对手，并且做了一份创业计划书。完成市场调查后，他就开始完善创业计划书。他将产品分成三个部分，即线上订购、清洗现切、线下配送。首先，顾客在微信上下单，由客服负责售前服务。当顾客确认下单后就开始配货，交给后场清洗加工，然后进行配送。

"炫果水果店"产品的核心竞争力表现在以下三个方面：① 消费渠道。相对于传统水果零售店，炫果迎合了当下年轻人更倾向于网络消费的习惯。② 提高产品附加值，"炫果水果店"提供水果拼盘和果汁等附加值高的产品。③ 成本优势。炫果不开店直接配送，省去了房租成本，挣到的钱主要用于扩大再生产。

"炫果水果店"在运营管理方面的特点包括：① 进货。孙寅奇的亲戚在南京做水果生意，有人脉和经验，因此"炫果水果店"批发的水果在质量和价格上都有保障。同时，孙寅奇注重控制进货量，切多少进多少。② 专做校园市场，供货覆盖 4 栋宿舍楼，每栋宿舍 1500 人左右。③ 利用同学关系进行营销。通过学生微信群和微信好友扩大生意规模。

资料来源：炫果的大利润："90 后"大学生如何做校园水果电商[EB/OL].（2021-05-06）[2022-11-23]. https://www.kuaihz.com/tid170_2270937.html.

【思考】

创业计划书的重要性。

本章小结

创业是否成功直接取决于计划是否详细、全面，是否能反映各种实际情况。准备一份创业计划，需要付出大量的时间和精力。创业计划不仅能够帮助创业者厘清创业的思路，全面地分析创业的各个方面，而且能够帮助创业者成功获得外部资金的支持。创业计划的内容虽然复杂繁多，但应该全面且突出重点，实事求是而不浮夸。创业计划的写作应该符合一定的格式，遵守一定的原则，以确保计划的可操作性，减少不必要的失败。创业计划的推广是一项重要的工作，创业计划书的质量和推广的效果是获得风险投资者青睐的两大因素。

思考与讨论

1. 什么是创业计划？创业计划有何作用？
2. 撰写创业计划书前应该收集哪些信息？
3. 一份完整的创业计划书应该包括哪些内容？
4. 撰写创业计划书应遵循的原则有哪些？

实训

1. 4～5 人一组，选一个创业项目模拟一次创业，撰写一份创业计划并制作路演 PPT。

2. "创业计划书是为筹集资金而写的，所以创业计划书只是给风险投资家看的"，这一观点是否正确？

第八章

创业融资

 引导案例

　　杨勃是豆瓣网的创始者，自创业之初他就深深地意识到"豆瓣网面对的将是一个大众市场"。豆瓣网内容集电影、书籍、音乐为一体，以满足广大群众在生活、工作、娱乐方面的普遍性需求为目标，服务人群非常庞大。对杨勃来说，创建豆瓣网并不是他的第一次创业。2000年，受国内外创业思潮的感染和他的清华同学的影响，杨勃辞掉了在外人看来十分体面的 IBM 顾问科学家工作，加入创业者之列。创业企业名为"快步易捷"，他的职位是首席技术官，那时候企业已经初步成形且快要拿到投资了，杨勃说："我对这次创业并不是很喜欢，也没有想好自己能做什么，心态也跟大多数怀有理想的创业者一样。""快步易捷"历经融资、消耗后，没能朝着物流 E 化方案供应商目标发展。

　　明白自己再也无法回到大公司上班后，杨勃电脑里的一个名为"驴宗"的网站逐渐成形，不过从后来的发展来看，"驴宗"更像豆瓣网的试验品。第一次创业失败后，杨勃想创建豆瓣网，需要 20 万元人民币，资金并不多，但他当时拿不出来，于是想到了融资，这次融资也可以说是引入了战略投资者。杨文超和一个同事投给杨勃 2.5 万美元，杨勃说："一年后他们可以选择是让我还钱还是把钱转换成公司的股票，而且他们可以按照对自己有利的方式把这笔钱转换成股票。"这相当于杨勃将承担所有风险。一年后，他们将投资的钱转换成豆瓣的股票，紧接着杨勃开始进行第二轮融资，很快就拿到了 6.5 万美元的资金。2005 年我国创业投资市场竞争日益激烈，杨勃提前接触 VC，之后高强、冯波、原野等人也纷纷投资豆瓣网，获取融资后豆瓣开创了旅游板块。从杨勃创业的过程中可以发现,他成就豆瓣网的过程离不开创业融资。

资料来源:豆瓣网的融资历程 [EB/OL].(2011-06-07)[2022-04-11]. https://wenku.baidu.com/view/cedde7f5ba0d4a7302763a31.html.

【思考】

创业融资对企业的重要性。

第一节 创业融资概述

所谓"巧妇难为无米之炊",没有资金,创业就无从谈起。托曼斯·黑尔曼说:"创业融资能提高创业企业的竞争力并促进其发展。进行创业融资时,应结合企业的战略目标,选择正确的融资渠道和合适的投资者。"

一、创业融资的概念

创业融资指的是企业根据自身需求筹集资金的过程和行为。换一种说法,就是创业企业在不同阶段,以自身生产、经营、资金拥有情况为依据,结合企业未来发展目标,通过预算、决策及科学的渠道,吸引债权人或投资者,进而筹集资金与资源,确保能够满足企业生产、经营、发展的资金需要。

二、创业融资的目标

(一)资金数量的合理性

对创业企业来说,融资的目的是获取生产经营所需的资金。资金不足会影响企业的生产、发展,而资金过剩会导致资金使用效率降低,造成浪费。创业企业融资不易,因此创业者在比较宽松的筹资环境下往往容易犯"韩信将兵,多多益善"的错误。如果不能合理运用筹来的资金,好事就变成了坏事,可能使企业背负沉重的债务负担,影响企业的融资能力和获利能力。因此,企业在做出融资决策之前,应根据企业对资金的需求量、企业自身的实际条件以及融资的难易程度和成本等确定合理的融资规模。

(二)资金使用的效益性

相比大型企业,创业企业抗风险能力弱、筹资困难,可选择的融资渠道和方式并不多,因此应该慎重对待每一笔资金,多加权衡,综合考虑经营需要与资金成本、融资风险及投资收益等诸多方面的因素,把资金的来源和投向结合起来,分析资金成本率与投资收益率的关系,避免决策失误。

(三)资金结构的配比性

创业企业的资金运用情况决定了资金筹集的类型和数量。企业总资产由流动资产和非流动资产两部分构成,流动资产又分为两种不同形态:一是数量随生产经营的变动而变动的流动资产,即所谓的暂时性流动资产;二是类似于固定资产那样长期保持稳定水平的流动资产,即所谓的永久性流动资产。按结构配比原则，对于固定资产和永久性流动资产的资金，采取中、长期融资方式为宜；由于季节性、周期性和随机性因素造成企业经营活动变化所需的资金，则主要以短期融资方式筹措为宜。强调融资和投资在资金结构上的配比关系对创业企业尤为重要。

（四）资金运作——增量筹资和存量筹资并重

增量筹资是指从数量上增加资金总占用量，以满足生产经营的需要；存量筹资是指在不增加资金总占用量的前提下，通过调整资金占用结构加速资金周转，尽量避免不合理的资金使用，提高单位资金的使用效果，以满足企业不断扩大的生产经营需要。

第二节　创业融资的类型

一、债权融资与股权融资

（一）债权融资与股权融资的含义

债权融资是指通过银行借款、商业信用和发行债券等形式吸收资金，其特点是需要还本付息。

股权融资是指企业创始人或控股股东愿意让出部分股份，通过转让方式吸引其他投资者成为新股东。股权融资企业不用还本付息，但原有股东与新股东需要共同分享所得利益。

（二）债权融资与股权融资的区别

1. 风险方面

采用股权融资方式，企业所承担的风险较小，投资者最终获取的收益根据企业盈利水平而定。采用债权融资方式，无论企业经营状况、发展水平如何或是否盈利，企业都需要向债权人还本付息，所以风险大大增加，一旦因经营不善无法偿还巨额债务，就会导致企业资金链断裂甚至企业破产、倒闭。

2. 融资成本

股权融资的成本一般高于负债融资，这主要体现在两个方面：首先，站在投资者的角度上，投资股票具有一定的风险，所要求的投资报酬率也相对较高，尤其是当企业经营状况良好时，所分配的利润远远超过利息支出；其次，站在创业企业的角度上，股利分配是用税后利润支付的，没有抵税效应，而债务利息费用是在税前计算的，具有抵税效应，所以债务融资的成本低于股权融资的成本。

3. 对控制权的影响

虽然创业企业选择债权融资方式会在一定程度上加大财务风险，但股东对企业的控制权不会被削弱，企业盈利增加时，盈利部分也不会被其他股东瓜分。相反地，如果进行股权融资，则会有新的股东参与企业管理甚至可能取代原有股东，通过股权掌控企业的经营发展方向。很多创业企业宁可定期支付利息也不愿意吸纳新股东就是因为不想丧失对企业的控制权。另外，新股发行后，在外流通的股票数量也会随之增加，进而造成股权被稀释，对原有股东的利益产生巨大的影响。

二、内源融资与外源融资

(一) 内源融资和外源融资的含义

内源融资是企业将自身储蓄(留存盈利和折旧)转化为投资的过程,是企业依靠其内部积累进行融资,具体包括三种形式:资本金、折旧基金转化为重置投资和留存收益转化为新增投资。内源融资具有自主性、有限性、低成本和抗风险性等特点,其中,自主性是指内源融资是来源于企业内部的自有资金,企业在使用时具有较大的自主性,受外界的制约和影响较小;有限性是指内源融资受企业自身积累能力的影响,融资规模受到较大限制;低成本性是指由于内源融资源于企业自有资金,因此不需要向外界支付相关的融资成本和费用;抗风险性是指内源融资风险较小,它不存在支付危机,因而不会出现由于支付危机导致的财务风险。内源融资是企业生存与发展不可或缺的重要组成部分。

外源融资指企业吸收其他经济主体的储蓄,使之转化为自身投资的过程,主要包括银行贷款、发行股票和债券、租赁融资、商业信用、政府贷款等。

(二) 内源融资和外源融资的优、缺点

1. 内源融资的优、缺点

(1) 内源融资的优点:① 自主性较强。内源融资来源于企业自有资金,具有很强的自主性,只要获得股东大会或董事会的批准就可使用,基本不受外界的制约和影响。② 维持企业的控制权分布。由于不需要增发新股,通过内源融资增加的资本不会稀释原有股东的每股收益和控股权。③ 不会产生融资成本。内源融资是通过企业自有资金转化扩大企业规模、促进企业经营,因此与外源融资相比,不会产生融资成本。④可以增加股东的收益。如果企业将税后利润全部分配给股东,则需要缴纳个人所得税;相反,少发股利可能引发企业股价的上涨,股东可出售部分股票来代替其股利收入,而所缴纳的资本利得税一般远远低于个人所得税。

(2) 内源融资的缺点。受企业盈利能力及积累的影响和制约,不可能进行大规模的内源融资。同时,股利的分配比例会受到某些股东的限制,他们可能从自身利益考虑,要求股利支付比例维持在一定的水平上。股利支付比例过低不利于吸引股利偏好型机构投资者,由此会降低其投资的可能性。

2. 外源融资的优、缺点

(1) 外源融资的优点:资金来源比较广泛,使用灵活方便,可以满足资金短缺者各种各样的资金需求,提高资金的使用效率。

(2) 外源融资的缺点:① 融资成本高。发行股票和债券的前期准备工作比较繁杂,需要支付大量的发行费用,如券商费用、会计师费用、律师费用等,融资成本较高。② 融资风险较大:债权融资需要还本付息,如果到期不能偿债,企业有可能面临破产清算的风险;股权融资一方面会削弱股东的控制权,另一方面投资者因承担较大的风险,对预期收益的要求相对较高。同时,股利是税后支付,不存在抵税效应。③ 融资条件较严苛。外源融资的融资者必须符合一定的融资条件,特别是公开融资。例如,公开发行股票有较严格的条件限制,不符合条件者很难获得资金供给。

三、直接融资与间接融资

（一）直接融资与间接融资的含义

直接融资是指无须通过金融中介机构,资金的供求双方直接签订协议或者在金融市场上由资金供给者直接购买资金需求者发行的有价证券（如股票、债券），使资金需求者获得所需要的资金。直接融资的具体方式包括发行股票和债券、商业票据融资、商业信用融资、引入战略投资者等。

间接融资是指通过商业银行等中介机构获得资金,具体方式包括银行贷款、票据贴现、政府机构贷款等。

（二）直接融资与间接融资的优、缺点

1. 直接融资的优、缺点

（1）直接融资的优点：资金供求双方联系紧密，有利于合理配置资金、提高资金的使用效率；筹资成本较低而投资收益较高。

（2）直接融资的缺点：直接融资的双方在资金数量、期限、利率等方面受到较多限制；受金融市场的发育程度的限制，直接融资工具的流动性和变现能力不如间接融资工具。

2. 间接融资的优、缺点

（1）间接融资的优点：多样化的融资工具可以灵活、方便地满足资金供求双方的融资需求；金融机构可以通过多样化的策略降低风险,安全性较高；有利于提高金融活动的规模效益、全社会资金的使用效率。

（2）间接融资的缺点：① 资金供求双方的直接联系被割断,不利于供给方监督和约束资金的使用。② 对需求方来说,增加了筹资成本；对供给方来说,降低了收益。

第三节 创业融资方式

任何一个创业企业都需要一定的启动资金，融资的成败决定着创业企业的成败。

一、创业融资的常规方式

（一）自有资金

创业者在创业初期更多地依赖于自有资金，而且只有拥有一定的自有资金，才有可能从外部引入资金，尤其是银行贷款。

外部资金供给者普遍认为,如果创业者自己不投入资金而完全靠贷款等方式从外部获得资金,那么创业者可能不会为企业的经营尽心尽力。对于自有资金数量,外部资金供给者关注的是创业者投入资金占其全部可用资金的比例,而不是资金的绝对数量。

另外,创业者投入自有资金的数量取决于其与外部资金供给者谈判时的地位。如果创业者拥有的某项技术或产品具有令人普遍认同的巨大的市场价值,则创业者有权自行决定自有资金投入量。

（二）民间信用借贷

民间信用借贷是指除商业银行以外的借贷双方以信用为基础,通过签订书面借贷协议或达成协议形成特定的债权债务关系,从而产生相应的权利与义务。狭义的民间信用借贷是指公民之间按照约定进行货币借贷的一种民事法律行为。广义的民间信用借贷除了包括上述内容,还包括法人与法人之间、公民与法人之间以及公民与其他组织之间的货币借贷行为。民间信用借贷手续简便,在急需资金时办理非常方便。创业企业进行民间信用借贷的形式主要是亲友借贷。

亲友借贷即民间个人借贷,是公民之间遵循自愿互助、诚实信用的原则通过自愿协商,由出借人向借款人提供资金,借款人在约定或者法定的期限内归还借款的法律行为。我国是典型的乡土社会,传统文化中有很强的家族、血缘意识,加上亲朋好友之间互相了解,融资成本低,从而为民间借贷的产生和发展提供了广阔的空间。但需要注意的是,在向亲友借贷时,首先要向亲友说明自己的创业构想,以便获得他们的理解和支持。其次,要选择那些有闲置资金且愿意借钱的亲友筹款,不能因借钱而影响亲友的正常生活或者因亲友急需用钱而导致创业企业资金紧张。

另外,民间借贷受情感因素的影响颇深,出借人与借款人之间的借贷行为往往建立在互相信任的基础上,多采用口头协议和便条借据,很少签订具有法律效力的书面合同,在还款时间和利息约定上也具有不确定性,一旦发生矛盾或纠纷,往往难以收场。因此,在借款时,双方有必要通过签订合法的借款协议或融资协议规定借贷双方的权利和义务,避免将来出现问题和矛盾时手足无措。

（三）银行贷款

银行贷款是指银行以一定的利率将资金贷放给有资金需求的个人或企业并约定归还期限的一种经济行为。银行贷款主要有信用贷款、担保贷款、贴现贷款和贴息贷款等形式。

1. 信用贷款

信用贷款是指银行根据借款人的信誉发放贷款,借款人无须向银行提供抵押物但需要提供资信证明。初创企业创立时间短、偿债能力弱、创业失败率高、信用价值较小,加上跟银行打交道的时间短,信用记录很少,创业企业的信用资源较为短缺甚至为零。此时,银行为避免承担较高的风险,很少会向初创企业提供资金支持。进入成长期或成熟期后,创业企业的市场占有率提高、产品销量激增、利润扩大,具有一定的信誉,信用等级提高,此时即有能力获得银行的资金支持。

2. 担保贷款

担保贷款是指由借款人提供相当的财产或由具有资历的保证人作为担保,以此确保将来借款人能够偿还借款及利息的放款方式。担保可以是人的担保或物的担保。人的担保是指由具有偿还能力的经济实体出具担保文件,当借款人不能履约归还贷款本息时,由担保人承担偿还贷款本息的责任。物的担保是以特定的实物或某种权利作为担保,一旦借款人不能履约,银行可通过行使对该担保物的权利来保证债权不受损失。提供担保是创业企业获取银行贷款的主要途径。根据担保的方式不同,贷款可以分为保证贷款、抵押贷款和质押贷款。

（1）保证贷款。保证贷款是指以第三人承诺在借款人不能偿还贷款时按约定承担连带责任而发放的贷款。《中华人民共和国民法典》第三百九十一条规定:"被担保的债权既有物的担保又有人的担保的,债务人不履行到期债务或者发生当事人约定的实现担保物权的情形,债权人应当按照约定实现债权；没有约定或者约定不明确，债务人自己提供物的担保的，债权人应当先就该物的担保实现债权；第三人提供物的担保的，债权人可以就物的担保实现债权，也可以请求保证人承担保证责任。提供担保的第三人承担担保责任后，有权向债务人追偿。"为顺利取得银行贷款，创业企业应该选择那些实力雄厚、信誉好的法人或公民作为贷款保证人。若银行等金融机构能作为创业企业的保证人，则效果更为理想，借款企业取得银行贷款更为容易。

（2）抵押贷款。抵押贷款是指以借款人或第三人的财产作为抵押物发放的贷款。当无法获得银行信用贷款或者银行所提供的信用贷款难以满足需要时，创业企业可以向银行提供抵押物以获得贷款。抵押是指债务人或第三人不转移财产的所有权，将该财产作为债权的担保。债务人不履行债务时，债权人有权以该财产折价或者以拍卖、变卖该财产的价款优先受偿。当创业企业向银行提供了抵押物，如房屋、设备、存货、交通运输工具等后，银行向其贷款的风险大大降低，因此银行往往愿意向该创业企业提供贷款。

（3）质押贷款。质押贷款是指以借款人或第三人的动产或权利作为质物发放的贷款。质押贷款也是企业获得银行贷款的重要形式，是企业在不具备信用贷款条件时的重要资金补充方式。质押是指债务人或者第三人将其动产（或财产权利）移交债权人占有，将该动产（或财产权利）作为债权的担保。债务人不履行债务时，债权人有权以该动产（或财产权利）折价或者以拍卖、变卖该动产（或财产权利）的价款优先受偿。移交的动产或财产权利成为质物。当能够向银行提供质物时，创业企业则很容易从银行获取贷款。

案例 8-1

深圳市加大创业担保贷款及贴息政策实施力度

2020 年 4 月 22 日，深圳市人民政府印发了《深圳市进一步安稳和促进就业若干政策措施的通知》，其中有一条"加大创业担保贷款及贴息政策实施力度"，这引发了社会关注。该措施的目的是鼓舞高校毕业生等重点群体经过创业完成就业并带动就业。截至 2020 年 4 月，深圳累计发放创业担保贷款 2059 笔，金额合计超过 4 亿元。

创业担保贷款的扶持对象分为两类：一类是自主创业的个人；另一类是小微企业。而此次进一步加大力度，将个人的适用对象范围从原有的高校毕业生、失业人员、复转退军人、随军家眷以及残疾人五大重点群体扩展至一切在深圳市创业的人员，取消了各类群体身份类别限制。其中的户籍人员和港澳台人员还将免除财产抵质押以及各种方式的信誉反担保。

同时，此次政策调整还提高了贷款额度，将个人创业担保贷款从 30 万元提高至 60 万元；合伙经营的实行"捆绑性"贷款，贷款总额最高达 300 万元。例如，5 个人合伙创办企业，以前最高只能贷款 150 万元，现在最高可以贷款 300 万元。

"新 21 条"还对小微企业降低了贷款门槛。依照政策的要求，小微企业必须招用失业人员、就业艰难人员等重点群体到达一定比例才能够申请创业担保贷款。但由于深圳外来务工人员的占比很大，小微企业很难到达上述政策要求的比例，因而"新 21 条"放宽招用对象范围，企业只需新招员工到达规则比例即可，不限制户籍和身份类别。

最后无论对贷款的个人还是小微企业，都延长了贷款期限。以前只能申请一次贷款，期限最长不超越 3 年，"新 21 条"中关于还款积极、带动就业才能强、创业项目好的重点扶持对象

（本市户籍人员和港澳台居民）和小微企业借款人，可继续申请贷款贴息，累计次数不得超越3次。也就是说，契合条件的个人借款人和小微企业借款人最长能够贷款9年，享用9年财政贴息，这样能够使企业取得更长期限的资金支持。

资料来源：深圳召开新闻发布会将个人创业担保贷款提升至60万元实施细节公布！[EB/OL].（2020-04-27）[2022-04-11]. https://www.sohu.com/a/391463741_120339839.

【思考】

了解国家和地方政府针对创业制定的相关政策。

3. 贴现贷款

贴现贷款是银行以持票人持有未到期票据为对象所发放的贷款。企业凭自己手中未到期的商业票据、银行承兑票据或短期债券向银行要求变成现款，银行收进这些未到期的票据或短期债券，按票面金额扣除贴现日以后的利息后付给现款，到票据到期时再向出票人收款。对执票人来说，贴现是出让票据，提前收回垫支于商业信用的资金；对于银行来说，贴现是买进票据所载权利，票据到期，银行可以取得票据所载的金额。这种方式比申请普通贷款手续简便，而且贴现利率一般低于短期贷款利率，融资成本很低，对于初创企业来说是一条可选择的途径。但初创企业一般缺少可供贴现的长期票据，因此很难广泛采用这种方式。

4. 贴息贷款

贴息贷款是指用于指定用途并由国家或银行补贴其利息支出的一种银行专项贷款。它是一种优惠贷款，目的是鼓励某种事业或项目的建设。贷款利息可以是全部补贴，也可以是部分补贴。对贷款的利差，一般实行谁安排、谁补贴的原则。国家安排的贴息贷款，由中央财政补贴；人民银行同意发放的低息贷款，由人民银行补贴；各专业银行的低息贷款，由专业银行自己补贴。

（四）政府扶持

目前，在我国鼓励创新创业的大背景下，政府除了直接提供资金支持，还采取了一系列措施来支持创业企业的发展，如贷款援助、税收激励、财政补贴等。创业企业应充分利用政府创业政策所提供的融资途径，谋求多元化的融资渠道。

（1）贷款援助。贷款援助政策包括担保贷款、贴息贷款、政府优惠贷款等。

（2）税收激励。税收激励有利于减轻企业的负担，促进企业资金的累积和成长，包括降低税率、税收减免、提高税收起征点和提高固定资产折旧率等。

（3）财政补贴。财政补贴是政府为鼓励创业企业吸纳就业、促进科技进步而给予的财政援助，包括就业补贴、研发补贴和出口补贴。不同地方政府提供的政策不尽相同，创业企业需着重关注并适当加以利用。

 **案例 8-2**

"蔚来 + 合肥"打样，地方国资争夺小米汽车！

小米官宣造车后，雷军拜访上汽通用五菱、长城汽车等车企并与蔚来汽车创始人、董事长兼CEO李斌，理想汽车创始人兼CEO李想，小鹏汽车董事长兼CEO何小鹏以及比亚迪股份有限公司董事长兼总裁王传福等业内人士商谈。与此同时，北京、上海、武汉、西安等地都传出正在与小米集团接洽，希望小米汽车落户的消息。一时之间，一场争夺小米汽车的暗战已经打响。

合肥成功引入蔚来汽车的案例让不少地方对小米汽车充满了期待。随着智能网联技术的发展与节能减排理念的普及，新能源汽车正成为市场的宠儿。在此背景下，合肥、肇庆等城市争相加入新能源造车行业，以投资或提供厂地等方式与蔚来汽车、小鹏汽车等造车新势力达成合作。而随着蔚来汽车、小鹏汽车等新兴车企汽车交付量与股价的提升，地方投资在获得相应回报的同时，也带动了当地新能源汽车产业的快速发展。

有合肥的成功案例在先，表态下场造车的小米也在吸引各地方政府的目光。在小米官宣造车后不到10天，西安正式对外宣告将加入小米造车项目的争夺战；与小米手机有着深度合作的武汉，在小米官宣造车后也随即表现出浓厚的兴趣；小米参与了位于上海张江高科技园区的纵目科技的D轮投资（1.9亿美元），纵目科技主要提供自动驾驶解决方案，这也被视为小米造车项目可能落地上海的信号；小米公司还发布了大量关于自动驾驶职位的需求，这些职位的招聘地点都在北京市海淀区——小米总部所在地。有人推测，小米有可能把汽车研发中心总部放在北京。

地方政府对小米汽车项目表现出浓厚的兴趣与汽车产业的规模效应密切相关。"地方政府希望车企落户主要是因为可以提高GDP、增加税收，而增加税收可以带动就业。"独立汽车分析师张翔接受《每日经济新闻》记者采访时表示："汽车行业规模较大，其相关产业链的规模也比较大。一般一个车企落户一个城市会带来相关供应商落户当地，如物流和提供配套服务的一些企业，所以车企对一个城市的发展很重要，有利于政府的招商引资。"从长远角度来看，造车新势力的发展空间比较大，能在传统的汽车供应链和服务体系外带来软件化的生态系统，提高科技创新能力。

资料来源："蔚来＋合肥"打样，地方国资争夺小米汽车！[EB/OL].（2021-07-12）[2022-04-13]. https://new.qq.com/rain/a/20210702A07UMB00.

【思考】

理解政府创业政策对企业和地方经济发展的重要性。

（五）创业融资租赁

1. 创业融资租赁的概念

创业融资租赁是专门针对创业企业开展的一种特殊的融资租赁方式，其运作机制起源于融资租赁，但通过创业投资对一般意义上的融资租赁进行了改造，是一种将一般融资的灵活性与创业投资的高收益性有机结合的新型融资方式。当新创企业缺乏资本，无力购买所需的设备时，创业融资租赁可便捷地解决这一难题。

2. 创业融资租赁的特点

（1）租赁的资金来源是创业投资资本，出租方大都是创业投资公司，少数是创业租赁公司。

（2）承租方是创业企业。

（3）租赁风险较一般融资租赁高，因而租金也较高。

（4）为了防范高风险，出租方通常要派一名代理进驻承租方。不仅如此，为了获得足够多的风险补偿，一般还可以获得认股权，这在一定程度上造成了创业企业股权的稀释。

3. 创业融资租赁的种类

（1）直接租赁。直接租赁是指由承租人指定设备及生产厂家，委托出租人融通资金购买并提供设备，由承租人使用并支付租金，租赁期满由出租人向承租人转移设备所有权。它以出租人保留租赁物所有权和收取租金为条件，使承租人在租赁期内对租赁物取得占有、使用和收益的权利。这是一种最典型的融资租赁方式。

（2）出售回租。出售回租又称售后回租、回租赁等，是指设备的所有权人首先与租赁公司签订买卖合同，将设备卖给租赁公司，取得现金。然后，设备的原所有权人作为承租人，与该租赁公司签订回租合同，将该设备租回。承租人按回租合同还完全部租金并付清设备的残值以后，重新取得设备的所有权。出售回租是一种集销售与融资为一体的特殊的融资租赁，它使承租人在保留资产使用权的前提下获得所需资金，同时又为出租人提供有利可图的投资机会。

（3）融资转租赁。融资转租赁是指以同一物件为标的物的多次融资租赁业务。在转租赁业务中，上一租赁合同的承租人同时是下一租赁合同的出租人，称为转租人。转租人向其他出租人租入租赁物件再转租给第三人，转租人以收取租金差为目的。租赁物品的所有权归第一出租人。

（六）引入战略投资者

1. 战略投资者的概念

战略投资者的概念于 1999 年 7 月首次被提出，是指符合国家法律、法规的要求，与发行公司具有合作关系或合作意向和潜力并愿意按照发行公司配售要求与其签署战略投资配售协议的法人，是与发行公司业务联系紧密且欲长期持有发行公司股票的法人。

2. 战略投资者的特征

（1）与发行人业务联系紧密，拥有促进发行人业务发展的实力。

（2）长期稳定持股。战略投资者追求长期投资利益，其持股年限至少在 5~7 年，这是其区别于一般法人投资者的首要特征。

（3）持股量大。战略投资者一般要求持有可以对公司经营管理形成影响的一定比例的股份，进而确保其对公司具有足够的影响力。

（4）追求长期战略利益。战略投资者对于企业的投资侧重于行业的战略利益，其通常希望通过战略投资实现其行业的战略地位。

（5）有动力也有能力参与公司治理。战略投资者一般都希望能参与公司的经营管理，通过自身丰富、先进的管理经验改善公司的治理结构。

3. 创业企业引入战略投资者的意义

对目标公司而言，战略投资者不仅具有资金、技术、管理、市场、人才方面的优势，能够促进企业的产业结构升级，增强企业的核心竞争力和创新能力，拓展企业产品的市场占有率，还能凭借丰富的管理经验改善企业治理结构并在新技术、新专利的研发方面提供帮助。

对战略投资者而言，其投资目的包括实现自身的长期目标、提高市场占有率、为开拓新市场而获得市场准入、实现规模经济效应、开展多元化经营等。战略投资的核心是"战略协同效应"，重点关注的是自身业务未来的发展和优化。通过投资，战略投资者对目标公司的人才、技术或知识产权、资产、营销渠道等各类资源进行整合并纳入自身企业，为企业未来的发展进行全面的储备，从而提升自身的综合竞争力。因此，战略投资者一般投资于具有较大市场竞争潜力的企业，利用他们已有的生产经营体系，特别是销售网络，迅速实现争夺新市场的目标。

4. 战略投资的类型

（1）横向战略投资。横向战略投资指的是对企业横向业务领域的投资并购，这样企业既可以扩大自身业务的市场规模，也可以在一定程度上消灭竞争对手。例如，国美并购大中电器，站稳了全国家电连锁企业第一的位置；腾讯投资 Snapchat，在互联网社交领域不断拓展范围、增强实力；今日头条收购 Music.ly，为抖音买下竞品。

（2）纵向战略投资。纵向战略投资指的是对企业产业链上下游领域进行投资，目的是整合资源，增强企业自身的议价能力。例如，阿里巴巴投资"我来贷"，给旗下中小企业提供优质现金贷款业务；万科集团投资链家，进入房产中介领域以促进自身的房产销售。

（3）布局新业务的战略投资。布局新业务的战略投资指的是对没有明显的竞争关系和业务关系的项目进行投资。企业做大做强之后，为了开发新业务、实现多元化发展、减少单一经营风险、寻找新的经济增长点，会开始增加在新领域的投资。例如，腾讯投资"蔚来汽车"，布局新能源汽车行业；阿里巴巴投资 Magic Leap，在 AR 领域埋下种子。

（4）防御性战略投资。防御性战略投资即跟随竞争对手的投资，竞争对手投资了什么业务，企业就紧随其后投资同样的业务，以此来保证自身在某一领域的竞争地位。例如，腾讯投资每日优鲜后，阿里巴巴也开始投资易果生鲜；腾讯扶持美团，阿里巴巴随即注资饿了么。

二、互联网融资方式

互联网融资是指依托互联网、大数据、云计算等信息技术评估资金需求方，并利用信用提供贷款，是当前非常有前景的融资模式。互联网融资方式可以分为众筹融资、电商信贷和信息化金融机构融资。

（一）众筹

1. 众筹的概念

众筹（crowdfunding）是指资金借款人通过互联网平台上的众筹融资相关网站，以实物、期权、股权、可转债等作为回报向投资者募集项目所需资金的融资方式。众筹模式下，需要资金的个人或团队将项目策划交给众筹平台，经过相关审核后，便可以在平台上建立属于自己的页面，如此既可向公众介绍项目情况、募集资金，也可以起到宣传推广的作用。

2. 众筹的类型

（1）商品众筹。商品众筹即投资者对项目或公司进行投资，获得产品或服务。它是最早出现的众筹模式，在此模式下，项目发起人不承诺金钱回报，投资人也不以获取经济收益为目的。如果项目最终运作成功，投资者获得的是产品或服务等非金钱回报。

（2）股权众筹。股权众筹即以股权和股权收益为回报的众筹。在这种模式下，项目发起人在平台上发布的不是具体的项目，而是企业的信息，希望通过转让企业部分股权的形式获得一定的资金，支持企业业务的全面发展。

（3）债权众筹。债权众筹即通过发行债券，以承诺偿还本金和利息为回报方式的众筹。

（4）捐赠式众筹。捐赠式众筹即投资者进行无偿捐赠的一种公益性众筹方式，所积累的资金称为善款，多用于公益或公共事业。

3. 众筹融资的优势

相对于传统的融资方式，众筹更为开放，能否获得资金也不仅仅取决于项目的商业价值，只要项目能得到网友的认可，就可以通过众筹方式获得项目的启动资金，由此为更多小微企业和创业者提供了无限的可能。同时，由于项目融资方式多样化，回报手段丰富，创业者不但能够获得后续试产甚至量产的资金，还可以从众筹中获得很多有益的产品改进意见和解决方案，从而提高后期产品的性能。此外，整个众筹过程通过互联网完成，大幅减少了沟通成本，提高了经济效益。

（二）电商信贷

1. 电商信贷的概念

电商信贷是指电商企业利用大数据、云计算等信息化手段，对其长期积累的平台客户交易数据进行专业化挖掘和分析，通过自建信贷公司或与银行合作的方式，向其平台上的小微企业提供信贷服务的融资方式。我国比较有名的电商信贷有蚂蚁金服、微众银行、京东金融、度小满、苏宁金融等。一方面，电商信贷满足了其平台上小微企业短、频、快的资金周转以及股东资产投资需求；另一方面，电商企业与银行合作，向银行提供平台客户的交易数据，有利于银行进行风险控制，促进平台客户获得授信，推动小微企业突破资金限制。

2. 电商信贷的操作模式

（1）电商企业自建小贷公司。电商企业凭自有资金以及将信贷资产进行资产证券化向外融资筹集到的资金，通过小贷公司或者担保公司对外提供贷款，满足平台企业的资金需求。

（2）电商平台与银行合作。电商企业利用网络平台对企业融资需求进行审核后提交给银行，由银行进行放贷。

3. 电商信贷和银行贷款的异同

电商信贷与传统银行信贷在本质上同属于信贷，都是以到期偿还本金和支付利息为条件的借贷行为，因此两者在业务渗透和融合方面具有一定的可能性。

二者的不同之处主要体现在以下几个方面。

（1）目标客户不同。电商通过平台优势，构筑金融活动中消费者和供应商之间的桥梁，其贷款的目标客户主要是电子商务平台上的小微企业和个人创业者，很难触及平台之外的微观主体。考虑到小微企业分散、单个客户贷款金额小且存在信息不对称、风险不确定等问题，传统商业银行对小微企业提供信贷的利益驱动力不足。电商信贷正好延伸到商业银行信贷领域的"长尾"客户，电商与传统商业银行实现了差异化信贷服务。

（2）客户黏性不同。电商信贷可以增强电商自身对平台用户的吸引力，从而促进电商生态的良性发展，推动自身行业的扩张。一方面，电商信贷通过给电商平台上的商户放贷，间接地提高了电商的应收账款周转速度和资金周转率，从而破解了平台供应商的融资难问题，使供应商能够为平台消费者提供更完善、更持续的商品和服务。另一方面，电商平台上有资金需求的消费者获得贷款后会增强对平台所供应商品和服务的购买意愿，形成一个供需两旺的良性闭环，进一步提高消费者和供应商对电商平台的黏性，达到平台消费者、电商平台、平台供应商的共赢。传统银行信贷的客户和银行之间只有单纯的信贷关系，没有其他商业利益绑定关系，因此银行很难提高客户黏性。

（3）交易成本不同。电商信贷具有渠道优势，不需要花费高额费用筹建实体店，也不需要调查目标客户的信息，可基于得天独厚的平台大数据降低交易成本和边际成本。相关数据显示，电商信贷在交易成本上具有明显优势，阿里金融的单笔信贷成本仅为 2.3 元，是传统银行信贷成本的 0.115%。此外，通过大数据系统，电商可大大节约融资的时间成本，单纯的放款时间最快只要几分钟，如开展 3 分钟融资到账业务的"京保贝"。电商信贷的申请、获批、偿还均不受工作日的限制，企业申请订单贷款后的第二天就可以使用这笔资金采购原料，扩大再生产，等买家确认收货后，系统会自动扣除原先的贷款金额。

传统银行不仅要开设实体网点，还要借助外在力量逐一收集、分析、筛选目标客户的财务数据，进行一对一征信审批，这些势必会增加信贷交易成本。受制于上述因素，传统商业银行要数个甚至数十个工作日才能走完线下审批放贷流程。

（4）资金来源和信贷规模不同。中央银行等监管机构对电商信贷的资金来源进行了严格的限制，电商只能用自有资本金放贷，不能通过吸收存款、发行证券等方式融资，最多只能从银行融入限额资金，即从银行融入的资金不得超过资本净额的一定比例。由于可放贷资金量小，放贷对象享受的信用额度受限，因此电商只能提供小额信贷业务，加上贷款地域限制，双重壁垒阻碍了电商信贷规模的进一步发展。传统的商业银行拥有充足的可放贷资金，不仅可以用股东投入资金、同业拆借资金出借，还可以利用海量存款放贷，单个商业银行仅零售存款余额就达十万多亿元。

（5）贷款的期限不同。鉴于贷款对象对资金"短、频、急"的需求，电商适宜提供短期贷款，期限可以是 1 个月、3 个月、6 个月或 1 年。百度旗下的度小满金融，其借款期限有 3 个月、6 个月、12 个月三个选择，当日借款，次日可还，按日计息，非常灵活方便。2020 年 12 月 31 日，度小满金融宣布启动"小微加油站"计划，为全国小微企业主提供总额为 10 亿元的低息贷款，日利率 0.01%（年化利率 3.65%），不需要任何抵质押担保，帮助小微企业主解决经营资金周转难题。传统商业银行信贷按照期限可分为短期贷款和中、长期贷款。从期限结构上看，中、长期贷款所占比例较高。这是由于中、长期资金主要投向在建、续建项目，如先进制造业、现代服务业和战略性新型产业等，这些产业对资金的需求较大，占用资金时间较长。

（6）风险控制不同。电商借助大数据平台进行风险控制，可实现对信贷工作全过程的监控，有效规避和防范贷款风险。以度小满为例，其人工智能算法可识别 30 多万个风险指标，将信贷风险降低 25%。传统银行没有类似电商的大数据平台，难以获取实时、真实、完整、可控的数据，因此不能进行有效的风险控制。

（三）信息化金融机构

1. 信息化金融的概念

所谓信息化金融机构，是指通过采用信息技术，对传统运营流程进行改造或重构，实现经营、管理全面电子化的银行、证券和保险等金融机构。金融信息化是金融业发展趋势之一，而信息化金融机构则是金融创新的产物。目前一些银行都在自建电商平台，从银行的角度来看，电商的核心价值在于增加用户黏性，积累真实可靠的用户数据，以便银行可以依靠这些数据发掘用户的需求。

2. 信息化金融的类型

信息化金融机构的主要运营模式分为以下三类：传统金融业务电子化模式、基于互联网的创新金融服务模式、金融电商模式。

（1）传统金融业务电子化模式。传统业务的电子化实质也是金融电子化的过程，是指金融企业采用现代通信技术、网络技术和计算机技术，提高传统金融服务行业的工作效率，降低经营成本，实现金融业务处理的自动化、业务管理的信息化以及决策的科学化，为客户提供快捷、方便的服务，达到提升市场竞争力的目的。它是一种基于传统的、封闭的金融专用计算机网络系统，其本质是行业内部管理的自动化与信息化。传统金融业务电子化模式主要包括网上银行、手机银行、移动支付和网络证券等形式。

（2）基于互联网的创新金融服务模式。金融机构信息化建设为金融服务电子化创造了条件。近年来金融机构依托云计算、移动互联等新技术加速转型，不断扩大金融服务电子化的范围及影响。金融服务电子化的变革体现了金融电子渠道对金融业务和服务的不断创新。基于互联网的创新金融服务模式包括直销银行、智能银行等形式及银行、券商、保险等创新型服务产品。

（3）金融电商模式。对于传统金融机构而言，在互联网时代充分抓住互联网带来的机会，主动拥抱互联网金融是每个机构的必然选择。这种选择体现在运营模式上的一个最大特色和共同点就是金融机构电商化的选择。它们或者自己建立电商平台，或者与其他拥有大量客户信息和渠道的互联网企业合作建设电商平台，无论采用何种模式，其目的都是获得多元化的盈利模式。

以建行"善融商务"电子商务金融服务平台为例，善融商务是中国建设银行推出的以专业化金融服务为依托的电子商务金融服务平台，融资金流、信息流和物流为一体，为客户提供信息发布、在线交易、支付结算、分期付款、融资贷款、资金托管、房地产交易等全方位的专业服务。善融商务以"亦商亦融，买卖轻松"为出发点，企业供应商可以在平台上进行商品发布、在线交易、申请供应链融资等；企业采购商可以在平台上进行批量采购、发布求购信息、申请融资贷款等；个人消费者可以在商城上购买、批发商品、进行房地产交易、申请分期付款和个人融资等。善融商务结合了建行传统的金融服务优势，在金融服务方面，为客户提供从支付结算、托管、担保到融资服务的全方位的金融服务，是建行信息化金融机构的重要一步。

三、其他创业融资方式

（一）债权转让

债权转让，顾名思义，就是原本享有债权的人将他的债权全部或部分转让给其他人。保理业务就是原债权人将其对债务人享有的"应收账款"债权转让给保理商并由保理商向原债权人提供融资服务的业务。因此，保理业务的实质是通过债权转让获取融资。保理商必须是依照国家规定、经过有关主管部门批准可以开展保理业务的金融机构和商业保理公司。

（二）典当融资

在创业企业经营过程中，难免会出现一些紧急情况，这时若企业筹集不到外来资金，可采取典当融资的方式解决困难。典当融资主要是指将具有一定价值的物品抵押或质押给典当行，从中获取资金的一种融资方式。典当行属于国家特许从事放款业务的融资机构，和银行、网上贷款等主流贷款渠道相比，典当行的服务群体包括个人和中小型企业，随时可帮助其解决短期资金问题，但一般只能起到辅助作用。典当融资的具体运作方式是将个人或企业财产权利或动产、房产等作为当物抵押给典当行，支付一定费用后，根据抵押物价值获取资金，后续抵押者需要定期支付利息并在规定期限内偿还典当行本金，赎回抵押物，否则典当行有权扣押抵押物。

典当融资对创业企业而言具有以下优点。

（1）融资门槛低。银行一般偏向于对信用较好的大型企业放贷，而创业企业的信用度普遍不高且规模较小，很难从银行获取贷款。而典当融资对客户的信用要求不高，采用抵押贷款形式，认物不认人，只要典当物货真价实，对贷款对象不挑剔，也无须他人提供担保，适用于创业企业融资。

（2）抵押物灵活。典当行接受任何合法、具备价值的抵押物，如古玩珠宝、金银首饰、机动车辆、房产、家用电器、高新设备、生产资料、有价证券等，典当物范围广泛，相比银行的抵押贷款，更加灵活方便。

（3）当期灵活。典当融资主要解决中小企业急需资金问题，所以一般期限较短，当期最长为 6 个月。其间，抵押者可以随时赎回抵押物，到期经双方同意也可以继续典当，提前还款还可以退还剩余利息费用。

（4）当费灵活。典当费率和息率都在法定的合理范围内且可根据典当期限长短、资金供求情况、淡旺季、汇率等进行灵活调整。

（5）手续简便。客户无须提供相关资料，也无须经过层层审批，只要提供符合规定的抵质押物，即可在较短的时间内获得急需的资金。

（6）不限资金用途。银行贷款对资金用途、运营范围等实行严格的调查和限制，所贷款项只能用于申请贷款的用途范围，不得挪作他用，否则银行有权收回信贷。跟银行贷款相比，典当融资不限制资金的用途，资金使用更加方便和自由。

同时，典当融资的缺点也十分明显，除月利率与银行贷款相近外，采用典当融资还要额外缴纳保险费、保管费、典当交易成本支出等综合费用，所以总体来看，典当融资的利息或成本高于普通贷款。

（三）天使投资和风险投资

1. 天使投资

天使投资人（angel investor）是企业创业过程中的第一批投资者。天使投资是指自由投资者或非正式风险投资机构对有发展前景的初创企业进行早期权益性资本投资的一种投资方式。在美国、加拿大、英国等风险市场发达的国家，天使投资是高科技型创业企业在初创期和成长期的主要融资方式之一。

对于处于初创期的创业企业，产品的发明者或创业者需要投入较多的资金进行研发，以验证其创意的可行性。但此时企业规模较小、实力较弱，面临的风险较大，资金来源有限，资金相对匮乏，天使投资人的介入可帮助创业者进行可行性研究，促进项目转化及步入正轨，进而在后续的发展中获得超额收益。迈克·马库拉就是一位天使伯乐。苹果创立之初，马库拉不仅自己投入 92 000 美元，还筹集到 69 万美元，外加由他担保从银行得到的 25 万美元贷款，总额 100 万美元。1977 年，苹果公司创立，马库拉以平等合伙人的身份，正式加盟苹果公司，并出任副董事长，乔布斯担任董事长。马库拉更推荐了迈克尔·斯科特出任苹果公司首任首席执行官。后来，马库拉在苹果公司任董事长，1997 年离开。

2. 风险投资

风险投资（venture capital）指的是将资本投入那些有巨大潜能和广阔市场前景的企业并获取该企业股份的一种融资方式。风险资本家不仅可为创业企业提供资金，还可以专业的知识和丰富的资源参与经营，使被投资企业顺利经营、快速成长。风险投资的目的是协助创业企业成长以获取最大化的资本效益而不是获取短期利益。因此风险投资是一项高风险、追求长期利润的高报酬事业。

从具体内涵上看，风险投资有广义和狭义之分。广义上风险投资指的是一切具有高风险且存在潜在高收益的投资；狭义上的风险投资指的是以高新技术为基础，生产与经营技术密集型产品的投资。需要注意的是，风险资本家在实现增值目的后往往会退出投资，再进行新一轮的投资活动，不会永远与某个创业企业捆绑在一起。

总体来说，风险投资是高风险、高回报；流动性小，周期长；具有高附加值；不以经营获利而以股份转让为最终目的的投资活动。

第四节 创业融资需要注意的问题

对创业者来说，快速、高效地筹集资金固然重要，但为了确保融资成功，应该注意以下问题。

（1）合理控制融资结构。企业应确定合理的资金结构，以降低成本、减少风险。

（2）做好融资成本和效益预算工作。资金来源不同，对企业的收益和成本会产生不同的影响，因此企业应认真研究并合理选择资金来源，对各种融资方式进行分析、对比，选择经济、可行的融资方式。

（3）明确融资期限和融资规模。企业应合理安排资金的融通时间，既要避免因过早融通资金造成资金投放前的闲置，也要防止因取得资金的时间滞后，错过资金投放的最佳时间。同时，企业应合理确定融资规模，既要避免因融资不足影响生产经营的正常进行，又要避免因融资过多造成资金闲置。

（4）选择与自身成长阶段相适应的融资方式。创业者应结合企业所处生命周期阶段，选择与自身成长阶段相适应的融资方式，为企业提供适合的发展资金。

本章小结

创业融资是每一位创业者在创业初期或企业的经营过程中不可回避的一项工作。融资方式多种多样，主要有债权融资和股权融资、外源融资和内源融资、直接融资和间接融资等。创业者应该根据自己的实际情况，确定融资的数量，灵活选择融资的渠道。同时，在融资过程中做好充分准备，遵循一定的原则。

思考与讨论

1. 创业融资的常规方式有哪几种？

2. 银行借款有哪些方式？

3. 创业融资租赁的优势是什么？

4. 互联网融资方式有哪些？

 实训

1. 在实践中，你认为新创企业最主要的资金来源是什么？

2. 假设你是一个初创企业的 CEO，请根据自身情况写一份融资方案。

第九章

创业模式

知识目标

☆ 了解各种创业模式

☆ 学会如何选择合适的创业模式

能力目标

☆ 熟悉选择自主创业项目应遵循的原则

☆ 熟悉各种创业模式的优、缺点

引导案例

　　江喜允是深圳技师学院数控技术专业 2006 届毕业生，2001 年他初中毕业后考入深圳技师学院学习数控技术。通过 5 年的刻苦学习，江喜允扎实掌握了数控机床的相关知识和技能。

　　2005 年，在学校的安排下，江喜允进入先进微电子公司实习。为期半年的实习开拓了他的眼界，使他萌发了毕业后凭借一技之长自主创业的想法。2006 年，他与几个志同道合的朋友创立了深圳市钜匠科技有限公司并担任总经理。通过对深圳数控机床生产企业和市场的深入调查，江喜允发现深圳和珠江三角洲是我国乃至世界最大的手机生产基地，与手机制造配套的数控机床需求巨大，而其中高速雕刻机和高速雕铣机存在较大的市场机会。通过两个月夜以继日的研究，该公司的第一台雕铣机终于研制出来，且客户试用后评价非常好。江喜允马上开展市场推广，参加数控机床行业展览会。创立当年，也就是 2006 年，钜匠科技公司的营业额达 250 万元，2007 的产值达 600 万元。随后，江喜允继续开发新产品，重新租赁了新的厂房，进一步扩大生产规模，2007 年公司产值超过 1000 万元。目前，钜匠科技公司已经成为深圳和珠三角手板行业市场占有率名列前茅的专业数控雕刻机制造企业，每月产量达 60 台，产品供不应求，客户需要提前半年订货，产品销往全国各地。由于技术含量较高，国内部分开设数控机床专业的大学也向该公司订购雕刻机，用作教学和科研设备。

　　资料来源：大学生毕业后自主创业，现年入上千万[EB/OL].（2018-07-23）[2022-04-15]. https://baijiahao. baidu.com/s?id=1606773528374533881&wfr=spider&for=pc.

【思考】

大学生自主创业应如何选择创业项目？

第一节　岗位创业与自主创业

一、岗位创业

岗位创业是指创业者在工作岗位上尽职尽责，做出贡献，同时也获得相应的回报。社会为我们提供了丰富的创业资源，我们也亲眼见证了"平民"企业家的崛起，这些创业者的成功对每一个不甘平庸的人来说都是一种很好的激励，但是复制这些人的成功是很困难的。当你打算走上自主创业这条路的时候，应该问一问自己："我有创业的洞察力和激情吗？我有技术能力吗？我有人脉和资源吗？"如果答案是否定的，那么你应该转变一下思路，尝试在自己的工作岗位上成就一番事业，用创业的心态工作。

实际上，取得成功的途径有很多种，没有高低之分。在岗位上获得成功同样可以实现个人价值，同样会得到社会大众的认可，而且在工作岗位上实现自己的人生抱负的风险和成本要远远小于自主创业——不仅不用承受外界因素引发的精神压力和风险，也可以得到企业这个强大后盾的鼎力支持

对真正的绝大多数不适合自主创业的人，岗位创业是一种更理性、更实际的实现人生价值、取得事业成就的方式与途径。

案例 9-1

OPPO 创始人陈明永的成功之路

1992 年，陈明永从浙江大学信息与电子工程系物理电子技术专业毕业，之后南下中山加入日华电子厂（小霸王前身）。因为在小霸王公司实习表现出色，陈明永不久便被升为助理经理，此后更是陆续管理过小霸王采购、生产、品质以及整个生产系统。

1995 年，陈明永加入步步高，1999 年，公司改制拆分出三家独立公司，陈明永接管步步高视听电子（主打 VCD、DVD）；2001 年，影碟机行业逐渐没落，陈明永决定转型。于 2001 年注册了 OPPO 品牌，随后于 2004 年正式成立了 OPPO 公司。

2006 年，陈明永发现霸占市场的都是诺基亚、三星等国际品牌，国产手机品牌寥寥无几，决定带领 OPPO 进入手机领域。2008 年，陈明永带领 OPPO 成功打造了现象级手机产品，成功奠定了 OPPO 的行业地位，其中包括以 OPPO R7、R9、R11、R15、R17 为代表的 R 系列，以及以 Find 7、Find X 为代表的 Find 系列产品。当时手机市场的格局比较稳定，诺基亚、三星等国际品牌有着绝对优势，国产品牌则生存艰难，市场份额跌至 30%。陈明永做手机的决心并未被这些数字动摇。

在每个时代更迭的关键节点，陈明永都把握住机会，果断带领企业拥抱变化，为日后的发展奠定坚实的基础。2014 年，正式转型 4G。2019 年，OPPO 宣布正式成立新兴移动终端事业

部，布局 5G+及 IoT 平台，抢占 5G 市场。2019 年 4 月 10 日，陈明永明确 OPPO 新阶段三大发力点：深耕手机业务，发力 IoT，重视技术创新与品牌建设，并表示，通过百亿研发投入以及万人研发团队提升 OPPO 科技实力。

资料来源：陈明永[EB/OL].（2020-08-03）[2022-04-15]. https://baike.baidu.com/item/%E9%99%88%E6%98%8E%E6%B0%B8/39211?fr=aladdin.

【思考】

理解岗位创业也能创造财富神话。

二、自主创业

自主创业是指劳动者主要依靠自己的资本、资源、信息、技术、经验及其他因素创办实业，不仅可解决创业者自己的就业，还通过雇用他人解决社会就业的问题。自主创业者用自己的劳动和社会资源获得财富。我国第一次自主创业高潮是在改革开放初期（1978—1985 年），以无业人员为主，他们通过前期的积累进行小商品贸易，成为自主创业的领头人，主要集中在我国南方各省市。第二次自主创业高潮发生在 1991—1996 年，以国家公务人员、科技人才等高素质人才离职创业为主，俗称"下海"。这一时期的工资水平相对较低，所以各行各业的精英都希望能以自己的能力获取财富，成就了一大批轻工业和改制企业。第三次自主创业高潮发生在1999—2005 年，创业主体可分为两类：一类是网络精英，另一类是下岗人群。当时，网络精英们顺应时代潮流，随着互联技术的兴起与普及进行创业，阿里巴巴、百度、搜狐等著名网站都是在这一时期成功创业的。这一阶段的明显特征是行业细化、创业手段多样化。2006 年以后，我国正迎来第四次自主创业潮，由于高校毕业生过多而导致就业岗位紧缺，这一阶段的自主创业者主体以高校毕业生为主。

（一）自主创业的心理准备

1. 要有承受压力和挫折的心理准备

自主创业过程中会发生各种各样的问题，如经营处于低潮、处理客户纠纷、员工工作不称职、现金流中断、遇见突发事件等，这些问题会给创业者带来巨大的压力和挫败感，甚至可能影响创业者的判断能力和决策能力，使其工作效率低下，甚至影响身心健康。

2. 要有积极、乐观、自信的心态

创业是一条艰难且充满风险的道路，对于一个创业者来说，首先要有自信，要相信自己的选择是正确的，相信自己能成功。当然，这种自信不是盲目的自信，而是建立在理性分析基础上的自信。

3. 要有吃苦的心理准备

创业者不同于朝九晚五的上班族，时间固定，每个星期还有两天休息日。创业意味着没有固定的休息时间，加班会变成一种常态，很多工作都需要创业者自己完成。

4. 要有独立地分析和制定决策的心理准备

普通员工承担的工作任务相对固定，遇到难以决定的事情可以请教上司或同事。而创业者既然选择了自主创业，就要自主决定经营和发展的方向及资源的调配，其他人只能起辅助作用，因此创业者必须具有独立的分析能力和决策能力。

（二）选择自主创业项目的原则

1. 因时而动，选择具有前景的行业

自主创业者必须了解国家正在扶持、鼓励哪些行业发展，哪些行业是允许创业的，哪些行业是限制创业的，同时要了解当地政府出台的优惠政策和银行贷款利率，确保资金充裕。正确选择创业项目要因时而动，因此创业者主要需要关注两个时间段的市场行情：一是看当前的市场需求、市场空白和在市场上畅销的产品，选择当前畅销的产品项目时，要冷静地分析其畅销的真正原因。二是看行业的长远发展前景，如该行业是否符合国家产业政策、是否适应人们的消费发展趋势。

2. 以市场为导向，了解市场需求

创业者必须树立"企业为解决客户需求而存在"的意识，这样才能确保企业长盛不衰。创业项目的选择应以市场为导向，必须从社会需求出发，做市场调查，特别是第一次创业的创业者，必须对市场进行详细的调研，选择项目时一定要知道自己服务的对象群体是哪些人、他们对产品需求的强烈程度如何。只有选择既有特色又有市场的项目或产品，才能提高创业成功率。

3. 因人而异，利用自身优势

俗话说"隔行如隔山"，市场好比汪洋大海，创业者犹如沧海一粟。兴趣是创业的基础，每个人都有自己的长处，创业者应尽量选择与自己的专业、经验、兴趣、特长相匹配的项目。创业者若能选择一个能充分发挥自身优势且感兴趣或熟悉的行业，那么创业就成功了一半。很多创客、极客在切入项目和发展企业时都会选择自己感兴趣的领域，这样在工作时往往是享受且不知疲倦的。

4. 量力而行，积少成多

创业是一种风险投资，每个创业者都必须遵从量力而行的原则。创业者若拿自己的血汗钱或借钱来创业，就应该尽量规避风险较大的创业项目，把为数不多的资金投入风险、规模较小的创业项目，积少成多，滚动发展。此外，资源条件也是影响创业项目选择的重要因素。创业者在选择项目时要充分考虑自己掌控的资源条件能否满足项目本身的内在需求，避免在资源不足的情况下追求高大上的项目。

5. 把握好进场的时机

事物处在发展初期往往意味着先机仍在又没被人重视，竞争较弱，此时进场较容易成功，百度、阿里、淘宝、腾讯、京东、小米等企业的发展壮大无不说明了把握先机或大趋势的重要性。事物发展至成熟期或衰退期往往意味着先机已经失去，市场已被竞争对手牢牢抢占，创业者要进场为时已晚。进场时机的把控是项目能否成功的关键因素，创业者选择创业项目时可考虑一些刚刚兴起的产业。

 **案例 9-2**

一条广告视频"赚"6 亿，被央视点名，22 岁的何同学到底凭什么？

北京邮电大学国际学院 2017 级电信工程及管理专业学生何世杰，B 站认证信息为"2020年度最佳作品奖 UP 主、Bilibili2020 百大 UP 主"，微博认证信息为"知名数码博主"，他还没走出校门就成了很多"95 后""00 后"的偶像，其拍摄的短视频作品赢得了无数"大拇指"，堪称 Z 世代的传奇。

升入大一的何同学对一切事物充满期待，开始学习视频剪辑、音乐制作。为了鼓励自己多学习，他把 ID 改成"老师好我叫何同学"。2019 年，何同学靠着 5G 测试第一次出圈，在发布作品那天，国家工业和信息化部刚好发布了第一批 5G 商务牌照，于是他的视频被《人民日报》、共青团中央等媒体相继转发，何同学迎来了第一次粉丝暴涨。为了拍出好的作品，何同学平均一个月才更新一次。这一个月，他花两星期做选题和写稿，花两星期拍摄和做后期。成为 B 站 UP 主后，他展现出非凡的自律性和韧性。为了拍摄出最好的效果，他经常冥思苦想，甚至夜不能寐，反复尝试各种办法和方案，直到打磨出满意的效果。

功夫不负有心人，何同学的每一期视频都得到粉丝热情的回馈，到毕业这年，何同学的粉丝猛涨了 70 倍。他的职业规划也日渐清晰——成为一位专职的短视频创业者，"杭州何同学文化传媒有限公司"也于 2020 年 12 月注册成立。

资料来源：一条广告视频"赚"6 亿，被央视点名，22 岁的何同学到底凭什么？[EB/OL].（2022-03-15）[2022-04-15]. https://baijiahao.baidu.com/s?id=1727345105675821885&wfr=spider&for=pc.

【思考】

大学生自主创业如何选择创业项目？

第二节　实体创业与网络创业

实体创业与网络创业是相对而言的两个概念，然而在现实中网络创业与实体创业往往是同时进行的，一般企业既在线下门店向公众展示和销售产品，也在网络平台上进行展示和销售，两者是互相渗透、相互支持的。

一、实体创业

（一）实体创业的定义

实体创业是指创业者创办的企业能独立从事生产经营活动，拥有一定自留资金，实行独立经济核算，自主经营，自负盈亏，并能同其他经济组织建立经济联系和签订经济合同，具有法人资格。

（二）实体创业的特点

1. 投入成本相对较大

开设实体店要花费房租、装修费、卫生费、电费等，这些费用比开网店高很多，所以实体店的商品往往比网上销售的商品贵。

2. 直接面对客户服务，可信度高

实体店销售产品或服务时直接面对客户，客户看得到、摸得着，可直观地接触产品后再做出购买决策，大大提高了客户对产品的信赖程度。

3. 售后服务方便

网络售后需要客户在网络上登记后描述产品出现的问题并将产品快递到售后服务公司，整个过程中，客户处于跟踪盲区，对于有问题的产品的维修进度、产品问题是由什么原因引起的等完全不了解，只能被动接受。实体店一般直接与客户交流，客户完全了解整个服务过程和企业的处理方法，从而减少了矛盾和争议。

（三）实体创业成功的关键点

1. 人际交往

实体创业需要创业者面对面地与客户交谈，如果不擅长人际交往，则难以让客户认同你的创业构想，创业成功的概率不大。

2. 管理经验

在管理企业的时候，创业者遇到的最大的问题不是定价、装修，也不是进货，而是如何让员工按照管理者所规定的行为标准去行动、乐于按照管理者设计的方向前进、有崇高的团队精神，如何调节各部门之间的冲突，等等，这些经验远比所谓的管理知识有用得多。日本京瓷集团创始人稻盛和夫自创业起，每当有所感悟时就把自己的想法记下来，在经营管理过程中不断整理，最后形成"持续付出不亚于任何人的努力""正确的为人之道"等独特的经营哲学。

二、网络创业

（一）网络创业的定义

网络创业是指创业者在互联网环境中整合各种资源、寻求机会、努力创新、不断创造价值的过程，也就是通过互联网来创造商机。

由于网络创业的特殊性，从业人员必须具有一定的网络知识和网络安全知识，如熟练使用支付宝、微信支付、闪付等在线支付手段。随着网络购物的便利性、直观性逐渐显现，越来越多的人选择在网络上购物。同时，一种点对点、消费者对消费者的网络购物模式已经兴起，以国外的 eBay 和国内的淘宝为代表的个人开店平台吸引了越来越多的个人在网上开店，在线销售商品。

（二）网络创业的特点

1. 创业成本低

对网络创业者来说，如果不是开展很大的项目，创业初期所需要的资金并不是很多，"一台计算机+ADSL+虚拟主机+一间小屋"就可以开始创业，创业者只要有创新性项目，就可以通过互联网寻找人才、资金，通过组建专业化团队来大幅度降低创业成本。

2. 创业群体广

随着社交网络扁平化，知识和技术的传播更加迅速，创业主体逐渐多元化——由技术精英逐步拓展到"草根"大众。网络创业代表着一种时尚、便捷、无拘无束的生活方式和生活态度，人人都可以开展网络创业。

3. 创新性要求高

互联网创业与最新科技联系紧密，创业者只有树立创新意识、培养新的思维方式、生产出创新产品打动消费者，才能享受到高收益，才能在竞争激烈的市场中抢占一席之地。

（三）网络创业成功的关键点

1. 选好切入点

创业者的切入点选得不好，产品面市之日就可能是企业关门之时，那么如何选择切入点呢？对于"互联网+"背景下的创业者来说，必须围绕服务频次、客单价和市场规模体量三个核心指标综合考虑。

2. 找到启动点

（1）找到引爆点。创业者要分析不同行业在不同阶段的不同需求，首先要分析行业目前处于什么水平，用户的关注点、痛点在什么地方，然后要分析企业自身情况，利用自身优势找到产品的引爆点。例如，很多团购网站都把用户没消费完的金额当成自己的沉淀收入，但美团在进行用户分析时发现一个痛点，即用户有团购的需求，但又怕自己的充值过期，钱退不回来，于是美团第一个提出过期退，引爆了整个团购市场，通过差异化优势，成为团购大战的最后赢家。

（2）发挥意见领袖的传播力量。意见领袖是团队中重要的信息来源，能影响多数人的态度、倾向。在消费行为学中，意见领袖特指为他人过滤、解释或提供信息的人，这种人因为持续关注某种产品或服务的程度高而有更多的知识和经验。在移动互联网时代，传统、低效、缓慢的传播方式与创业公司是不匹配的，要让熟悉产品或服务的意见领袖在家庭成员、朋友或媒体、虚拟社区迅速传播信息，提前引爆产品或服务在目标群体的流行，从而极大地缩短新产品、新服务的传播推广时间。

3. 强化地推

随着互联网时代的全面到来，品牌策划着重线上推广，以"线上引流+品牌曝光"为目的，传统的地面营销推广被边缘化，已逐渐从企业的视角里消失，但这并不代表地推这种线下推广方式真的不重要了。在体验消费为主流的营销时代，地推对当下很多行业来说仍然是至关重要的，它不仅能使企业品牌以较低的成本获得曝光率和客户数据，而且顾客转化率更高、目标人群更加精准，尤其对用户体验起到了关键的营销作用。企业启动品牌营销策划一定要做好线上线下的结合。

4. 注重口碑

口碑营销是当下网络营销中使用便捷、传播面广、省钱、效果比较好的营销方式之一。在这个网络营销推广方式多样化的时代，微博营销、微信营销等各种网络营销方式层出不穷，创业者要在产品与服务这两个方面下功夫，让消费者买得安心、买得舒心，通过消费者进行口碑宣传，创造二次营销的机会，最终获得更大的利润。

5. 找准用户需求

用户产生某种需求后才可能产生购买的意愿和行动，这种需求可能源自用户自身，也可能随某种外界刺激而产生，创业者要让用户发现自己的需求并强化这种需求。张旭豪创建"饿了么"的时候从上海交大闵行校区开始与用户建立关系，当时闵行校区附近的餐厅连计算机都没有，通过针对用户开展互联网意识的强化，最终"饿了么"从这里出发，一路高歌猛进。

6. 与商业巨头错位

"互联网+"的市场潜力巨大，商业巨头当然会提前布局，创业者要主动与商业巨头错开，寻找商业巨头没能充分覆盖的领域并尽力满足这一领域的市场需求，形成自己独特的优势。

第三节　个人独资与合伙创业

在创业的起步阶段，创业者要么单枪匹马，要么联合他人，形成团队，共同发展。两种方式各有不同的风险，单枪匹马的创业者很容易因为势单力薄而"落马"，创业团队往往会因为发生内部矛盾、摩擦或利益分配不均而导致解体。在创业者的人员合作问题上如何避免此类问题的发生就是本节探讨的主要内容。

一、个人创业

个人创业指的是投资主体是单独的个人，没有合伙人。

（一）个人独资企业应具备的条件

根据《中华人民共和国个人独资企业法》，申请设立个人独资企业应具备以下条件。

（1）投资者为一个自然人。

（2）有合法的企业名称。

（3）有投资者申报的出资。

（4）有固定的生产经营场所和必要的生产经营条件。

（5）有必要的从业人员。

（二）个人创业的能力要求

（1）充分的资源（resources），包括人力和财力。个人创业者应具备丰富的经验、充足的流动资金、时间以及强大的精神和毅力。

（2）可行的理念（ideas）。商业理念不怕旧，重要的是要具有可行性、长久性，可以继续开发、扩展。

（3）适当的基本技能（skills）。这里所说的技能不是行业中的一般技能，而是通常性的企业管理技能。

（4）有关行业的知识（knowledge）。创业者不能只陶醉于自己的理想，应该主动、深入地了解行业相关知识，为创业做好准备。

（5）才智（intelligence）。指的是创业者识别、评估、捕捉创业机会的能力。创业机会是创业的切入点和出发点，是创业成功的关键。

（6）网络（network）。个人创业者需要不断地扩大社交网络，搞好人际关系，争取他人的帮助和支持。

（7）确定的目标（goal）。没有目标，创业就没有方向。

以上七个能力要求的英文首字母相连恰好是"risking（冒险）"，这也反映出创业的风险。个人独资创业对个人的能力方面要求相对较高。

二、合伙创业

根据《中华人民共和国合伙企业法》，"合伙企业"是指自然人、法人和其他组织依照本法在中国境内设立的普通合伙企业和有限合伙企业。普通合伙企业由普通合伙人组成，合伙人对合伙企业债务承担无限连带责任。该法对普通合伙人承担责任的形式有特别规定的，从其规定。有限合伙企业由普通合伙人和有限合伙人组成，普通合伙人对合伙企业债务承担无限连带责任，有限合伙人以其认缴的出资额为限对合伙企业债务承担责任。

（一）合伙企业应具备的条件

设立合伙企业应当具备以下条件：

（1）有两个以上合伙人。合伙人为自然人的，应当具有完全民事行为能力。

（2）有书面合伙协议。

（3）有合伙人认缴或者实际缴付的出资。

（4）有合伙企业的名称和生产经营场所。

（5）法律、行政法规规定的其他条件。

（二）合伙创业的优点

（1）资金较为充足，经营规模较大，容易产生效益。

（2）多人合伙创业可以发挥集体智慧、取长补短，便于事业发展。

（3）多元化利益主体会自然形成企业内部监督机制，使企业达到一种理性化、科学化的经营管理状态，在较高的起点上顺利开展经营活动，从而承担市场压力和风险的能力更强。

（三）合伙创业的缺点

（1）不同合伙人承担风险的能力和心态不同，容易影响企业决策的制定，制约企业发展；同时，若合伙人是员工，则容易影响企业的日常管理和协调运作。

（2）由于合伙创业是多人共同创业，对每一个创业者来说，个人成就感较个人创业低了很多。同时，与其他合伙人分配利润降低了创业经济利益对创业者的吸引力。

（3）合伙人的能力有高有低，对企业的贡献有大有小，分工合作往往会扩大差异，容易在企业管理、业务开展、利润分配等方面产生矛盾，影响合伙企业的正常运作和发展；同时，合伙人随时有可能中途退出，这对创业企业来说是一种巨大的风险。

 **案例 9-3**

《中国合伙人》

由陈可辛执导，邓超、黄晓明、佟大为主演的影片《中国合伙人》讲述了三个年轻人在从20世纪80年代到21世纪大变革的背景下，为了改变自身命运，创办英语培训学校，最终实现中国式梦想的故事。该影片讲述的创业故事适合所有想成功的年轻人观看，据称这是一部"让'50'后深思、让'60后'动容、让'70后'震颤、给'80后'楷模、给'90后'启迪"的电影。

资料来源：《中国合伙人》之合伙创业指南[EB/OL].（2013-05-10）[2022-04-15]. http://www.studentboss.com/html/news/2013-05-06/131964.htm.

【思考】

1. 观看《中国合伙人》，思考三个主人公为什么能够成功。

2. 通过在校园里和同学合伙开展一次商业活动检验自己有没有合伙创业的潜质。

第四节 技 术 创 业

技术创业是在全球都出现的经济现象，它注重识别基于自主技术、平台技术、技术集成、技术学习的高潜力、高技术含量的商业机会，获取人力和资本等资源以及风险管理能力，为客户提供更好的产品和服务。技术创业的本质是对新技术的商业化应用。

一、技术创业的概念

技术创业是指创业者为了实现其既定的创业目标，依托于现代高新技术，通过发现和捕捉一定的机会创造新颖产品或服务的过程。

二、技术创业的类型

（一）基于自主技术的技术创业

指基于创业者自身所开发的以技术为基础、为出发点的创业。这类创业要求创业者及其团队有一定的技术研发能力，且能将自创技术与市场需求衔接，形成商业价值。

（二）基于平台技术的技术创业

指以某个领域的共性技术为基础、为依托的创业。创业者需要使自己的商业构想通过现有技术平台实现商业价值。

（三）基于技术集成的技术创业

即通过将不同持有人所拥有的多项技术集成，形成具有新的更为丰富的功能的技术，为市场创造新的商业价值。

（四）基于技术学习的技术创业

在不侵害他人知识产权的前提下，通过学习掌握他人既有技术，从而在另一个市场进行技术创业活动。

三、技术创业成功的关键点

（一）分析与评估

创业者所开发的自有技术或基于技术平台的技术是否真的有商业价值，创业者能否通过努力使得自有技术或集成的技术转化为适合市场需求的商品，国内相关产业的技术基础能否支撑创业者实施相关技术，创业者只有深入分析以上问题并做出回答，才有理由推动创业的后续工作。

（二）获取与整合资源

根据不同技术开发不同产品所需要的资源是不同的，甚至需要一些专门资源。创业者需要千方百计地获取所需要的资源，特别是专门资源。如果得不到这些资源，创业的后续阶段可能受阻。

（三）理性地付诸行动

创业者使用自有技术或集成技术进行创业，往往会遇到自有技术是否成熟、配套，集成相关技术的市场需求及知识产权等问题。如果遇到类似问题，创业者需要根据特定创业活动的需要对自有技术或集成技术进行调整和完善。

（四）根据市场回应进行调整

技术创业往往需要开发新的市场需求，市场对于某个技术创业企业的新产品的回应程度具有不确定性，一方面，新技术产品往往有所谓的"市场沉寂期"，即便新产品的潜在需求很大，在沉寂期内市场也很难对其做出足够的回应。另一方面，技术创业者本身对于自己的技术往往有一定偏爱，在这种情况下即便创业者的新产品确实没有市场前景，作为技术创业者也可能因对自身技术的偏爱难以调整，甚至因为坚持而造成了较大损失时才终止既定的创业活动，为防范和化解这种情况，创业者需要构建理性的创业团队，并将"中途放弃"作为其中一个选项。

四、技术创业者容易犯的几个错误

（一）乱插手脚

技术创业者很容易陷入对自身技术的迷恋，在项目开发中执着于技术主导，忽略了企业的目标是满足用户的需求。创业者不能单纯停留在技术服务商层面，而要做技术、产品、商业和数据的闭环。一味追求技术领先，可能会带来很多其他问题，例如成本过高，或者可靠性不够，或者产品只能停留在实验室，无法大规模商业化等。技术创业者无论意见多有建设性或者多有创意，是否要执行这些建议，需要由项目经理定夺。虽然从公司的总体上看技术创业者可以决定产品如何开发，但这个决定需要通过组织决策和以比较正式的方式进行传达。

（二）用人有疑

技术创业者普遍对团队成员的能力抱有怀疑的态度，总觉得他们的能力不如自己。所谓"疑人不用，用人不疑"，为什么有些技术创业者总做不到呢？这可能和技术创业者看待员工的眼光和角度有关系。技术创业者容易拿自己的技术背景和经验去考量别人，特别是在工作中，容易以自己的工作效率衡量别人，从而难以从其他角度看待团队成员，很难发现他们在某些专业技术领域以外的优点。

（三）以己为标

技术创业者具备本行业的专业知识，还可能是某些领域的权威人物，拥有良好的技术，想法变化比较快。很多时候他们还拥有非常好的创意，而且有些创意可行性也非常高，这都使得技术创业者经常有十足的自信强行实施个人主张，他们从内行的角度分析技术的难度和相关的问题，以他个人的能力评定工作的进度，有时往往容易忽略一件事情——团队是否具备在期望的时间内实现这些想法的能力。技术创业者在技术层面是行家，在项目之外则要善于倾听，既要为团队描绘项目的前景，也要了解团队成员的生活与个性，进而调整团队的士气，鼓舞人心。

（四）追求完美

技术创业者大多数都是理想化的创业者，在进行技术商业化的过程中，对自身的产品呵护有加，不能容忍市场或营销人员在产品上加入任何有关广告或营销的内容，唯恐因影响用户体验而丢失用户。追求技术上的完美本没有错，但要讲究一个度，过了这个度就会让团队的全体成员非常难受很多技术创业者在做产品的时候，特别是创业初期，都希望自己的产品完美无瑕，功能强大，但这只是一个美好的愿景，创业要通盘考虑商业模式。技术出身的创业者确实增加了自己创业成功的砝码，但追求技术上的完美等短板也会阻碍初创企业的快速发展，而那些成功的技术创业者，无不是克服了这些短板的。

案例 9-4

福建 90 后大学生陈贺的果园梦

2013 年，大学毕业的陈贺回到了家乡福建漳州平和县。2015 年，阿里巴巴在平和县开设了农村淘宝服务站，陈贺立刻报名，成为县里第一批农村淘宝合伙人。这段经历让陈贺了解到村民们的普遍诉求：他们希望自家后院里的"宝贝"能够卖到城里。

平和县的特产琯溪蜜柚，民间又称"皇帝柚"，自清朝乾隆年间就已是贡品。当地果农过度使用化肥，使土壤质量降低，进而影响了柚子的品质，再加上市场上冒牌货横行，昔日的"皇帝柚"也出现了积压的情况。为彻底打响平和琯溪蜜柚的品牌，陈贺成立公司并注册了"一个蜜柚"品牌。陈贺的想法是要打造一座有科学种植技术支撑的"智慧柚园"，他决定首先从改造父亲的果园做起。当地万亩柚山基础设施不完善：上山没有水泥路、不通电、没网络，无法连接任何智能设备。陈贺和父亲挨家挨户走访村里的果农，说服大家集资修路。在走访了 70多家农户后，父子俩终于集资到 80 多万元，将上柚山的 4.8 千米水泥路修通，接着陈贺又拿出自己的全部积蓄投入柚园电路与网络的安装中。基础设施建好后，陈贺借助蚂蚁金服的旺农贷、网商贷等渠道筹集资金，在柚园内安装了 10 多套智能物联网监测设备。

2017 年年初，陈贺定制了一款数据全程溯源软件。全国各地的消费者可以通过扫描二维码查看每一颗柚子从施肥、开花、结果、采摘、农残检测到最后的包装运输各个环节的"绿色履历"，确保每个柚子产地正宗、信息透明、生产科学。透明的数据让陈贺的柚子成了"网红"。

2018 年，陈贺的"智慧柚园"种植技术成了平和县智慧农业的样板，被复制到周边 3000多亩柚园的管理中。

2019 年，陈贺计划将"智慧柚园"扩大到 500 亩，与果园种植户谈下了按新模式种植的包销合作。中化集团现代农业综合技术服务平台 MAP、德国拜耳生态农场事业部等企业也找上门来，计划与陈贺合作进一步探索智慧农场种植方案，陈贺将他的公司名称以"梦想"为谐音，改名为"梦享柚"，包装盒上印上了颇具时髦感的标语："让青春有梦想，让柚子自然甜。"

资料来源：福建 90 后大学生陈贺的果园梦[EB/OL]. （2019-02-11）[2022-04-15]. https://cj.sina.com.cn/articles/view/1642482194/61e64a1202000fwe3.

【思考】

1. 大学生先择业后创业有哪些优势？
2. 陈贺的创业经历对你有何启发？

本章小结

取得成功的途径有很多种，没有高低之分。选择岗位创业，就要用创业的心态去工作，也可以得到企业这个强大后盾的鼎力支持。如果选择自主创业，就要懂得利用自身优势量力而行，把握进场的时机。选择实体创业要擅长人际交往，具有协调管理企业经营各个环节的经验。选择网络创业要找好切入点和启动点，找准用户需求发力。选择技术创业，要认真分析并评估自身技术潜力，整合资源，以形成真正的商业价值。

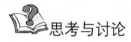

思考与讨论

1. 什么是岗位创业？
2. 自主创业项目选择应遵循哪些原则？
3. 网络创业成功的关键是什么？
4. 合伙创业应注意哪些问题？
5. 技术创业成功的关键点是什么？

实训

调查周围的创业模式并进行统计分析。

第四篇
创业过程管理

第十章

企业注册登记

知识目标
☆ 熟悉不同企业的法律形式
☆ 了解企业注册登记时应提交的相关文件

能力目标
☆ 掌握企业注册登记的步骤

 引导案例

A 市现代建筑公司从该市 B 区巨峰镇柳古庄砖瓦厂购买红砖 52 万块，合计 59 692 元。经柳古庄砖瓦厂多次催要，现代建筑公司仅付 4500 元，后现代建筑公司歇业，尚欠 55 192 元未付。柳古庄砖瓦厂状告 A 市体育局，认为现代建筑公司归其所属，现该公司歇业，货款应由 A 市体育局偿还。A 市体育局认为，现代建筑公司虽是其开办的经济实体，但该公司具有法人资格，应独立承担民事责任。

B 区法院经审理查明，现代建筑公司系 A 市体育局开办的经济实体，办理工商登记时，注册资金为 150 万元。而事实上，A 市体育局并未注入资金。法院认为，现代建筑公司欠砖瓦厂货款，事实清楚，应给付货款并赔偿损失。虽然现代建筑公司具备法人资格，但其开办单位 A 市体育局未依照国家有关规定注入资金，应当在注册资金未到位的范围内承担民事责任。现在该公司歇业，应由 A 市体育局给付货款并赔偿损失。据此，法院做出判决：A 市体育局给付砖瓦厂货款及利息共计 64 708.89 元。

法人以其所有的或者经营管理的财产独立承担民事责任，这是民法的一般原则。但如果某企业法人注册登记时，投资方出资不足，该企业又无力清偿债务，则应当由投资方补足投资以清偿债务；注册资金不实的，由开办单位在注册资金不实的范围内承担责任。

资料来源：关于公司注册资本方面的三个案例[DB/OL].（2011-01-19)[2022-04-15]. https://china.findlaw.cn/gongsifalv/gongsishelifa/zhuceziben/zhuceziben/30308.html.

【思考】

1. 投资人对其所投资成立的有限责任公司承担哪些义务和责任？
2. 如何理解企业具有"法人资格"的法律意义？

在开始创业前，创业者需要了解我国的基本法律环境。创立企业从事经营活动前，必须到相关行政管理部门办理登记手续，包括工商登记、税务登记、用工手续、银行开户等。只有依照程序进行工商登记注册，企业的经营才是合法的，才能受到法律的保护。初次创业者应全面了解有关要求，熟悉基本的办事程序，严格按照程序办理各种手续。

第一节　企业法律形式

一、企业法律形式概述

（一）企业法律形式的类型及其应具备的条件

根据《公司法》《个人独资企业法》《合伙企业法》的规定，我国企业存在三种基本的法律形式：个人独资企业、合伙企业、公司（有限责任公司和股份有限公司）。根据我国相关法律的规定，创业者可以选择个人独资企业、合伙企业、有限责任公司和股份有限公司等企业形式，但实践中由于股份有限公司的注册资本要求较高且须经省级政府的批准，创业者一般不予采用。

1. 个人独资企业

个人独资企业是指由一个自然人投资、财产为投资人个人所有、投资人以其个人财产对企业债务承担无限责任的经营实体。

设立个人独资企业应当具备下列条件。

（1）投资人为一个自然人。

（2）有合法的企业名称。

（3）有投资人申报的出资。

（4）有固定的生产经营场所和必要的生产经营条件。

（5）有必要的从业人员。

2. 合伙企业

合伙企业是指由各合伙人订立合伙协议，共同出资、合伙经营、共享收益、共担风险并对合伙企业债务承担无限连带责任的营利性组织。

设立合伙企业应当具备下列条件。

（1）有两个以上合伙人。合伙人为自然人的，应当具有完全民事行为能力。

（2）有书面合伙协议。

（3）有合伙人认缴或者实际缴付的出资。

（4）有合伙企业的名称和生产经营场所。

（5）法律、行政法规规定的其他条件。

普通合伙企业名称中应当标明"普通合伙"字样。法律、行政法规规定禁止从事营利性活动的人，不得成为合伙企业的合伙人，如国家公务员等。普通合伙人可以用货币、实物、知识产权、土地使用权或者其他财产权利出资，也可以用劳务出资。合伙人以实物、知识产权、土地使用权或者其他财产权利出资，需要评估作价的，可以由全体合伙人协商确定，也可以由全体合伙人委托法定评估机构评估。合伙人以劳务出资的，其评估办法由全体合伙人协商确定，并在合伙协议中载明。所谓劳务出资，是指合伙人以自己未来付出的能够给合伙企业带来利益的劳务，或者自己已经付出的确实给合伙企业带来利益的劳务。

有限合伙企业名称中应当标明"有限合伙"字样。有限合伙企业至少应当有一个普通合伙人。有限合伙人可以用货币、实物、知识产权、土地使用权或者其他财产权利作价出资。有限合伙人不得以劳务出资。有限合伙企业由普通合伙人和有限合伙人组成，普通合伙人对合伙企业债务承担无限连带责任，有限合伙人以其认缴的出资额为限对合伙企业债务承担责任，普通合伙人对企业债务的承担范围大于有限合伙人。

3. 公司

公司是指依照《公司法》在中国境内设立的有限责任公司和股份有限公司。

（1）有限责任公司简称有限公司，股东以其出资额为限对公司承担责任，公司以其全部资产对公司的债务承担责任。根据《公司法》的规定，这类公司必须在公司名称中标明"有限责任公司"或者"有限公司"字样。

设立有限责任公司应当具备下列条件。

① 股东符合法定人数。

② 有符合公司章程规定的全体股东认缴的出资额。

③ 股东共同制定公司章程。

④ 有公司名称，建立符合有限责任公司要求的组织机构。

⑤ 有公司住所。

根据《公司法》的规定，有限责任公司由五十个以下股东出资设立。有限责任公司的注册资本为在公司登记机关登记的全体股东认缴的出资额。股东可以用货币出资，也可以用实物、知识产权、土地使用权等可以用货币估价并可以依法转让的非货币财产作价出资。对作为出资的非货币财产应当评估作价，核实财产，不得高估或者低估作价。全体股东的货币出资金额不得低于有限责任公司注册资本的百分之三十。股东应当按期足额缴纳公司章程中规定的各自所认缴的出资额。公司应当将股东的姓名或者名称及其出资额向公司登记机关登记；登记事项发生变更的，应当办理变更登记。股东按照实缴的出资比例分取红利；公司新增资本时，股东有权优先按照实缴的出资比例认缴出资。

有限责任公司的股东可以是一人，《公司法》对一人有限责任公司做了特别规定。一人有限责任公司是指只有一个自然人股东或者一个法人股东的有限责任公司。一个自然人只能投资设立一个一人有限责任公司，该一人有限责任公司不能投资设立新的一人有限责任公司。一人有限责任公司应当在公司登记中注明自然人独资或者法人独资，并在公司营业执照中载明。

同时，公司应设立符合有限责任公司要求的组织机构，即股东会、董事会或执行董事、监事会或监事以及经营管理机构等。

（2）股份有限公司，简称股份公司，其全部资本分为等额股份，股东以其所持股份为限对公司承担责任，公司以其全部资产对公司的债务承担责任。根据《公司法》的规定，这类公司必须在公司名称中标明"股份有限公司"或者"股份公司"字样。

设立股份有限公司应当具备下列条件。

① 发起人符合法定人数。

② 有符合公司章程规定的全体发起人认购的股本总额或者募集的实收股本总额。

③ 股份发行、筹办事项符合法律规定。

④ 发起人制定公司章程,采用募集方式设立的经创立大会通过。

⑤ 有公司名称,建立符合股份有限公司要求的组织机构。

⑥ 有公司住所。

股份有限公司的设立可以采取发起设立或者募集设立的方式。设立股份有限公司,应当由两人以上二百人以下为发起人,其中必须有半数以上的发起人在中国境内有住所。

以发起设立方式设立股份有限公司的,发起人应当书面认足公司章程规定其认购的股份,并按照公司章程规定缴纳出资。以非货币财产出资的,应当依法办理其财产权的转移手续。发起人不依照前款规定缴纳出资的,应当按照发起人协议承担违约责任。以募集设立方式设立股份有限公司的,发起人认购的股份不得少于公司股份总数的百分之三十五;但是,法律、行政法规另有规定的,从其规定。

股份有限公司成立后,发起人未按照公司章程的规定缴足出资的,应当补缴;其他发起人承担连带责任。股份有限公司成立后,发现作为设立公司出资的非货币财产的实际价额显著低于公司章程所定价额的,应当由交付该出资的发起人补足其差额;其他发起人承担连带责任。股东有权查阅公司章程、股东名册、公司债券存根、股东大会会议记录、董事会会议决议、监事会会议决议、财务会计报告,对公司的经营提出建议或质询。

阅读材料

虚报注册资本罪

我国《民法典》第 268 条规定:"……国家、集体和私人所有的不动产或者动产投到企业的,由出资人按照约定或者出资比例享有资产收益、重大决策以及选择经营管理者等权利并履行义务。"

我国《刑法》在有关公司注册资本方面规定了两条罪名:虚报注册资本罪和虚假出资、抽逃出资罪。其中,前者体现在《刑法》第 158 条:"申请公司登记使用虚假证明文件或者采取其他欺诈手段虚报注册资本,欺骗公司登记主管部门,取得公司登记,虚报注册资本数额巨大、后果严重或者有其他严重情节的,处三年以下有期徒刑或者拘役,并处或者单处虚报注册资本金额百分之一以上百分之五以下罚金。单位犯前款罪的,对单位判处罚金,并对其直接负责的主管人员和其他直接责任人员,处 3 年以下有期徒刑或者拘役。后者体现在《刑法》第 159 条:"公司发起人、股东违反公司法的规定未交付货币、实物或者未转移财产权,虚假出资,或者在公司成立后又抽逃其出资,数额巨大、后果严重或者有其他严重情节的,处五年以下有期徒刑或者拘役,并处或者单处虚假出资金额或者抽逃出资金额百分之二以上百分之十以下罚金。单位犯前款罪的,对单位判处罚金,并对其直接负责的主管人员和其他直接责任人员,处五年以下有期徒刑或者拘役。

资料来源:全国人民代表大会常务委员会. 中华人民共和国刑法[EB/OL]. (2020-12-26)[2022-11-11]. http://xingfa.org/.

【思考】

虚报注册资本罪的犯罪构成包括哪些内容?

二、如何选择合适的企业法律形式

创业者在选择企业法律形式时，要从所创立企业的具体情况出发，比较不同法律形式的利弊。

（一）选择企业法律形式应考虑的问题

（1）所选择企业法律形式的手续复杂程度以及所需要的费用如何？

（2）从法律角度，如何以所选择的企业法律形式来经营？企业资产为谁所有？

（3）企业的持久性如何？

（4）企业所有人想出让企业份额的难易程度如何？

（5）谁有权为企业做决策，如管理企业的日常活动、制定长期战略、决定重大投资项目、将企业卖给其他投资人甚至是终止企业。

（6）谁对企业的债务负责？如果出现资不抵债的情况，所有者是否要用其在企业外的个人财产和其他收益来偿付债务？

（二）不同企业法律形式的比较

创业者可以根据上面问题和对不同企业法律形式的比较（见表 10-1），结合实际情况做出选择。

表 10-1　不同企业法律形式的比较

标　　准	个人独资企业	合　伙　企　业	公　　司	
			有限责任公司	股份有限公司
出资者	个人	两个或两个以上的合伙人	五十人以下的股东	两人以上两百人以下的发起人，股东不限
责任形式	个人以自己的财产承担责任	普通合伙人以自己的财产对企业承担无限连带责任；有限合伙人以其认缴的出资额为限对合伙企业债务承担责任	公司以公司资产为限对外承担责任；股东以其出资额为限承担责任	公司以公司资产对外承担责任；股东以其所持股份为限对公司承担责任
开业成本	注册费	合伙人的书面协议；较少的注册费	公司章程；注册费和税费	公司章程；注册费和税费
权益的可转让性	可完全自由地变卖或转让企业的任何部分	普通合伙企业的合伙人只有在其他合伙人都同意转让时才能转让权益	其他股东享有优先受让权，如不购买视为同意转让	不做限制
法律依据	《个人独资企业法》	《合伙企业法》	《公司法》	《公司法》
出资	投资者申报	约定：货币、实物、土地使用权、知识产权或者其他财产权利等	法定：货币、实物、工业产权、非专利技术、土地使用权	法定：货币、实物、工业产权、非专利技术、土地使用权
法律基础	无章程或协议	合伙协议	公司章程	公司章程
注册资本	投资者申报	协议约定	无限制	无限制
经营主体	投资者及其委托人	合伙人共同经营	股东不一定参加经营	股东不一定参加经营

续表

标 准	个人独资企业	合伙企业	公 司	
			有限责任公司	股份有限公司
事务决定权	投资者个人	全体合伙人或从约定	公司机关、一般股东无权代表	公司机关、一般股东无权代表
利亏分担	投资者个人	约定，未约定则均分	投资比例	投资比例
解散程序	注销	注销	注销并公告	注销并公告
解散后义务	5 年内承担责任	5 年内承担责任	无	无

第二节 企业注册登记的准备文件和步骤

很多创业者把企业注册登记看作一种形式，有的单纯为了应付工商局的审查而做文件准备，有的干脆让工商服务中心代为起草章程或者取一个样本依样画葫芦，根本没有推敲过文件中的细节问题，对自己的权利和义务不甚了解，而这些文件细节往往是以后处理经济纠纷的法律依据。许多创业者在出现经济纠纷之后才发现公司章程条款或合伙人协议条款对自己极为不利。希望创业者在注册时对各项文件的准备一定要慎重。

一、企业注册登记应准备的文件

（一）个人独资企业登记注册时应提交的文件

（1）投资人签署的《个人独资企业登记（备案）申请书》。

（2）投资人身份证明。

（3）投资人委托代理人的，应提交投资人的委托书和代理人的身份证明或资格证明。

（4）企业住所证明。

（5）法律、行政法规规定必须报经有关部门审批的业务的有关批准文件。

（6）国家工商行政管理总局规定提交的其他文件。

（二）合伙企业登记注册时应提交的文件

（1）《合伙企业登记（备案）申请书》。

（2）全体合伙人的主体资格证明（居民身份证复印件、营业执照副本复印件、企业法人登记证书复印件、社团法人登记证复印件、民办非企业单位证书复印件）。

（3）全体合伙人指定的代表或者共同委托的代理人的委托书。

（4）全体合伙人签署的合伙协议。

（5）全体合伙人签署的对各合伙人缴付出资的确认书。

（6）主要经营场所证明（合伙企业主要经营场所只能有一个且应当在其企业登记机关登记管辖区域内）。

（7）全体合伙人签署的委托执行事务合伙人的委托书；执行事务合伙人是法人或其他组织的，还应当提交其委派代表的委托书和身份证明复印件。

（8）以非货币形式出资的，提交全体合伙人签署的协商作价确认书或者经全体合伙人委托的法定评估机构出具的评估作价证明。

（9）从事法律、行政法规或者国务院决定规定在登记前须经批准的经营项目，必须提交有关批准文件。

（10）法律、行政法规规定设立特殊的普通合伙企业需要提交合伙人的职业资格证明的，提交相应证明。

（11）国家工商行政管理总局规定提交的其他文件。

（三）有限责任公司登记注册时应提交的文件

（1）《公司登记（备案）申请书》。

（2）《指定代表或者共同委托代理人授权委托书》及指定代表或委托代理人的身份证件复印件。

（3）全体股东签署的公司章程。

（4）股东的主体资格证明或者自然人身份证件复印件。

① 股东为企业的，提交营业执照复印件。

② 股东为事业法人的，提交事业法人登记证书复印件。

③ 股东为社团法人的，提交社团法人登记证复印件。

④ 股东为民办非企业单位的，提交民办非企业单位证书复印件。

⑤ 股东为自然人的，提交身份证件复印件。

⑥ 其他股东提交有关法律法规规定的资格证明。

（5）董事、监事和经理的任职文件（股东会决议由股东签署，董事会决议由公司董事签字）及身份证件复印件。

（6）法定代表人任职文件（股东会决议由股东签署，董事会决议由公司董事签字）及身份证件复印件。

（7）住所使用证明。

（8）《企业名称预先核准通知书》。

（9）法律、行政法规和国务院决定规定设立有限责任公司必须报经批准的，提交有关的批准文件或者许可证件复印件。

（10）公司申请登记的经营范围中有法律、行政法规和国务院决定规定必须在登记前报经批准的项目，提交有关批准文件或者许可证件的复印件。

案例 10-1

公司章程的重要性

A 和 B 就某一项目约定成立一有限责任公司进行开发，双方签订了开发协议，对双方的投入和利润分配进行了详细的规定。双方在注册登记有限公司时只是根据工商局提供的格式化章程进行了简单的修改，没有完全将双方签订的开发协议中的投资和利润分配的详细条款纳入公司章程。后来双方对投资和利润分配方式产生不同意见，A 要求依据公司章程处理，B 则要求依据开发协议处理，双方争执不下，最终导致项目停顿，公司也经营不下去了。

这个案子中，B 的处境是非常不利的。他过分重视开发协议，忽视了公司章程的重要性。公司章程是公司必须具备的、由发起设立公司的投资者制定的并对公司、股东、公司经营管理人员具有约束力的、调整公司内部组织关系和经营行为的自治规则。B 认为公司章程的制定只是为了办理工商登记手续，实际上公司章程相当于公司的"宪法"，是公司运作过程中所有行为的规范性指引，公司及其股东、董事、管理机构、管理人员的一切行为都不得违反公司章程的规定，否则无效，甚至需要承担相应的法律责任。绝大部分公司的公司章程都存在过于简单化的问题，基本都是依据工商局提供的格式章程进行简单的"填空"，因此很容易遗漏需要进行特殊约定的事项。而格式条款通常和特殊事项是不一致的，一旦出现纠纷，尤其是股东之间的纠纷，只能依据章程处理，必然导致其中一方遭受意想不到的损失。制定一个完善的公司章程是公司规范运作的良好开始，也是公司股东、董事、管理层的护身符。2005 年，新浪抛出"毒丸"计划，利用其章程的有关规定最终让盛大斥巨资收购新浪股份却无法实施对新浪的控制。

资料来源：窦义. 公司章程与有限责任公司治理的法律分析[J]. 重庆科技学院学报（社会科学版），2014，（9）：34-35.

【思考】

公司章程在公司治理中的地位如何？

二、企业注册登记的步骤

（一）工商注册登记

工商登记步骤如下（以有限责任公司为例，个人独资和合伙企业的步骤类似）。

1. 名称预先核准

在正式申请办理公司设立之前，应先将拟设立公司的名称依照规定向公司登记机关提出申请。企业（公司）名称的构成应为：行政区划＋字号＋行业或经营特点＋组织形式，如广州市东达贸易有限公司。

除国务院批准设立的企业外，企业名称不得冠以"中国""中华""全国""国家""国际"等字样，如需冠此字样，需向国家工商总局申请批准，如需冠"广东""湖南"等需向各省工商局申请批准。企业名称中的字号应当由 2 个以上的字组成，行政区划不得用作字号。企业名称可以使用自然人投资人的姓名做字号。企业名称应当使用符合国家规范的汉字，不得使用外国文字、汉语拼音字母、阿拉伯数字、标点符号。企业名称中不得含其他法人的名称。企业名称中的行业表述应当反映企业经济活动性质所属国民经济行业或者企业经营特点的用语。企业名称中行业标书的内容应当与企业经营范围相一致。

企业名称有下列情形之一的，不予核准。

（1）与同一工商行政管理机关核准或者登记注册的同行业企业名称字号相同，有投资关系的除外。

（2）与同一工商行政管理机关核准或者登记注册符合须知第 8 条的企业名称字号相同，有投资关系的除外。

（3）与其他企业变更名称未满 1 年的原名称相同。

（4）与注销登记或者被吊销营业执照未满 3 年的企业名称相同。

（5）其他违反法律、行政法规的。

2. 申请名称预先核准应提交的文件

（1）有限责任公司的全体股东签署的公司名称预先核准申请书。

（2）全体股东的法人资格证明或自然人的身份证明。

（3）全体股东签署的授权委托意见书。

（4）代理人的法人资格证明或自然人的身份证明。

3. 名称预先核准登记的步骤

办理名称预先核准登记的步骤如下。

（1）咨询后领取并填写《名称预先核准申请书》《申请人授权委托意见》，同时准备相关材料。

（2）递交名称登记材料，领取《名称登记受理通知书》，等待名称核准结果。

（3）按《名称登记受理通知书》确定的日期领取《企业名称预先核准通知书》。此通知书的有效期限为 6 个月。

此过程需要一个工作日（不包含需冠名审批的时间）。若不符合规定的核发《企业名称驳回通知书》。

4. 备齐有关文件，申请工商登记

（1）领取《企业名称预先核准通知书》的同时，领取《公司设立登记申请书》。

（2）召开股东大会订立公司章程和协议。股东设立公司必须先订立章程和协议，对将要设立公司的基本情况以及各方面的权利、义务加以明确规定并将相关组织机构的负责人或人员配置好。

（3）公司的经营范围涉及法律、行政法规规定必须报经前置审批的，凭《企业名称预先核准通知书》向有关行政审批部门申请。

（4）验资。股东可以用货币出资，也可以用实物、工业产权、非专利技术、土地使用权作价出资，应向有验资资格的会计师事务所申请验资并出具证明（验资报告）。

① 以货币出资的，凭《企业名称预先核准通知书》和任意两个股东的私章到银行开立临时户，将货币出资足额存进银行后，向开立临时户的银行申请临时户对账单并向银行相关业务部门申请出具一份资信证明；将资信证明交与会计师事务所。

② 以其他方式出资的，向资产评估事务所申请评估出资的价值，取得评估报告后交与会计师事务所并依法办理其财产权的转移手续。

（5）公司备齐文件后，由全体股东指定的代表或者共同委托的代理人向登记机关申请公司设立登记，材料齐全、符合法定形式的，登记机关当场做出登记决定并在 10 个工作日内核发营业执照或其他登记证明。不能当场告知申请人材料是否齐全、是否符合法定形式的，5 日内做出审查决定。登记机关受理后发给《企业登记受理通知书》。

（6）缴纳登记费，领取营业执照。按《企业登记受理通知书》指定日期缴纳登记费并领取营业执照。公司设立登记收取登记费的标准为：注册资金总额在 1000 万元以下（含 1000 万元）的，按注册资本的 0.8‰收取；注册资本超过 1000 万元的，超过部分按 0.4‰收取；注册资本超过 1 亿元的，超过部分不再收取。执照副本收取工本费 10 元。

（7）凭工商营业执照向公安局申请刻制公章、财务章、合同章等并提取印模到原公司登记的机关备案。

（二）法人代码证登记

凭营业执照到质量技术监督局办理法人代码证，也叫组织机构代码证。办理此证需要半个月，质量技术监督局会首先发一个预先受理代码证明文件，凭这个文件就可以办理后面的税务登记证、银行基本户开户手续。

办理法人代码证应提交下列文件。

（1）已经填好的申办表（加盖公章）。

（2）工商营业执照正本原件及复印件一份。

（3）法人单位提交法定代表人身份证原件及复印件；非法人单位提交负责人身份证原件及复印件（营业执照上列明的负责人）。

（三）开立银行基本户

凭公章、财务章、法人代表私章、工商营业执照、法人代码证（预先受理代码证明文件）前往开立临时户的银行将临时户转为基本户并取得银行基本户证明，也可到另一银行开立基本户。

（四）办理税务登记

凡从事生产、经营，实行独立经济核算并经工商行政管理机关批准，领取营业执照的一切单位和个人，均须办理税务登记。

税务登记是税务机关对纳税人的开业、变动、歇业及生产经营范围变动实行法定登记的一项管理制度。从事生产、经营的纳税人自领取营业执照之日起30日内，持有关证件向税务机关申报办理税务登记。新办企业申办税务登记时，应凭营业执照前往市技术监督部门申领组织机构代码，这是办税的必备材料。

办理税务登记的具体步骤如下。

（1）纳税人必须在规定的时间内持营业执照（正本）向税务局提出办理税务登记申请，领取《税务登记表》。

（2）纳税人按要求如实填写《税务登记表》并写明本单位或个人所在地位置，加盖印章后连同有关证件、资料报送税务局。

报送税务登记表申请办理税务登记时应根据不同情况携带证件资料，主要包括以下内容。

① 营业执照（正本）原件、复印件。

② 有关合同、章程、协议书复印件。

③ 银行基本存款账户开户卡复印件。

④ 法人代表或业主的居民身份证的原件、复印件。

⑤ 技术监督部门颁发的组织机构代码证书复印件。

⑥ 个体工商户、私营企业应提供自有房产证明或租赁房屋证明复印件。

如果在领取营业执照后超过30日才去办理税务登记，应提供由工商机关开出的"办理工商执照工本费收据"原件和复印件

（3）税务登记局通过审核资料，对符合要求的，准予登记并发给税务登记证件。

（五）用工手续

大部分创业者在事业发展中都要雇用人手，雇人、用人应该规范，应办理相应的劳动用工

手续。招用劳务工时注意所招劳务工应具备以下条件：年满十六周岁、身体健康、具有初中文化程度、现实表现好。

用工手续的办理步骤如下。

（1）向劳动部门出示营业执照正本或副本并附复印件，申请《劳务工指标登记本》并在指标有效期内招用劳务工。

（2）填写《劳务工就业证》，贴相片，单位盖章。

（3）填写《暂住人口登记表》（一式三份）。

（4）填写《办理劳务工手续统计表》。

（5）缴纳暂住人口管理费，凭《劳务工指标登记本》开具缴费通知书，到财政、银行设点处缴费。收费标准按劳务工人数和上岗时间计算。目前，大多数地区已经取消暂住证制度，因此该项收费规定各地不一，许多地区已经不再要求缴纳暂住人口管理费。

本章小结

我国企业存在三种基本的法律形式：个人独资企业、合伙企业、公司（有限责任公司和股份有限公司）。根据我国相关法律的规定，创业者可以选择个人独资企业、合伙企业、有限责任公司和股份有限公司等企业形式。

企业要获得合法的营业资格需要经过工商注册登记、法人代码证登记、开立银行基本户、办理税务登记和用工手续这五个程序，而工商注册登记又包括了名称预先核准、召开股东大会、验资、刻制印章等步骤。

思考与讨论

1. 你在创业时会选择何种企业法律形式？为什么？
2. 什么是注册资本？注册资本有什么用途？
3. 创办一个有限责任公司需要做哪些准备工作？
4. 简述办理企业注册登记的步骤。
5. 简述公司章程的重要性。

实训

1. 模拟成立一有限责任公司，3～5个同学为一组并分别担任拟成立公司的股东，共同讨论并制定公司章程。
2. 同学分组担任不同的角色，如工商局、税局、银行、会计师事务所、创业者等，模拟企业注册登记过程。
3. 登录工商行政管理局网站，查找你想开办的企业是否需要办理前置审批，如果需要，查找要办理哪些相关的前置审批。

第十一章

创业营销管理

知识目标

☆ 掌握创业营销管理的概念

☆ 了解创业目标市场营销策略

能力目标

☆ 掌握创业不同阶段的营销和营销管理的重点及方法

引导案例

根据中国人民大学国家发展与战略研究院发布的《灵工时代：抖音平台促进就业研究报告》，短视频、直播带货已成为新经济形态。从经济学角度看，基于增长效应、创新效应、赋能效应、渗透效应，直播会成为未来零售行业甚至包括生产行业的标配，会让传统产业与新兴产业形成相互嵌入、互动发展的良好生态。

2019年年初，生于1998年的安壮用短视频记录下爷爷和奶奶的爱情故事，逐渐成为拥有百万粉丝的创作者，实现从家长口中的"反面教材"到"别人家的孩子"，从没有存在感的"学渣"到经济独立的创业青年的转变。本科毕业的他和女朋友一起运营抖音账号，全职做创作者，依靠广告、带货等方式获得的收入已远超上班族。

在互联网快速发展、"一切皆有可能"的时代，安壮并非个例。"新小晴"所在的服装企业有600多人，与他们关联的十几家小型服装工厂也有2000多名工人。新冠肺炎疫情到来时，他们开始尝试在抖音直播带货。在一场直播中，销售额达122万元，比日常高出10倍，不仅让工厂的2000多名员工免于失业，还因为不断增长的业务量而增加用人需求。

不仅普通人寻求线上发展，疫情防控期间，企业大咖、网络红人、流量明星也纷纷涉足线上。董明珠、丁磊、刘永好等企业大咖纷纷上阵，一些大牌商业品牌、老字号、时尚品牌纷纷开通在线直播。商务部大数据监测显示，2020年一季度电商直播超过400万场，100多位县长、市长走进直播间为当地产品"代言"。

数据显示，2020年上半年，直播经济极大地激发了消费潜力，激活消费市场，助推消费升级。1～6月，直播经济规模达 5630 亿元，直播刺激的消费规模达 2833 亿元。

资料来源：2020 年上半年直播经济规模达 5630 亿，短视频、直播带货已成新经济形态 [EB/OL].（2020-09-11）[2022-04-11]. https://36kr.com/p/877176370447364.

【思考】

网络直播营销方式的优势与缺陷。

第一节　创业营销管理的概念

对于创业者而言，如何发现市场需求、精准对接需求、深度挖掘客户需求是影响创业成功最重要的因素。创业者应通过创业调研发现市场需求，了解市场需求被满足的程度以及创业领域的市场竞争状态，明确创业企业的愿景、定位、商业模式等，辅以有效的营销行为，可以帮助创业企业快速占领市场、获得收入，推动企业健康成长。

一、创业营销管理的含义

杰罗姆·麦卡锡（E. Jerome McCarthy）在《基础营销学》中指出，营销是某一组织为满足顾客而从事的一系列活动。创业营销就是不同层次、投入体量的创业企业在不同的创业阶段为满足客户需求而实施的一系列活动。创业营销管理就是对创业营销对象、方式、行为等的管理活动。因此，本章所述之创业营销管理包括创业营销及对创业营销相关要素和行为的管理两个部分的内容。

二、创业营销及其管理的重要性

（一）创业营销的重要性

1. 创业营销是企业发展的动力源泉

创业营销一方面可以保证企业的持续经营，另一方面可以通过营销获取市场反馈，从而帮助企业不断调整战略决策、营销观念、产品研发方向等，同时还可以指引企业创造竞争优势，为企业成长提供支撑。

2. 创业营销是企业品牌建设的抓手

创业营销是企业及其品牌建设的重要抓手。消费者通过营销与企业的产品或服务产生交集，也通过营销对企业及其产品或服务产生第一印象，因此创业营销是企业持续经营、创新发展的第一步，具有至关重要的作用。有效的营销不仅会带来生意、利润，也会带来社会对企业的认可、喜爱和追捧，消费者发自内心地喜欢一个企业及其产品或服务会在无形中提升企业的品牌影响力、市场竞争力。

3. 创业营销助力企业人才梯队的建设

创业营销不一定是纯粹的对企业的品牌、产品、服务的营销，企业文化、企业愿景也是重要的营销对象。一个有着为国为民服务的伟大使命和愿景的企业会吸引更多有志向、有定力、有毅力的人才，这些人乐于为企业的发展奉献自己的青春和才华。例如，阿里巴巴集团以"让天下没有难做的生意"为使命；华为公司的愿景与使命是"构建万物互联的智能世界"；比亚迪的使命和愿景是"用技术创新满足人们对美好生活的向往";大疆公司以"做空间智能时代的开拓者,让科技之美超越想象"为使命。

(二)创业营销管理的重要性

1. 创业营销管理可提高营销活动的产出效益

营销部门既是一个赚钱的部门,也是一个花钱的部门。营销的目的是销售产品、获取利润和市场以及构建企业与客户的联系。在创业营销行为的实施前、实施中、实施后进行全要素、全流程的管理,有利于提高营销活动的产出效益。

2. 创业营销管理可提升风险防控能力

创业营销既是一项计划性经营活动,也是一项应激性经营活动,因此具有不确定性。成功的创业营销可以帮助企业快速占领市场,产生巨大的经济和品牌效益;失败的创业营销可能让一家创业企业退出市场甚至瞬间消亡。因此,创业者可对创业营销活动进行管理,如对创业营销团队、平台、方法、途径的选择和管理,对营销投入的控制,及时掌握营销投入产出比等,以提升对创业营销活动的风险防控能力。

3. 创业营销管理可提升企业的品牌延续力

规范的管理并不影响创业营销的创新性,通过规范创业营销行为、营销者、营销反馈信息等,创业企业反而可以获得更加全面的信息、数据、收益。同时,通过规范的管理,企业可以加深、加强消费者、市场、社会对企业品牌的认知和信任度,从而大大提升品牌、产品、服务的延续性。

 **案例 11-1**

"智商税"重灾区:"网红款"

电商平台的产品多如牛毛,消费者乐于靠网友测评和买家秀甄别产品的好坏,久而久之,便出现了所谓的"网红款"。抖音、微博、快手、B 站和小红书等年轻人聚集的社交平台上,每天都会产生新的"网红款"。可是,随着商家、品牌方的使用过度,网友越来越不想再为"网红款"买单,在知乎,"'网红'是否成为贬义词"甚至成为热门话题。这些打着"提升生活品质"名号的"网红款"成了消费主义时代下的"智商税"重灾区:本来是为了偷懒才买扫地机器人,结果发现很多小地方它都去不了,每次开机都要把家里的地面清空,反而多干了不少活,久而久之就不想用了;看了演示视频而买回来的卷发棒因为"耐心夹烫半小时,恢复只需五分钟"而宣告"吃灰"……久而久之,"网红款"开始被人敬而远之。据谷雨数据调查显示,有73%的人认为"网红款"是减分项,在他们眼中,一个产品的"风"吹得这么大必然有猫儿腻。

"网红款"是怎么被玩坏的?互联网快车带来的福利让所有人都想从中捞一把,一来二去,无论是产品还是营销套路都趋于同质化。例如,一些本来平庸至极的商品,经过商家的一番剪辑操作,就成了"一抹焕新""方便快捷""提升幸福感"的好物。为了一探究竟,很多博主开始做"扒皮测评",这些看似好用又便宜的东西在一个个"扒皮"博主的测试下原形毕露,买的人多了,"网红"产品背后的真实情况自然就被人爆出来了。当大家都开始诉说"不好用"的时候,"网红款"也被扣上了"言过其实"的帽子。现在,一些已经做出名气的品牌已经不敢再说自己是"网红款"了。

"网红"本来是一个中性词语，但现在近乎成了让消费者丧失独立思考能力的贬义词。

资料来源：大线索. "网红款""抖音同款"，这些营销套路已成智商税重灾区 [EB/OL].（2020-09-11）[2022-04-11]. https://zhuanlan.zhihu.com/p/329260507.

【思考】

为什么会出现案例中的现象？

三、创业营销管理的方式和原则

（一）创业营销的方式

1. 精准营销

精准营销就是充分满足目标客户群体的需求，实现与目标客户需求的精准匹配。实现精准营销可以最大程度地提升获客的投入产出比。

2. 撒网式营销

撒网式营销是指通过大范围的营销投放获取客户信息或客户需求，将商品或服务匹配给消费者的营销行为。撒网式营销至少包括以下两种情况：一是单向撒网营销。典型的单向撒网营销行为有派发传单、投放广告等。在这种营销方式下，最后的需求主动权在消费者手上，企业只能通过宣传内容影响客户的购买行为，在这个过程中，消费者的购买决策会受到很多因素的影响，成交率通常较低，但如果数据量足够，也会产生一定的收入。二是双向撒网式营销，如销售员扫楼、在大街上用低成本的纸巾饮料等获取客户信息、与其他产品形成合力营销等。

（二）创业营销管理的原则

1. 效益性原则

营销的目的是产生收入、占领市场、打造品牌、获得最大利润，针对不同类型的产品和服务，企业应当采取不同的创业营销模式，提升营销行为的效益性。以外卖式快餐为例，外卖式快餐的服务范围是有限的，一般为 5 千米以内，因此进行外卖式快餐的创业营销一是要确定合适的营销载体，如美团、饿了么等平台；二是送餐时附上可以吸引消费者加入社群的小卡片，以获取稳定的客源；三是保证性价比，在控制备料成本的情况下通过开发不同的新品或者进行创新组合，保持消费者的新鲜感和黏性。

2. 安全性原则

一方面，在创业初期，创业者必须合理分配资金，不能一味地加大市场营销行为的力度，应确保企业的营销资金处于安全的状态；另一方面，在实施创业营销行为时，应注意营销方式，不可出现违法违规行为，否则会导致企业出师不利或在消费者心目中留下恶劣的印象。当然，有时候逆向营销手段也可以出其不意地获得消费者的青睐。归根到底，所有创业营销行为都必须考虑安全性。

3. 科学性原则

创业营销是一项科学、严谨、系统的工作，与社会学、心理学、营销学等学科息息相关，它也是对人们的心理活动、社会行为的研究。企业可通过研究发现影响消费者购买决策、购买行为规律的企业经营手段，从科学的角度开展各项创业营销工作，使收益最大化。

第二节　创业营销的类型和载体

一、创业营销的类型

（一）常规创业营销

主要通过专业网站、新闻媒体、名人代言等方式开展创业营销。常规手段虽然传统，但是确是目前最常用的方式。我们在大街小巷行走，都会经常性地看到相关的广告牌、收到传单、看到名人的商品和服务推荐，也会找各个技术性专业论坛获取信息，如男性购买电子产品、汽车等，基本上都会去专业网站进行横向纵向对比，最后才做出购买决策。

（二）品牌创业营销

品牌创业营销，也就是创业者一开始并不是以销售某种产品或者服务为营销的目的，而是通过沙龙、技术交流共同打造基于技术和用户需求的免费服务，以此作为营销的手段。比如小米公司的创业初期就是采取品牌营销的方式。2010 年，谷歌公司的安卓系统 2.0 才发布没多久，小米公司成立，小米公司成立初期，并没有立刻销售手机产品，而是通过论坛获取消费者中的发烧友对手机需求的各种信息，并以安卓系统作为底层开发米柚手机操作系统，供手机爱好者刷机，吸引了大量的用户。一直到一年多以后，小米手机才第一次发布，后来吸引了越来越多的发烧友（即小米的忠实粉丝）的关注，发烧友可以通过网络对小米手机的设计配置进行投票或提出改进建议，所以当时小米就提出了"为发烧而生"的口号。小米在很长的时间内，都把市场主流配置的手机价格定在 1999 元，形成了小米公司的市场品牌印象。

（三）事件创业营销

事件创业营销是创业营销者通过策划、组织和利用具有新闻价值、社会影响以及名人效应的人物或事件，吸引媒体、社会团体和消费者的关注，以求提高企业或产品的知名度、美誉度，树立良好品牌形象，并最终促成产品或服务销售的手段和方式。简单地说，事件营销就是通过把握新闻的规律，制造具有新闻价值的事件，并通过具体的操作，让这一新闻事件得以传播，从而达到广告及宣传的效果。比如春晚或者连续剧里面某某同款；新冠肺炎疫情带来的大量新生商品和服务；2022 年北京冬季奥运会的吉祥物"冰墩墩"；某些领袖或者名人吃过的美食等，都是利用事件开展的营销方式。

（四）热点创业营销

热点创业营销是指创业营销者在真实和不损害公众利益的前提下，利用组织整合本身的资源，有计划地策划、组织、举行和利用具有新闻价值的活动，通过制造具有"热点新闻效应"的事件，吸引媒体和社会公众的兴趣和注意，凭借媒体和舆论的力量达到提高社会知名度，塑造企业良好形象和最终促进产品或服务销售的手段和方式。热点创业营销具有突发性、不可控性、短期性等特点，因此，对创业营销者而言，需要在短期内确定营销方案，存在一定的风险和不可控性。并且，并不是所有热点都可以蹭，一不小心就会满盘皆输。

（五）反向（逆向）创业营销

反向营销有两种完全不同的定义，一是营销策略上的反向营销，即采取不同于常规企业的营销策略，达到"反弹琵琶"的效果；二是市场链条上的反向营销，即相对于产品销售客户的开发，对供应商进行开发。在此我们重点解释第一种。营销策略上的反向营销，包括反市场细分策略、反定价策略、反季节营销策略、反豪华包装策略、反正面形象策略、反科技策略、逆向思维策略等。比如小米公司的手机在创业初期其实就是反定价策略，1999元的价格在当时是完全满足客户甚至是客户难以置信的价格；而维也纳酒店则是反豪华包装策略，维也纳酒店集团以"五星体验，二星消费"为核心定位，将高雅体验和平民价格完美融合，赢得消费者的青睐。

二、创业营销的载体

（一）纸媒

纸媒主要包括报纸、专业刊物、小广告、KT板、彩页等载体。随着互联网的兴起，原来作为主要营销载体的纸媒逐渐被以互联网技术为代表的新技术所取代，人们可以在小区、写字楼、大厦等各种场合以及吃饭、等车、学习、工作等各种场景看到各类以显示器展示的营销广告。纸媒的优点是实体感强；缺点是更新慢、无法产生即时的互动、无法主动与潜在消费者建立联系。

（二）社区

社区是若干社会群体或社会组织聚集在某一个领域所形成的一个生活上相互关联的大集体，是社会有机体最基本的内容和宏观社会的缩影，是具有某种互动关系、共同文化维系力的，在一定领域内相互关联的人群形成的共同体及其活动区域。社区的特点是有一定的地理区域、一定数量的人口、居民之间有共同的意识和利益、具有较密切的社会交往。社区作为营销的载体，已经成为衣食住行、教育、托管等的主要营销场所。社区作为创业营销的主要载体，具有联系密切、需求明确、营销投入成本较低等优点；缺点是会产生羊群效应，也就是说创业者必须确保自己的产品或服务是符合消费者期望的，一旦出现负面影响，则有可能造成创业营销的失败且很难再次进入该社区。

（三）社群（微信群等）

社群是一种社会学概念，广义而言是指在某些边界线、地区或领域内发生作用的一切社会关系。它可以是实际的地理区域或在某区域内发生的社会关系，也可以是较抽象的、思想上的关系。根据上述定义的角度，广场舞舞者是一个社群，公园相亲角的人群是一个社群，某个领域的行业协会也是一个社群。社群营销是通过信息化即时通信技术让产品及服务快速触达社群中的消费者并即时获得消费者反馈的一种营销形式。从腾讯QQ到现在的微信，大量的产品和服务通过社群营销达成匹配，社群已经形成一个固定的、各类需求较大的消费者平台。社群作为载体有着快速传达营销信息、快速匹配消费需求、快速获得用户反馈的特点，同时企业可以控制社群内的客户舆论，将不利于后续产品或服务推广及销售的消费者移出社群，减少负面影响。

（四）体育赛事

目前，体育赛事已经成为重要的营销载体。针对体育赛事的营销一般比较精准，喜欢某类体育运动的消费者会去观看相关比赛，由此会产生门票、餐饮、住宿、关联物的购买需求。

（五）电影电视

电影和电视剧也是重要的营销载体。既可以使用投资拍摄、演员服装及道具、影视场景广告植入等直接投入的方法，也可以借助影视热点炒作等方式进行营销。

（六）娱乐节目

娱乐节目载体就是企业通过有高收视率的娱乐节目精准推送产品或服务，与该节目的观众产生交集，促使其产生购买欲望。把娱乐节目作为创业营销的载体，企业需要明确所选娱乐节目的受众群体与自身品牌、产品及服务是否契合。

（七）互联网直播

互联网直播是企业借助互联网技术及平台，以高互动的视频形式获取粉丝的关注，再进行推广和销售的一种营销活动。2015年，YY语音聊天软件开始网络直播，当时主要是游戏方面的直播，后来有了映客、快手、花椒、斗鱼，再到京东、淘宝、拼多多、抖音、快手、腾讯、新浪等平台的加入，无数直播平台如雨后春笋。各类创业者、创业企业可利用互联网直观、快速、表现形式好、内容丰富、交互性强、地域不受限制、受众可划分等特点，加强营销力度。

2020年，突如其来的新冠肺炎疫情促使各行各业一股脑儿地涌入线上，直播电商成为"救命的稻草"，短视频、直播带货成为一种新的经济形态。

三、创业营销与成熟型营销的区别

（一）时效性

创业营销更加注重营销行为的获利及市场对自我品牌、产品及服务认知的时效性，而成熟型营销更看重品牌建设的长远规划，注重对市场、消费者的培育，对时效性的要求没有创业营销高。

（二）目标性

创业初期的营销目标应更加切合快速获得生存能力的目标策略，因此创业营销主要是选择中、短期目标策略，通常采用新兴技术和手段，以及新的营销方式，比如社区营销、病毒传播营销、地推营销、草根群体营销等。成熟型营销由于企业已经有一定的客户群体及品牌影响力，以及足够的资金预算和专业的团队，因此可更加灵活地选择营销目标策略。

第三节　创业营销的目标市场战略

营销大师菲利普·科特勒认为，当代营销战略的核心是目标市场营销，又称STP营销，S即segmenting，指市场细分；T即targeting，指选择目标市场；P即positioning，指定位。

一、市场细分

（一）市场细分的内涵

1. 市场细分的概念

市场细分（market segmentation）是美国市场学家温德尔·史密斯（Wendell R.Smith）于20世纪50年代中期提出的，是指营销者通过市场调研，依据消费者在需要、欲望、购买行为和购买习惯等方面的差异，把某一产品的市场整体划分为若干消费者群的市场分类过程。每一个消费者群都是一个细分市场，每一个细分市场都是由具有类似需求倾向的消费者构成的群体。

2. 市场细分的基础

（1）消费者需求的差异性。不同消费者的需求是不一样的，可以分为"同质性需求"市场和"异质性需求"两大类。同质性需求是指不同消费者需求的差异性很小，甚至可以忽略不计，因此没有必要进行市场细分。异质性需求是指因所处的地理位置、社会环境不同，消费者的购买心理和购买动机不同，造成价格、质量、款式上的需求差异性。这种需求差异性就是企业进行市场细分的基础。

（2）消费者需求的相似性。在同一地理位置、社会环境和文化背景下的人们会形成有相对类似的人生观、价值观的亚文化群，他们的需求特点和消费习惯大致相同。正是因为消费需求在某些方面的相对同质，市场上有绝对差异的消费者才能按一定标准聚合成不同的群体。消费者的需求的绝对差异造成了市场细分的必要性,消费需求的相对同质性则使市场细分有了实现的可能性。

（3）企业资源的有限性。现代企业由于受到自身实力的限制，不可能向市场提供能够满足一切需求的产品和服务。为了有效地竞争，企业必须进行市场细分，选择最有利可图的目标细分市场，集中企业的资源，制定有效的竞争策略，以取得和增加竞争优势。

3. 市场细分形式的分类

市场细分可以根据需求群体的单个或者若干个共同特征进行分类,从而实现精准的需求匹配。可以按照受众者属性特性、受众者个性特性、受众者所在地地理特性、受众者群体行为、受众者爱好特性等要素进行细分。如消费者市场，细分变量归纳起来主要有地理环境、人口统计、消费心理、消费行为、消费受益，因此就有了地理细分、人口细分、心理细分、行为细分、受益细分这五种市场细分的基本形式。

（1）地理细分。地理细分是按地理特征细分市场，细分因素包括地形、气候、交通、城乡、行政区等，即按照消费者所处的地理位置、自然环境细分市场。例如，根据国家、地区、城市规模、气候、人口密度、地形地貌等方面的差异将整体市场分为不同的小市场。地理特征之所以可作为市场细分的依据，是因为处在不同地理环境下的消费者对于同一类产品往往有不同的需求与偏好，因此对企业采取的营销策略与措施会有不同的反应。

（2）人口细分。人口细分是按人口特征细分市场，即按人口统计变量，如年龄、性别、家庭规模、家庭生命周期、收入、职业、教育程度、宗教、种族、国籍等细分市场。

（3）心理细分。心理细分即按购买者的社会阶层、生活方式、个性特点等因素细分市场。

（4）行为细分。行为细分即根据对消费者行为的评估进行市场细分，即根据购买者对产品的了解程度、态度、使用情况及反应等将他们划分成不同的群体。很多人认为，行为变数能更直接地反映消费者的需求差异，因而成为市场细分的最佳标准。

（5）社会文化细分。社会文化细分是按社会文化特征细分市场，如民族、宗教。

（6）使用者行为细分。使用者行为细分是按个人特征，如职业、文化程度、家庭、个性等细分市场。

4. 市场细分的意义

（1）有利于选择目标市场和制定市场营销策略。市场细分后的子市场比较具体，比较容易了解消费者的需求，企业可以根据自身的经营思想、方针、生产技术和营销力量，确定自己的服务对象，即目标市场。针对较小的目标市场，企业可制定匹配的营销策略。同时，在细分市场上，信息容易了解和反馈，一旦消费者需求发生变化，企业可迅速改变营销策略，以适应市场需求的变化，提高企业的应变能力和竞争力。

（2）有利于发掘市场机会、开拓新市场。通过市场细分，企业可以对每一个细分市场的购买潜力、满足程度、竞争情况等进行分析、对比，探索有利于本企业的市场机会，使企业及时做出投产、移地销售决策或根据本企业的生产技术条件制定新产品开拓计划，进行必要的产品技术储备，掌握产品更新换代的主动权，开拓新市场，以更好地适应市场的需要。

（3）有利于集中人力、物力。任何一个企业的人力、物力、资金都是有限的，通过细分市场，企业可选择适合自己的目标市场，从而可以集中人力、物力、资金等资源争取局部市场上的优势，然后占领自己的目标市场。

（4）有利于企业提高经济效益。通过市场细分，企业可以针对自己的目标市场生产适销对路的产品，既能满足市场需求，又可增加企业的收入；产品适销对路可以加速商品的流转，加大生产批量，降低企业的生产销售成本，提高生产工人的劳动熟练程度，提高产品质量，全面提高企业的经济效益。

（二）市场细分的步骤

1. 选定市场范围

（1）选定产品的市场需求范围。确定经营范围也就是确定产品的市场范围，即潜在的顾客群体，产品的市场范围应由市场需求决定，且产品市场范围应尽可能全面。

（2）确定市场细分变量。首先，列举潜在顾客的基本需求，如通过"头脑风暴法"从地理、人口、行为和心理等方面的变量入手，推测潜在顾客有哪些基本的需求（包括刚开始出现或将要出现的消费需求，这里把行为也作为需求来分析）。其次，对潜在顾客的需求进行总结、分类；按照不同变量对顾客进行分类；设计调查问卷；进行市场调查；对问卷进行统计、分析。

（3）抽掉潜在顾客的共同要求。

2. 形成细分市场

（1）根据差异性需求细分市场。找到差异性需求之后，把差异性需求相对应的顾客细分变量和利益细分变量作为市场细分变量。确定了所有的细分变量以后，选择合适的细分方法，将市场划分为不同的群体或子市场并结合各分市场的顾客特点赋予每一子市场一定的名称，在分析中形成一个简明的、容易识别和表述的概念。

（2）深入认识细分市场的特点。运用调查数据或者经验判断，重新根据对顾客购买行为影响程度的大小对变量进行降序排列，从而找出最合适的变量。

3. 放弃较小的或无利可图的细分市场

排除重复细分市场，首先弄清非重复细分市场的属性：所提供产品或服务的用途不相同；产品和服务在每一个细分市场中的比重及一切相对价值应各不相同；所提供的产品或服务不会取得相同的利益。

4. 合并较小且与其他需求相似的细分市场

拆分内部需求差异较大的细分市场，应注意在能取得经济效益的细分市场中，拥有顾客数量的底线是什么，企业能够控制的细分市场数量是多少，其限度主要由企业自身的综合实力强弱来决定。

5. 初评细分市场规模

初评细分市场规模可采取以下两种方法。

（1）分析预测法。

① 确定产品的潜在购买者和使用者，即有需求、有使用产品的必要资源和有支付能力的顾客，或可运用反向提问法：谁是不合格的潜在顾客？可运用调查数据、商业数据进行推测。

② 估算第一步界定的每个潜在购买群体中有多少人，即潜在顾客数量。

③ 估计购买率或使用率，即现在使用频率。据经调查或其他研究所获得的平均购买率来确定，或据假设前提潜在使用频率等于重度使用者的使用频率来确定。市场潜力就等于步骤②和③的乘积，即潜在顾客数量乘潜在使用频率。企业需要预测不同城市、地区的市场潜量。

（2）市场因素组合法。要求辨别每一个市场的所有潜在购买者并对影响他们购买行为的潜在要素进行组合分析应用，以实现企业的产品及服务与需求方的精准匹配。主要因素包括但不限于产品、渠道、价格、营销、供需等。

6. 预测细分市场的未来需求

首先要进行环境预测，预测内容主要包括通货膨胀情况、失业率、利率、消费者开支和储蓄企业投资、政府支出与输出以及与本公司有关的其他重要环境因素和事件；其次，依照预测结果进行行业预测。最后，对照行业预测的销售额，进行公司销售额预测。

二、创业目标市场选择

目标市场选择是指企业通过评估每个细分市场的吸引力，选择进入一个或多个细分市场。

（一）目标市场选择的标准

1. 有一定的规模和发展潜力

企业进入某一市场的前提是有利可图，如果市场规模狭小或者趋于萎缩状态，企业进入后难以获得发展，此时应审慎考虑，不宜轻易进入。当然，企业也不宜以市场吸引力作为唯一的选择标准，特别是应力求避免"多数谬误"，即与竞争企业采取同一思维逻辑，将规模最大、吸引力最强的市场作为目标市场。"多数谬误"的结果是造成过度竞争和社会资源的无端浪费，同时使一些本应得到满足的消费者需求被冷落和忽视。

2. 细分市场结构的吸引力

细分市场可能具备理想的规模和发展特征，然而从赢利的角度来看，它未必具有吸引力。波特认为，整个市场或其中任何一个细分市场的长期内在吸引力取决于五种力量，分别来自于同行业竞争者、潜在的新参加的竞争者、替代产品、购买者和供应商，它们分别对应着如下五种威胁。

（1）细分市场内激烈竞争造成的威胁。如果某个细分市场已经有了众多的、强大的或者竞争意识强烈的竞争者，那么该细分市场就会失去吸引力。如果该细分市场处于稳定或者衰退状态，生产能力不断大幅度扩大，固定成本过高，撤出市场的壁垒过高，竞争者投资很大，那么情况会更糟，这些情况常常会导致价格战、广告争夺战，企业要参与竞争就必须付出高昂的代价。

（2）新竞争者造成的威胁。某个细分市场的吸引力随其进入、退出的难易程度而有所区别。进入细分市场的壁垒越低，先占领该细分市场的企业的报复心理越弱，这个细分市场就越缺乏吸引力。根据行业利润的观点，最有吸引力的细分市场应该是进入壁垒高、退出壁垒低的，即新的企业很难进入，但经营不善的企业可以安然退出。

（3）替代产品造成的威胁。如果某个细分市场存在替代产品或潜在替代产品，那么该细分市场对企业的吸引力较弱。替代产品会限制企业自身产品在细分市场内的价格、利润增长，因此企业应密切关注替代产品的价格变动趋势。

（4）购买者讨价还价能力增强造成的威胁。如果某个细分市场中购买者的讨价还价能力很强或正在加强，则购买者会想方设法地压低价格，对产品或服务的质量提出更高的要求，引发企业间的激烈竞争，使销售商的利润受损。如果购买者比较集中或者有组织、该产品或服务成本占较大比重、产品及服务无法实行差别化、购买者的获益较小且对价格敏感、顾客能够向后实行联合形成较大的讨价还价能力，则会影响产品和服务提供者的兴趣或者导致收益下降，甚至影响其发展。

（5）供应商讨价还价能力增强造成的威胁。如果企业的供应商（原材料和设备供应商）、公用事业、银行、公会等提价或者降低产品和服务的质量或减少供应数量，那么企业所在的细分市场就会丧失吸引力。若出现供应商集中或有组织、替代产品少、供应的产品是重要的投入要素、转换成本高、供应商可以联合产业链上游等情况，那么供应商的讨价还价能力就会增强。因此，企业与供应商建立良好的关系并开拓多种供应渠道才是防御的上策。

3. 符合企业目标和能力

某些细分市场虽然有较大的吸引力，但不能推动企业实现发展目标，甚至可能分散企业的精力，使之无法完成其主要目标，这样的市场应考虑放弃。另外，企业还应考虑自身资源条件是否适合在某一细分市场内经营。只有选择那些有条件进入、能充分发挥资源优势的市场作为目标市场，企业才会立于不败之地。

（二）目标市场选择策略

1. 无差异性策略

无差异性策略是把整个市场作为一个大的目标市场开展营销活动，强调消费者的共同需求。

采用这一策略的企业一般实力强大、采用大规模生产方式，有广泛且可靠的分销渠道和统一的广告宣传方式和内容。

2. 差异性策略

差异性策略是指把整体市场划分为若干个细分市场，并把它们作为目标市场。针对不同目标市场的特点，企业分别制订不同的营销计划，按计划生产目标市场所需要的商品，满足不同消费者的需求。

3. 集中性策略

集中性策略是选择一个或几个细分市场作为营销目标，集中企业的资源、力量开展进攻式营销，以取得市场上的优势地位。一般说来，实力有限的中小企业多采用集中性策略。

三、创业市场定位

（一）市场定位的定义

市场定位（marketing positioning）也称作"营销定位"，是市场营销工作者用以塑造产品、品牌或组织的形象或个性（identity）的营销技术。换句话说，就是企业根据消费者对竞争者产品的某种特征或属性的重视程度，为本企业产品塑造与众不同的、令人印象深刻的形象或风格并生动地传递给消费者，从而使自身产品在市场上抢占适当的位置。

市场定位的实质是使本企业与其他企业严格区分开来并使消费者明显感觉和认识到这种差别，从而在消费者心中占有特殊的位置。

（二）市场定位的步骤

市场定位的关键是打造竞争优势。这种竞争优势一般体现在两个方面：一是价格，要求企业采取一切可行方式降低单位生产成本。二是偏好，即提供可满足消费者特定偏好的产品或服务，这要求企业在产品特色上下功夫。

市场定位过程可分为以下三个步骤。

1. 识别潜在竞争优势

这一步骤的中心任务是回答以下三个问题：一是竞争对手产品的市场定位如何？二是目标市场上消费者需求的满足程度如何以及存在哪些未得到满足的需求？三是针对竞争对手产品的市场定位和潜在需求，企业能够做什么？

要回答上述三个问题，企业市场营销人员必须采取科学、合理的调研手段，系统地收集、分析有关上述问题的资料，由此就可把握和确定本企业的潜在竞争优势。

2. 核心竞争优势定位

竞争优势可反映企业战胜竞争对手的能力，核心竞争优势定位实际上就是对比本企业与竞争对手在各方面的实力的过程，对比的内容通常涉及经营管理、技术开发、采购、生产、市场营销、财务和产品等。通过对比，企业可定位最适合自身优势的项目，初步确定自身在目标市场上所处的位置。

3. 战略制定

这一步骤的主要任务是企业通过一系列的宣传促销活动，将其独特的竞争优势准确地传递给潜在消费者，给他们留下深刻的印象。

首先，企业应使目标消费者了解、知道、熟悉、认同、喜欢甚至偏爱本企业的市场定位，在消费者心目中建立与该定位一致的形象。

其次，企业应通过各种努力强化目标消费者心目中的企业形象，加深目标消费者对企业的认知。

最后，企业应针对目标消费者对企业市场定位的理解偏差进行及时纠正。

另外，在出现以下情况时，即使企业产品的市场定位是恰当的，也应考虑重新定位。

（1）竞争者所推出的新产品的定位与本企业产品相似度很高，侵占了本企业产品的部分市场，使本企业产品的市场占有率下降。

（2）消费者的需求或偏好发生了变化，使本企业产品销售量骤减。

重新定位是指企业为已在某市场上销售的产品重新确定某种形象，以改变消费者原有的认知，争取有利的市场地位。对于企业适应市场环境、调整市场营销战略来说，重新定位是必不可少的，可以视为企业的战略转移。重新定位可能导致产品的名称、价格、包装和品牌的更改，也可能导致产品用途和功能的变动，因此企业必须考虑重新定位的成本和新定位的收益。

（三）市场定位策略

1. 避强定位策略

避强定位策略是指企业为避免与强有力的竞争对手发生直接竞争而将自己的产品定位于另一市场区域内，使本企业的产品在某些特征或属性方面与强势对手有明显的差别。这种策略可使企业迅速在市场上站稳脚跟并在消费者心中留下鲜明的印象。由于这种做法风险较小、成功率较高，常为多数企业所采用。

2. 迎头定位策略

迎头定位策略是指企业根据自身实力，为占据较好的市场位置，不惜与市场上占支配地位、实力最强或较强的竞争对手在同一市场上直接竞争。由于竞争对手实力强大，双方的竞争过程往往相当引人注目，由此企业及其产品能较快地为消费者了解，达到树立产品形象的目的。由于这种策略可能引发激烈的市场竞争，具有较大的风险，因此企业必须知己知彼，正确评估市场容量和自身的资源和能力。

3. 重新定位策略

重新定位策略是指企业对销路少、市场反应差的产品进行二次定位。初次定位后，如果发生消费者需求偏好转移或新竞争者产品与本企业相近等情况，企业就需要对自身产品进行重新定位。

4. 产品差别化战略

产品差别化战略即从产品质量、产品款式等方面实现差别。寻求产品特征是产品差别化战略经常使用的手段。

5. 服务差别化战略

服务差别化战略即向目标市场提供与竞争者不同的优异服务。企业的竞争力在对顾客的服务上体现得越好，市场差别化就越容易实现。

6. 人员差别化战略

人员差别化战略即通过聘用和培训比竞争者更为优秀的人员获取差别优势。

7. 形象差异化战略

形象差异化战略即在产品的核心部分与竞争者雷同的情况下塑造不同的产品形象以获取差别优势。

第四节　创业营销管理体系

一、创业营销战略管理

营销战略应服务于企业目标战略，二者不能脱节。营销是先付出再获得的一种行为活动。

如果不考虑企业的实际情况，随意、盲目地制定不切实际的营销战略，不仅不利于创业企业的成长和发展，更有可能使创业活动夭折。

二、创业营销团队管理

人是创业企业最重要的资源，所有的战略、营销、产品、服务都依托于人而存在。对于创业企业来说，最重要的是在短期内满足生存需要，因此建立有力的创业营销团队就显得尤为重要。对于资源不充足的创业企业，创始人往往兼任营销工作，营销活动的开展范围一般较小；资源充足的创业企业应从一开始就建立较完善的营销团队。

三、创业营销行为管理

创业营销行为包括营销目标制订、营销对象分析、创新营销模式、营销载体选择、营销数据分析、营销活动复盘等。通过对创业营销行为的管理，企业可在一定程度上避免出现违法违纪行为导致的营销失败风险。

四、创业营销制度管理

要实现创业营销的目标，保障产出效益，建立一套创业营销管理制度是十分必要的，如可以制定《营销管理事务流程》《营销预算管理制度》《营销人员管理和考核制度》等。制度建立完成后，要将营销行为与制度结合起来，监测和控制流程，确保创业营销目标的达成和创业营销活动的顺利实施，对营销人员的营销行为可能产生的负面影响进行风险管控。

本章小结

创业营销就是不同层次、投入体量的创业企业在不同的创业阶段为满足客户需求而实施的一系列活动。创业营销管理就是对创业营销对象、方式、行为等的管理活动。

目标市场营销，又称 STP 营销，S 即 segmenting，指市场细分；T 即 targeting，即选择目标市场；P 即 positioning，指定位。

市场定位（marketing positioning）也称作"营销定位"，是市场营销工作者用以塑造产品、品牌或组织的形象或个性（identity）的营销技术。

思考与讨论

1. 理解创业营销的概念。
2. 请谈谈创业企业目标市场细分与定位的方法和技巧。

实训

尝试撰写一份创业企业营销方案。

创业财务管理

知识目标

☆ 理解财务管理的概念与目标

☆ 了解财务管理的内容

能力目标

☆ 掌握财务分析的内容

☆ 掌握财务分析的相关指标

引导案例

凭借在全球市场取胜的竞争模式——"人单合一双赢"模式，海尔集团成为中国管理会计的践行者和引领者。在管理会计实践中，海尔的管理会计体系创新是将传统报表转化为战略损益表、日清表、人单酬表。其中最核心的是战略损益表，它包括四个象限：第一象限是交互用户（战略），本质是员工与用户零距离，员工主动承接组织的战略和市场目标；第二象限是人力资源（创客小微），是以用户为核心的平台型组织的并联生态圈，承接网络价值引领目标；第三象限是预实零差（161日清体系），引领目标是在"零库存、零签字、零冗员"的原则下的日清到位；第四象限是闭环优化（单人酬显示平台），以网络价值引领驱动机制下的人单自推动，实现全流程用户体验最佳，与利益攸关方分享价值。

为了承接和推进整个集团管理会计体系的发展，海尔建立了从"事后算账"转变为"规划未来、引领价值、事前算赢、创新增值"的财务体系，提升了财务的价值和影响力。同时，财务组织实现了"融入财务、生态财务、共享财务"的变革。

融入财务即将整个集团从原来的一个封闭的大组织转变成一个开放的、有无数个创业的小微团队构成的单元，在每一个小微团队中都融入财务人员。

生态财务包括预算、融资、税务、内部银行、新金融、内控、新业务发展等的财务平台以及整体财务发展战略导向等。生态财务的价值是引领和增值。

共享财务即会计集中共享，统一商业语言，保持公司基因和公司效益。

要保证在生态圈内形成正循环，就需要事先、事中、事后的优化工具——绩效评价与激励。

海尔的绩效评价和激励由传统的评估转变为基于市场契约的用户直接评价以及海尔的二维点阵表体系（横轴衡量员工实现的市场成果，纵轴衡量员工创造的网络价值，指导员工在为企业创造价值的同时实现自身价值），从而使得小微团队成为价值创造的基本单元。

资料来源：物联网时代的创业之路：财务数字化赋能海尔生态转型[EB/OL].（2022-03-04）[2022-04-11]. http://www.treasurychina.com/post/11007/html.

【思考】

海尔为什么要进行财务体系创新？

第一节 财务管理概述

创业者开办企业的目的是创造更多的财富、获取更多的利润。但是有很多创业者发现，企业随着销售额的不断增加，利润却不断下降；生意非常红火，却没有钱偿还到期债务，甚至面临倒闭。究其原因，就是缺乏必要的财务管理知识。

一、财务管理的含义和目标

（一）财务管理的含义

财务管理是在企业整体目标的指导下，对资产的购置（投资）、资本的融通（筹资）、经营中现金流量（运营资金）以及利润分配的管理。财务管理是企业管理的一个组成部分，是根据法规、制度，按照财务管理的原则组织企业财务活动、处理财务关系的一项经济管理工作。

（二）财务管理的目标

1. 总体目标

（1）利润最大化。将利润最大化作为财务管理目标的企业必须注重经济核算、加强管理、改进技术、提高劳动生产率、降低产品成本，这些措施有利于企业资源的合理配置和整体经济效益的提高。但是，片面地追求短期效益很可能埋下更大的风险隐患。

（2）股东财富最大化。在上市企业，股东财富是由其所拥有的股票数量和股票市场价格决定的。相较于利润最大化目标，股东财富最大化的主要优点是考虑了风险因素，因为股价对风险比较敏感，可在一定程度避免企业的短期行为，同时股东财富最大化目标比较容易量化，便于考核和奖惩。股东财富最大化仅适用于上市企业，非上市企业无法随时、准确地获得股价信息；同时，股价受多种因素影响，不能完全准确地反映企业的财务管理状况；股东财富最大化更多地强调股东利益，忽略了其他利益相关者。

（3）企业价值最大化。企业价值可以理解为企业所有者权益和债权人权益的市场价值或者企业所能创造的预计未来现金流量的现值。未来现金流量包括资金的时间价值和风险价值这两个方面的因素。因为未来现金流量的预测涉及不确定性因素和风险因素，而现金流量的现值是以资金的时间价值为基础对现金流量进行折现计算得出的。

企业价值最大化作为财务管理的目标具有以下优点：考虑了货币时间价值因素和风险问题；将企业长期、稳定的发展和持续获利能力放在首位，避免企业的短期行为，因为企业价值最大化不仅注重企业现在的利润，更关注企业未来发展对企业价值的影响。以企业价值最大化作为财务管理目标的缺点：过于理论化，不易操作；对于非上市公司来说，只有邀请专业的评估机构才能确定企业的价值，但受评估标准和评估方式的影响，很难做到客观、准确。

（4）相关利益方利益最大化。在市场经济下，股东作为企业所有者，在企业中拥有最高权力并承担最多的义务和最大的风险，但是债权人、员工、企业经营者、客户、供应商和政府也为企业承担着风险。因此，企业的相关利益者不仅包括股东，还包括债权人、企业经营者、客户、供应商、员工、政府等。以相关利益方利益最大化为目标是理性的、符合国情的选择，既充分体现了所有者的权益，又有利于利益方的权益。

2．具体目标

（1）筹资管理的目标。筹资活动是企业财务活动的基础，也是企业资金运动和从事其他财务活动的前提条件。筹资活动目标是以最少的资金成本和较小的筹资风险获得尽可能多的资金。

（2）投资管理的目标。投资过程就是使用资金的过程，包括对外投资（如购买债券、股票等）和对内投资（如购买材料、固定资产、支付工资等）。投资管理的目标是以最少的资金和最小的投资风险获取最大的投资收益。

（3）分配管理的目标。分配就是对获取的收益进行分配，包括分配股东的股利、提取公积金等。分配管理的目标是合理确定利润的留存和分配比例及分配方式，提高企业的潜在收益能力。

二、财务管理的原则

（一）系统性原则

财务管理系统是企业管理系统的一个子系统，其本身由筹资管理、投资管理、分配管理等子系统构成。财务管理应坚持系统性原则，具体要做到以下几点。

1．整体优化

只有整体最优的系统才是最优系统。财务管理必须从企业整体战略出发，财务管理各子系统必须围绕企业整体财务目标开展管理工作，不能"各自为政"；实行分权管理的企业，各部门的利益应服从企业的整体利益。

2．结构优化

在企业资金配置方面，应注意结构、比例的优化，如进行资金结构、资产结构、分配结构（比例）的优化，从而保证整体优化。

3．增强环境适应能力

财务管理系统处于市场环境中，要时刻关注市场环境的变化，保持适当弹性，以便能及时提出应对措施。例如，当宏观经济环境发生变化，国家开始收缩银根，提高存贷款利率时，企业获取信贷资金的成本和难度就会增大，此时，企业就应该适当缩减投资、增加流动资金，以防止出现资金链断裂的风险。

（二）收支平衡原则

量入为出、收支平衡是对企业财务管理的基本要求。资金不足会影响企业的正常生产经营，使企业错失良机甚至面临破产；资金过多会造成闲置和浪费，给企业带来不必要的损失。收支平衡原则要求企业一方面积极组织收入，确保满足生产经营和对内、对外投资对资金的正常、合理需要，另一方面要节约成本、压缩不合理开支，避免盲目决策。要使企业资金收支平衡，在企业内部，要增收节支，缩短生产经营周期，生产适销对路的优质产品，提高销售收入，合理调度资金，提高资金利用率；在企业外部，要保持同资本市场的密切联系，加强企业的筹资能力。

（三）成本、收益、风险权衡原则

要获得收益，就要支出成本，而成本、收益、风险之间总是相互联系、相互制约的。因此，财务管理人员必须慎重权衡成本、收益和风险，具体要求如下。

1. 成本、收益的权衡

在筹资管理中，要进行筹资成本与筹资收益的权衡；在长期投资管理中，要进行投资成本与投资收益的权衡；在运营资金管理中，收益难以量化，但应追求成本最低；在分配管理中，应在分配管理成本最低的前提下，妥善处理各种财务关系。

2. 收益、风险的权衡

收益与风险的基本关系是对等的，收益高则风险高，收益低则风险低。在整个财务管理过程中，收益与风险权衡的问题无处不在。在筹资管理中，要权衡财务杠杆收益与财务风险；在投资管理中，要权衡投资收益与投资风险；在分配管理中，要权衡再投资收益与再投资风险。企业应在风险一定的情况下，使收益达到较高的水平；在收益一定的情况下，将风险维持在较低的水平。

（四）利益关系协调原则

企业是由各种利益集团组成的经济联合体，这些经济利益集团主要包括企业的所有者、经营者、债权人、债务人、国家税务机关、消费者、企业内部各部门和职工等。利益关系协调原则要求企业将按劳分配、按资分配、按知识和技能分配、按绩效分配等多种分配方式有机结合起来，切实维护各方的合法权益，协调好各利益集团间的关系。只有这样，企业才能营造一个内外和谐的发展环境，充分调动各有关利益集团的积极性，最终实现企业价值最大化的财务管理目标。

（五）货币时间价值原则

货币时间价值是指货币经过一段时间的投资和再投资所增加的价值。从经济学的角度看，即使在没有风险和通货膨胀的情况下，一定数量的货币在不同时点上也具有不同的价值。目前，货币时间价值原则在财务管理实践中得到了广泛的运用，如筹资决策中比较各种筹资方案的资本和成本，分配决策中利润分配方案的制订和股利政策的选择，营业周期管理中应付账款付款期的管理、存货周转期的管理、应收账款周转期的管理等。

三、资金时间价值

（一）资金时间价值的含义

资金时间价值是指货币经过一定时间的投资和再投资所增加的价值，也称为货币时间价值。这个概念认为，当前拥有的货币比未来收到的同样金额的货币具有更大的价值，因为当前拥有的货币可以通过投资获取利息。

（二）资金时间价值的计算

1. 单利的终值和现值

终值又称将来值，是现在一定量的现金在未来某一时点的价值，俗称本利和。现值又称本金，是指未来某一时点的一定量现金折合到现在的价值。终值与现值的计算涉及利息计算方式的选择。目前有两种利息计算方式，即单利和复利。在单利计算方式下，每期都按初始本金计算利息，当期利息不计入下期本金，计算基础不变。在复利计算方式下，以当期末本利和为基础计算下期利息，即利上加利。

（1）单利终值（即本利和）的计算。单利终值（即本利和）的计算公式为

$$S=P(1+ni)$$

式中，S——期末单利终值；P——本金；n——期数；i——年利率。

目前，我国银行接受用单利计算存款利息，但单利不能充分体现货币的时间价值，一般应用复利计算。

（2）单利现值（即期初值）的计算。单利现值的计算同单利终值的计算是互逆的，由终值计算现值称为折现。将单利终值计算公式变形，即得到单利现值的计算公式

$$P=\frac{S}{(1+ni)}$$

2. 复利的终值和现值

（1）复利终值的计算。复利终值是指一定量的本金按复利计算若干期后的本利和，计算公式为

$$S=P(1+i)^n$$

式中，S——期末复利终值；P——本金；n——期数；i——年利率。

（2）复利现值的计算。复利现值是复利终值的逆运算，它是今后某一特定时间收到或付出的一笔款项，按折现率（i）所计算的现在时点价值。计算公式为

$$P=S\times\frac{1}{(1+i)^n}$$

3. 普通年金的终值和现值

年金是指一定时期内每次等额收付的系列款项。年金的形式多种多样，如保险费、折旧、租金、等额分期收款、等额分期付款及零存整取或整存零取储蓄等都存在年金。按照每次收付发生的时点不同，年金可分为普通年金、即付年金、递延年金和永续年金等。这里只介绍普通年金的终值和现值。

普通年金是指一定时期内每期期末等额收付的系列款项，又称后付年金。

（1）普通年金终值的计算。普通年金终值犹如零存整取的本利和，是一定时期内每期期末收付款项复利终值之和，其计算公式为

$$S=A\times\frac{(1+i)^n-1}{i}$$

式中，S——普通年金终值；A——每期期末收付款额；n——期数；i——年利率。

（2）普通年金现值的计算。普通年金现值是对未来各期的等额收入或支出折现为现在的

总和，其计算公式为

$$P=A\times\frac{1-\dfrac{1}{(1+i)^n}}{i}$$

式中，P——普通年金现值。

资本回收额是指在给定的年限内等额回收或清偿初始投入的资本或所欠的债务。年资本回收额是普通年金值的逆运算，其计算公式为

$$P=A\times\frac{i}{1-\dfrac{1}{(1+i)^n}}$$

第二节 财务管理的内容

一、筹资管理

筹资管理是指企业根据自身对生产经营、对外投资和资本结构调整的需要，通过筹资渠道和资本（金）市场，运用筹资方式，经济、有效地筹集企业所需资本（金）的财务行为。

企业筹资可分为两类：一是股权筹资，即企业通过出让部分所有权吸引新的投资者进行筹资；二是负债筹资，即企业通过负债方式获取资金。

（一）股权筹资

股权筹资是指以发行股票的方式进行筹资，是企业运营活动中一个非常重要的筹资手段。股权筹资的方式包括吸收直接投资、发行股票、留存收益、引入战略投资者等。

1. 吸收直接投资

吸收直接投资是非股份制企业筹集权益资本的基本方式。吸收直接投资的出资方式比较丰富，可以以货币资产出资、以实物资产出资、以土地使用权出资和以工业产权出资，甚至还可以以劳务和信誉出资（例如普通合伙企业）。非货币资产出资需要满足三个条件：一是可以用货币估价；二是可以依法转让；三是法律不禁止。

2. 发行股票

股票是股份公司为筹集资金而发行给各个股东作为持股凭证并借以取得股息和红利的一种有价证券，代表着股东对发行公司净资产的所有权。按照不同的标准，股票可以分为不同的类别。

（1）按照股东权益划分，股票可以分为普通股和优先股。普通股是享有普通权利、承担普通义务的股份，是公司股份最基本的形式。普通股具有永久性、流通性、参与性和风险性，其中风险的表现形式有股票价格的波动性、红利的不确定性、破产清算时股东处于剩余财产分配的最后顺序等。普通股的权利包括公司管理权、收益分享权、股份转让权、优先认股权（配股）、剩余财产要求权。剩余财产要求权是指当公司解散、清算时，股东对清偿债务、清偿优先股股东以后的剩余财产的索取权利。

优先股是享有优先权的股票。公司对优先股的股利必须按约定的股利率支付，不受公司盈

利情况的影响。在清算时，优先股股东可以先于普通股股东取得公司的剩余财产。但是优先股股东不参与公司的决策和红利分配，实践中，优先股的发行量较小。

（2）按照上市区域划分，股票可以分为A股、B股、H股、S股、N股。A股也称为人民币普通股票，是由中国境内注册公司发行，在境内上市，以人民币标明面值，供境内机构、组织或个人（2013年4月1日起，港澳台居民可开立A股账户）以人民币认购和交易的普通股股票。B股也称为人民币特种股票，是指那些在中国境内注册、在中国境内上市的特种股票，以人民币标明面值，只能用外币认购和交易。H股是指在我国内地注册、在香港上市的股票。S股是指在我国内地注册，在新加坡上市的股票。N股是指在我国内地注册，在纽约上市的股票。

（3）按照股票业绩分类，股票可分垃圾股、绩优股、蓝筹股。垃圾股是指经营亏损或违规的公司的股票。绩优股指的是业绩优良且比较稳定的公司的股票，其每股收益为0.8元以上，市盈率达10~15倍。蓝筹股是指那些在其所属行业内占有重要支配性地位、业绩优良，成交活跃、红利优厚的大公司的股票。

（4）根据股票是否记载股东姓名分类，股票可以分为记名股票和无记名股票。记名股票是在股票上记载股东的姓名，转让时必须经公司办理过户手续。无记名股票是在股票上不记载股东的姓名，转让时通过交付生效。

3. 留存收益

留存收益是指企业从历年实现的利润中提取或形成的留存于企业的内部积累，包括盈余公积和未分配利润两类。盈余公积是指企业按照有关规定从净利润中提取的积累资金。公司制企业的盈余公积包括法定盈余公积和任意盈余公积。法定盈余公积是指企业按照规定的比例从净利润中提取的盈余公积。任意盈余公积是指企业按照股东会或股东大会决议提取的盈余公积。未分配利润是指企业实现的净利润经过弥补亏损、提取盈余公积和向投资者分配利润后留存在企业的，历年结存的利润。相对于所有者权益的其他部分来说，企业对于未分配利润的使用有较大的自主权。

4. 引入战略投资者

战略投资者是指符合国家法律、法规的要求，与发行人具有合作关系或合作意向，有潜力且愿意按照发行人配售要求与发行人签署战略投资配售协议的法人，是与发行公司业务联系紧密且欲长期持有发行公司股票的法人。

（二）负债筹资

负债筹资是指以已有的自有资金为基础，企业为了维系企业的正常运营、扩大经营规模、开创新事业等产生财务需求，发生现金流量不足，通过银行借款、商业信用和发行债券等形式吸收资金并运用这笔资金从事生产经营活动，使企业资产不断得到补偿、增值和更新的一种现代企业筹资方式。负债筹资的方式有银行借款、发行债券、商业信用、融资租赁等。

1. 银行借款

银行借款是企业根据借款合同向银行及非银行金融机构借入的，按规定期限还本付息的款项，是企业筹集长、短期负债资金的重要方式。

2. 发行债券

发行债券是企业为筹集资金而发行的，约定在一定期限内还本付息的一种直接融资方式。

3. 商业信用

商业信用是指在商品交易中由于延期付款或预收货款所形成的企业间的借贷关系，具体形式包括应付账款、应付票据、预收账款等。

4. 融资租赁

融资租赁是指出租人根据承租人对租赁物件的特定要求和对供货人的选择，出资向供货人购买租赁物件并租给承租人使用，承租人则分期向出租人支付租金的融资方式。在租赁期内租赁物件的所有权属于出租人，承租人拥有租赁物件的使用权。融资租赁将融资和融物相结合，是企业筹集中、长期资金的一种特殊方式。

二、投资管理

投资是指特定经济主体为了在未来可预见的时期内获得收益或使资金增值，在一定时期内向一定领域投放足够数额的资金或实物的货币等价物的经济行为。企业投资活动的结果会对企业的经济利益产生长期的影响。与日常经营活动相比，企业投资的主要特点是其属于企业战略决策，企业投资一般涉及企业未来的经营发展方向、生产能力规模等问题。

（一）投资的分类

1. 按投资与企业生产经营的关系分类

按投资与企业生产经营的关系分类，投资可分为直接投资和间接投资。直接投资是指企业把资金投放于生产经营性资产以获取利润的投资。间接投资又称证券投资，是指把资金投放于股票、债券等金融资产以获取股利或利息收入的投资。对于新创企业来说，直接投资比较常见。

2. 按投资本金回收时间的长短分类

按投资本金回收时间的长短分类，投资可以分为短期投资和长期投资。短期投资又称流动资产投资，是指能够且准备在一年内收回的投资，主要包括货币资金、应收款项、存货、短期有价证券投资等。长期投资是指一年以上才能收回的投资，主要包括对厂房、机器设备等固定资产的投资，也包括对无形资产和长期有价证券的投资。在创业初期，应把较多的资金用于短期投资，尽可能地压缩长期投资，提高资金的流动性，增强抵御资金风险的能力。

3. 按投资方向分类

按投资方向，投资可分为对内投资和对外投资。对内投资是指把资金投入企业内部，购买各种生产经营性资产的投资。对外投资是指企业以现金、实物、无形资产等方式或以购买股票、债券等有价证券的方式向其他单位进行的投资，新创企业很少涉足这类投资。

4. 按投资在生产过程中的作用分类

按投资在生产过程中的作用分类，投资可分为初始投资和后续投资。初始投资是指在建立新企业时进行的各种投资。后续投资是指为巩固和提高企业的生产能力而进行的各种投资，主要包括为维持企业简单再生产进行的更新性投资、为实现扩大再生产进行的追加性投资、为调整生产经营方向而进行的转移性投资等。忽视后续资金的准备和投入往往是导致新创企业难以为继的重要原因。

（二）投资管理的要点

企业投资管理应注意以下几个要点。

（1）认真进行市场调查，及时捕捉有利的投资机会。捕捉投资机会是新创企业进行投资活动的起点，也是制定投资决策的关键。

（2）建立科学的决策程序，针对投资项目开展可行性分析。投资项目可行性分析的主要任务是通过科学、有效的指标计算过程对项目方案的技术可行性和经济有效性进行论证，对不同方案进行比较，从中选出最优项目方案。

（3）及时、足额地筹集资金，保证项目实施过程中的资金供应充足。企业项目特别是大型项目，建设周期长、所需资金多，一旦开工就必须有足够的资金供应，否则会造成停工甚至中途下马，导致不可估量的损失。因此，企业必须事先科学地预测项目所需资金的数量和时间，以便采用合适的方法筹集资金，保证项目的顺利完成，尽快产生经济效益。

（4）平衡风险和收益，控制投资风险。高收益往往意味着高风险，收益的增加是以风险的增大为代价的，而风险的增大可能引起企业价值的降低，不利于财务目标的实现。新创企业应尽可能选择风险一定而收益最大的项目，不断增加企业的价值，实现财务管理目标。

（三）投资决策

1. 投资决策的分类

（1）按投资决策所涉及的因素是否已知和确定分类。

① 确定型投资决策。确定型投资决策是指影响投资项目价值的财务变量是已知的、确定的，能够准确地得知投资项目的价值的投资决策。例如，企业将货币资金存入银行或购买债券时能够事先确定到期收益，这种投资决策就是确定性投资决策。

② 风险型投资决策。风险型投资决策是指影响投资项目价值的财务变量不能完全确定，但能准确得知其发生的可能性即概率的投资决策。风险型投资决策的基本方法是把风险转换成价值，再按照确定型投资决策的方法进行决策，这种方法比确定型投资决策复杂得多。

③ 不确定型投资决策。不确定型投资决策是指影响投资项目价值的财务变量不仅不能完全确定，而且发生的可能性也无法估计的决策。由于决策所需的信息不充分，无法准确评估投资项目的价值，因此这种决策是企业面临的最为困难的投资决策。

对于确定型投资决策，企业一般不需要再去观察实际的投资过程。但是，对于风险型投资决策和不确定型投资决策，尤其是后者，企业应密切关注实际的投资过程，考察实际发生的财务变量与预期的情况是否一致、差异情况如何，从而不断地进行重新评估和决策，防止决策失误。

（2）按投资资产的形态分类。

① 长期资产投资决策。长期资产投资决策是指企业投资于土地、厂房、机器设备等固定资产和专利、商标等无形资产的决策。长期资产投资一般具有以下三个特点：一是投资回收的时间较长。一般情况下，固定资产和无形资产的投资数额巨大，需要较长的时间才能收回。二是变现能力差。这类资产由于用途专一、价值高，很难出售，变现能力较差，具有不可逆转性。三是占用的资金较为稳定。在规模一定时，固定资产和无形资产占用的资金逐年以折旧和摊销的形式缓慢减少，资金占用比较稳定。

② 流动资产投资决策。流动资产投资决策是指企业投资于现金、应收账款、存货等流动资产的决策。相对于长期资产投资决策，流动资产投资决策具有以下三个特点：一是投资回收的时间短。流动资产一般在一年或一个经营周期内可以收回。二是变现能力强。流动资产在短

期内可以迅速变卖，获取资金。三是占用资金波动大。流动资产占用的资金经常随销售的变化而变化，波动较大。

企业在决策时应分清投资的类型，把握各种投资决策的特点，保证决策的准确性及投资效果的最优化。

2. 制定投资决策的步骤

投资决策是财务决策的核心，应遵循以下步骤。

（1）分析投资环境。投资环境是指影响投资项目的外部环境因素。投资环境分析可以使企业了解市场的供求状况，把握行业发展变化的基本趋势和宏观经济的走向，发现各种有利的、可以进行投资的机会，为企业的投资做好充分的准备。

（2）提出投资建议和方案。企业的发展离不开投资的追加，而投资的追加可以通过不同的途径来实现。因此，决策之前应拟订各种可行方案，以供比较和选择。

（3）制定投资决策。制定投资决策的目的是选出能够给企业创造最大价值的投资方案。首先，要估算出项目的现金流；其次，要估算项目的贴现率；再次，要选择合适的项目评价指标和方法；最后，进行项目决策。

（4）重新评价、决策。经过上述步骤确定投资方案后，企业还需要在投资方案的实施过程中，根据项目现金流的实际情况，验证方案中的预期参数并对项目进行重新评价、决策，直到项目结束。重新评价、决策在实际工作中有非常重要的意义，因为实际情况可能与预期不相符，重新评价有助于弥补和修正原有决策的失误，尽可能地减少损失。

三、运营资金管理

运营资金是企业在生产经营中周转使用的资金。广义上的运营资金是指一个企业的流动资产总额。狭义的运营资金是指流动资产减去流动负债后的余额。运营资金管理是企业财务管理的重要组成部分，一个企业要维持正常运转，必须有适量的运营资金。运营资金管理既包括流动资产的管理，也包括流动负债的管理。

（一）运营资金的内容

1. 流动资产

流动资产是指企业可以在一年或者一个营业周期内变现或者运用的资产。流动资产具有占用时间短、周转快、易变现等特点，内容包括货币资金、短期投资、应收票据、应收账款和存货等。其中，货币资金包括现金、银行存款以及其他货币资金；存货是指企业在生产经营过程中为消耗或销售而储存的物资，包括原材料、低值易耗品、在产品、半成品、产成品及商品等。

2. 流动负债

流动负债是企业将在一年或一个营业周期内偿还的债务。流动负债具有成本低、偿还期短的特点，内容包括短期借款、应付账款、应付票据、应付工资、应付福利费、应交税金、应付股利、应付利息、预收账款、预提费用、其他应付款、其他应交税款等。

流动负债可分为以下两类。

（1）非自发性融资，如应付票据、应付账款、应付费用等，这些都是运营上自然产生的企业付款义务，大多数情况下，企业针对这类融资是不需要额外支付利息的，其中应付票据与账款为供应商的融通，而应付费用（如应付薪资、应付租金、应付利息）则是企业对于取得资产或享受服务而产生的未来支付义务。

（2）自发性融资，如银行借款、应付商业本票等，这些都是企业为筹措资金而主动取得的，目的是解决短期的资金需求，这类融资需要支付资金成本（利息）。

（二）运营资金管理的重要性

1. 规避风险

许多企业为了实现利润、销售更多的产品，经常采用赊销形式，片面地追求销售业绩，忽视了对应收账款的管理，造成管理效率低下。例如，对赊销的现金流动情况及信用状况缺乏控制，未能及时催收货款，造成因货款被拖欠而形成账面利润高于实际资金的现象。对此，财务部门应加强对赊销和预购业务的控制，制定相应的应收账款、预付货款控制制度，加强对应收账款的管理，及时收回应收账款，减少风险，从而提高企业资金的使用效率。

2. 增加价值

会计利润是当期收入和费用成本配比的结果。在任何收入水平下，企业都要做好对内部成本、费用的控制并做好预算、加强管理力度、减少不必要的支出，这样才能够提高利润，增加企业价值，提高企业效率。

3. 提高效率

财务管理应站在企业整体的角度构建科学的预测体系，进行科学预算，预算的内容包括销售预算、采购预算、投资预算、人工预算、费用预算等。通过预算，企业不仅可以预测风险、及时得到各种资金信息并采取措施防范风险，提高效益，还可以协调企业各部门的工作，提高内部协作的效率。另外，销售部门在销售、费用等预算的指导下，可事先对市场有一定的了解，把握市场的变化规律，减少存货的市场风险。

4. 完善制度

企业可以通过建立、完善一系列制度保证运营资金的充足。

（1）明确内部管理责任制。很多企业认为催收货款是财务部门的事，与销售部门无关，其实这是一种错误的观点。事实上，销售人员应对催收应收账款负主要责任。如果销售人员在提供赊销商品时还要承担收回应收账款的责任，那么他们就会谨慎对待每一项应收账款。

（2）建立客户信用档案。企业应在财务部门中设置风险控制员，通过风险控制员对供应商、客户的信用情况进行深入的调查并建档，进行信用等级设置，对处于不同等级的客户实行不同的信用政策，减少购货和赊销的风险。

（3）严格控制信用期。企业应规定应收账款的收款时间并将这些信用条款写进合同，以合同形式约束对方。如果未能在规定时间内收回应收账款，企业可依据合同对拖欠货款企业采取法律措施，及时收回货款。

（4）建立信用折扣。很多企业之所以不能及时归还欠款是因为他们及时归还得不到什么好处，拖欠也不会有什么影响，为了改善这种局面，企业可以采取相应的鼓励措施，对积极回款的企业给予一定的信用折扣。

（5）实施审批制度。对不同信用规模、信用对象实施不同的审批制度，一般可设置三级审批制度——由销售经理、财务经理和风险管理员、总经理审批。销售部门如采用赊销方式，应先由财务部门权衡赊销带来的经济利益及其产生的成本、风险，可行时再交总经理审核，这样可以提高决策的效率，降低企业经营的风险。

（6）加强补救措施。一旦发生货款拖欠现象，财务部门应要求销售人员加紧催收货款，同时风险管理员要降低该企业的信用等级；严重拖欠的，销售部门应责令销售人员与该企业取消购销业务。

（7）建立企业内部控制制度。企业内部控制制度主要包括存货、应收账款、现金、固定资产、管理费用等一系列控制制度。对违反控制制度的，要给予相关责任人以惩罚。

（8）严格控制开支。对各种开支采用计划成本核算，对各种容易产生浪费的开支要采取严格的控制措施。例如，很多企业的业务招待费在管理费用中占有很大的比例，导致部分招待费在计征所得税时无法全额税前扣除。对此，企业应该要求销售人员控制招待费支出并由财务部门按月销售收入核定适当的招待费标准。

四、利润分配管理

利润分配是指企业将一定时期的利润总额在国家、企业的所有者和企业之间分配。利润分配关系到国家、企业、所有者和职工各方面的合法权益，关系到企业未来的长期发展，因此必须加强利润分配的管理和核算。

（一）利润分配的原则

1. 依法分配原则

企业利润分配的对象是企业缴纳所得税后的净利润，这些利润是企业的权益，企业有权自主分配。国家有关法律、法规对企业利润分配的基本原则、一般次序和重大比例做出了较为明确的规定，其目的是保障企业利润分配的有序进行，维护企业和所有者、债权人以及职工的合法权益，促使企业增加积累、提高风险防范能力。

2. 资本保全原则

资本保全是责任有限的现代企业制度的基础性原则之一，企业在分配利润时不能侵蚀资本。利润分配是对经营中资本增值额的分配，不是对资本金的返还。按照这一原则，一般情况下，企业如果存在尚未弥补的亏损，应首先弥补亏损，再进行其他利润的分配。

3. 充分保护债权人利益原则

按照风险承担的顺序及其合同契约的规定，企业必须在分配利润之前偿清所有债权人到期的债务，否则不能进行利润分配。同时，在利润分配之后，企业还应保持一定的偿债能力，以免产生财务危机，危及企业生存。此外，企业在与债权人签订某些长期债务契约的情况下，其利润分配政策还应征得债权人的同意或审核方能执行。

4. 多方及长、短期利益兼顾原则

利益机制是制约机制的核心，而利润分配合理与否是利益机制最终能否持续发挥作用的关键。利润分配涉及投资者、经营者、职工等多方面的利益，企业必须兼顾并尽可能地保持稳定的利润分配。在积累与消费关系的处理上，企业应贯彻积累优先的原则，合理确定提取盈余公积和分配给投资者利润的比例，使利润分配真正成为促进企业发展的有效手段。

（二）企业利润分配的顺序

根据我国《公司法》等有关规定，企业当年实现的利润总额应按照以下顺序、内容和数额进行分配。

1. 弥补亏损

根据我国财税制度的规定，企业发生年度亏损的，可以用下一年度的税前利润弥补；下一年度税前利润不足以弥补的，可以逐年延续弥补，但弥补期限不得超过 5 年。税前利润未能弥补的亏损，只能用企业税后利润弥补。可用于税后弥补亏损的资金包括企业的未分配利润和盈余公积。

2. 提取盈余公积

盈余公积是从公司盈余中提取的公积金，有盈余则提取，无盈余则不提取。企业盈余公积的用途主要是弥补损失、扩大公司生产经营和转增资本。盈余公积分为法定公积金和任意公积金。法定公积金的提取比例是税后利润的 10%，当公司法定公积金达到注册资本的 50%时，可以不再提取。公司法定公积金不足以弥补以前年度亏损时，在依照规定提取法定公积金之前，应当先用当年利润弥补亏损。法定公积金转增资本时，所留存的该项公积金不得少于注册资本的 25%。任意公积金按照公司股东会或者股东大会决议，从公司税后利润中提取。

3. 向投资者分配利润

根据《公司法》的规定，公司可以将弥补损失、提取公积金后的剩余税后利润分配给股东（投资者）。其中，有限责任公司的股东根据实际缴纳的出资比例分配，全体股东约定不按出资比例分配的除外。股份有限公司按照股东持有的股份比例分配，股份有限公司公司章程规定不按持股比例分配的除外。公司股东会、股东大会或董事会违反规定，在公司弥补损失和提取法定公积金前向股东分配利润的，股东应当将违反规定分配的利润退回公司。公司持有的本公司股份不得分配利润。

（三）股利分配

1. 股利政策

股利政策是指公司股东大会或董事会对一切与股利有关的事项所采取的较具原则性的做法，是关于公司是否发放股利、发放多少股利以及何时发放股利等方面的方针和策略，所涉及的主要是公司对其收益进行分配还是留存以用于再投资的策略问题。

股利政策分为以下几种。

（1）剩余股利政策。剩余股利政策是指公司在有良好的投资机会时，根据目标（最佳）资本结构，测算出投资所需的权益资本额，先从盈余中留用，然后将剩余的盈余作为股利进行分配，即净利润首先满足公司的权益资金需求，如果还有剩余，就派发股利；如果没有，则不派发股利。

剩余股利政策适用于有良好的投资机会、资金需求比较大、能准确测定目标资本结构且投资收益率高于股票市场必要报酬率的公司，同时也要求股东对股利的依赖性不十分强烈，在股利和资本利得方面没有偏好或者偏好于资本利得。从公司的发展周期来考虑，该政策比较适合于初创和成长中的公司。对于一些处于衰退期，又需要投资进入新的行业以求生存的公司来说，剩余股利政策也是适用的。

（2）固定或稳定增长的股利政策。这是指公司将每年派发的股利额固定在某一特定水平或在此基础上维持按某一固定比率逐年稳定增长。公司只有在确信未来盈余不会发生逆转时才会宣布实施固定或稳定增长的股利政策。在这一政策下，企业应首先确定股利分配额，而且该分配额一般不随资金需求的波动而波动。

固定股利或稳定增长股利政策适用于成熟的、生产能力扩张的需求减少、盈利充分且获利能力比较稳定的公司。从公司发展的生命周期来考虑，处于稳定增长期的企业可采用稳定增长股利政策，成熟期的企业可借鉴固定股利政策。对于那些规模比较小、处于成长期、投资机会比较丰富、资金需求量相对较大的公司来说，这种股利分配政策并不适合。

（3）固定股利支付率政策。这是指公司将每年净利润的某一固定百分比作为股利分派给股东。这一百分比通常称为股利支付率，股利支付率一经确定，一般不得随意变更。在这一股利政策下，只要公司的税后利润计算确定，所派发的股利也就相应确定了。

由于公司每年面临的投资机会、筹资渠道不同，而这些都会影响公司的股利分派，所以一成不变地奉行固定股利支付率政策的公司在实践中并不多见，固定股利支付率政策只适用于处于稳定发展期且财务状况也较稳定的公司。

（4）低正常股利加额外股利政策。这是指公司事先设定一个较低的正常股利额，每年除了按正常股利额向股东发放股利，还在公司盈余较多、资金较为充裕的年度向股东发放额外股利。额外股利并不是固定的，因此该政策并不代表公司永久地提高了股利支付额。

低正常股利加额外股利政策适用于处于高速增长阶段的公司。因为处于这一阶段的企业需要迅速扩大规模，因此需要大量资金，而由于已经度过初创期，股东往往又有分配股利的要求，该政策能够很好地平衡资金需求和股利分配这两方面的要求。另外，对于那些盈利水平各年间浮动较大的公司来说，该政策无疑也是一种较为理想的支付政策。

2. 股利支付形式

（1）现金股利。现金股利是以现金支付的股利，它是最常见的股利支付方式。公司选择发放现金股利除了要有足够的留存收益，还要有足够的现金，而现金充足与否往往会成为公司发放现金股利的主要制约因素。

（2）财产股利。财产股利是以现金以外的其他资产支付的股利，主要是将公司所拥有的其他公司的有价证券（如债券、股票等）作为股利支付给股东。

（3）负债股利。负债股利是以负债方式支付的股利，通常以公司的应付票据作为股利支付给股东，有时也以发放公司债券的方式支付股利。财产股利和负债股利实际上是现金股利的替代品，但这两种股利支付形式在我国公司实务中很少使用。

（4）股票股利。股票股利是公司以增发股票的方式所支付的股利，我国实务中通常也称其为"红股"。对公司来说，发放股票股利并没有现金流出企业，也不会导致公司财产的减少，而只是将公司的未分配利润转化为股本和资本公积。但股票股利会增加流通在外的股票数量，同时降低股票的每股价值。它不改变公司股东权益总额，但会改变股东权益的构成。

第三节　财　务　分　析

一、财务分析的含义和内容

（一）财务分析的含义

财务分析是以会计核算和报表资料以及其他相关资料为依据，采用一系列专门的分析技术和方法，对企业等经济组织过去和现在的有关筹资活动、投资活动、经营活动、分配活动的盈

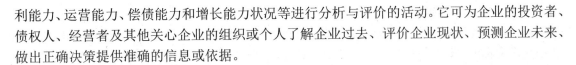

利能力、运营能力、偿债能力和增长能力状况等进行分析与评价的活动。它可为企业的投资者、债权人、经营者及其他关心企业的组织或个人了解企业过去、评价企业现状、预测企业未来、做出正确决策提供准确的信息或依据。

（二）财务分析的内容

从企业的角度看，财务分析主要包括以下四个方面的内容。

1. 偿债能力分析

偿债能力是指企业如期偿付债务的能力，它包括短期偿债能力和长期偿债能力。短期债务是企业日常经营活动中弥补运营资金不足的一个重要来源，分析短期偿债能力有助于判断企业对短期资金的运营能力以及运营资金的周转状况。通过对长期偿债能力的分析，企业不仅可以判断自身的经营状况，还可以提高融通资金的能力。同时，通过偿债能力分析，也可以看出企业偿还到期债务的承受能力和保证程度。

2. 运营能力分析

运营能力分析主要是对企业运用资产的过程进行全面分析，包括分析企业各项资产的使用效率、资金周转的快慢以及利用资产赚取利润的能力。

3. 盈利能力分析

盈利能力分析主要通过将资产、负债、所有者权益与经营成果相结合来分析企业的各项报酬率指标，从而从不同角度判断企业的获利能力。

4. 发展能力分析

企业的发展能力也称企业的成长性，它是企业通过生产经营活动不断扩大、积累而形成的发展潜能。企业能否健康发展取决于多种因素，包括外部经营环境、企业内在素质及资源条件等。

二、财务分析方法

（一）比较分析法

比较分析法是通过对比两期或连续数期财务报告中的相同指标，确定其增减变动的方向、数额和幅度，说明企业财务状况或经营成果变动趋势的一种方法。比较分析法的具体运用主要有重要财务指标的比较、会计报表的比较和会计报表项目构成的比较三种方式。

1. 重要财务指标的比较

重要财务指标的比较是指对不同的时期财务报告中的相同指标或比率进行纵向比较，直接观察其增减变动情况及变动幅度，考察其发展趋势，预测其发展前景。

（1）定基动态比率。定基动态比率是以某一时期的数额为固定的基期数额而计算出来的动态比率，其计算公式为

$$定基动态比率=分析期数额/固定基期数额×100\%$$

（2）环比动态比率。环比动态比率是以每一分析期的数据与上期数据相比较计算出来的动态比率，其计算公式为

$$环比动态比率=分析期数额/前期数额×100\%$$

2. 会计报表的比较

会计报表的比较是指将连续数期的会计报表的金额并列起来，比较各指标不同期间的增减变动金额和幅度，据以判断企业财务状况和经营成果发展变化的一种方法。具体包括资产负债表比较、利润表比较和现金流量表比较等。

3. 会计报表项目构成的比较

它是以会计报表中的某个总体指标作为100%，再计算出各组成项目占该总体指标的百分比，从而比较各个项目百分比的增减变动，以此来判断有关财务活动的变化趋势。

（二）比率分析法

比率分析法是通过计算各种比率指标来确定财务活动变动程度的方法。比率指标主要有构成比率、效率比率和相关比率。

1. 构成比率

构成比率又称结构比率，是某项财务指标的各组成部分占总体的百分比，反映部分与总体的关系。例如，企业资产中流动资产、固定资产和无形资产占资产总额的百分比（资产构成比率）。利用构成比率，企业可以考察总体中某个部分的占比是否合理，从而协调各项财务活动。

2. 效率比率

效率比率反映的是某项财务活动的投入与产出的关系。例如，将利润项目与营业成本项目加以对比，得出成本利润率，考察企业盈利能力。利用效率比率指标，企业可以进行得失比较，考察经营成果，评价经济效益。

3. 相关比率

相关比率是以某个项目和与其有关但又不同的项目加以对比所得的比率，反映有关经济活动的相互关系。例如，将流动资产与流动负债进行对比，计算流动比率，考察企业的短期偿债能力。利用相关比率指标，可以考察企业相互关联的业务安排是否合理，以保障经营活动顺利进行。

三、财务分析的相关指标

（一）偿债能力指标

偿债能力是指企业偿还到期债务的能力。偿债能力指标包括短期偿债能力指标和长期偿债能力指标。

1. 短期偿债能力指标

短期偿债能力是指企业以流动资产对流动负债及时、足额偿还的保证程度，即企业以流动资产偿还流动负债的能力，反映企业偿付日常到期债务的能力，是衡量企业当前财务能力，特别是流动资产变现能力的重要指标。企业短期偿债能力的衡量指标主要有流动比率、速动比率和现金比率。

（1）流动比率。流动比率是指企业流动资产与流动负债的比率，其计算公式为

$$流动比率=流动资产/流动负债$$

流动比率是衡量短期偿债能力最常用的比率。流动比率越大，说明资产的流动性越高，企业的短期偿债能力越强。但这一比率并非越高越好，因为流动比率过高可能是由于存货积压或

滞销引起的，该流动比率所反映的近期偿债能力有水分；也可能是由于拥有过多的资金，资金得不到充分利用，影响资金的盈利能力。一般认为，流动比率应维持在 $2:1$ 左右比较合适。

（2）速动比率。速动比率是指速动资产与流动负债的比率，反映企业短期内用可变现资产偿还短期内到期债务的能力，其计算公式为

$$速动比率=速动资产/流动负债$$

速动资产是企业的流动资产减去存货后的余额，主要包括现金、短期投资、应收票据、应收账款等。之所以减去存货，是因为存货是流动资产中流动性最差的资产，其变现不仅要经过销货和收款两道手续，而且会发生一些损失。一般认为，速动比率维持在 $1:1$ 较为正常，它表明企业每 1 元的流动负债就有 1 元易于变现的流动资产来抵偿，短期偿债能力有可靠的保证。速动比率过低，企业的短期偿债风险较大；速动比率过高，企业在速动资产这种收益性较差的项目上占用资金过多，会增加企业投资的机会成本，影响企业盈利能力。

（3）现金比率。现金比率是现金与流动负债的比率，反映企业的立即偿还到期债务的能力。这里的现金是指现金及现金等价物。其计算公式为

$$现金比率=现金/流动负债$$

一般认为，现金比率维持在 0.2 较好，表明每 1 元流动负债有 0.2 元现金资产作为偿债保障。这一比率过高意味着企业过多的资源占用在盈利能力较低的现金资产上，从而影响企业的盈利能力。

2. 长期偿债能力指标

长期偿债能力是指企业偿还长期负债的能力。企业长期偿债能力的衡量指标主要有资产负债率、产权比率、权益乘数和利息保障倍数。

（1）资产负债率。资产负债率是企业负债总额与资产总额的比率，用以衡量企业利用债权人提供资金进行经营活动的能力以及反映债权人发放贷款的安全程度。其计算公式为

$$资产负债率=负债总额/资产总额×100\%$$

一般来说，企业的资产总额应大于负债总额，资产负债率应小于 100%。如果企业的资产负债率较低（50% 以下），说明企业有较好的偿债能力和负债经营能力。

当企业的资本利润率高于借入资本的利率时，企业负债经营会因代价较小使所有者的收益提高。因此，所有者总是希望提高资产负债率。但债权人希望企业的资产负债率低一些，因为他们更关心本息能否及时、安全地收回。如果企业资产负债比率达到 100% 或超过 100%，说明企业已经资不抵债，债权人为了维护自己的利益可能会向法院申请企业破产。因此，企业负债经营一定要适度。

（2）产权比率。产权比率是企业负债总额与所有者权益总额的比率，其计算公式为

$$产权比率=负债总额/所有者权益×100\%$$

产权比率反映债权人与股东提供的资本的相对比例，反映企业的资本结构是否合理、稳定，同时也表明债权人投入资本受到股东权益的保障程度。产权比率越低，表明企业自有资本占总资产的比重越大，债权人的资金安全越有保障，长期偿债能力越强。

（3）权益乘数。权益乘数是总资产与股东权益的比值，其计算公式为

$$权益乘数=总资产/股东权益$$

权益乘数表明股东每投入 1 元钱可实际拥有和控制的金额。在企业存在负债的情况下，权益乘数大于 1。企业负债比例越高，权益乘数越大。

（4）利息保障倍数。利息保障倍数又称已获利息倍数，是企业生产经营所获得的息税前利润与利息费用之比，其计算公式为

$$利息保障倍数=息税前利润/利息费用$$
$$=(利润总额+利息费用)/利息费用$$

式中，息税前利润是指企业支付利息费用和缴纳所得税前的利润；利息费用是指本期发生的全部应付利息，包括财务费用中的利息和计入固定资产成本的资本化利息。一般来说，利息保障倍数至少应等于1。该指标越大，说明支付债务利息的能力越强。

（二）运营能力指标

运营能力主要指企业资产运用、循环的效率。一般而言，资金周转速度越快，说明企业的资金管理水平越高，资金利用效率越高，企业可以以较少的投入获得较多的收益。运营能力指标主要包括应收账款周转率、资产周转率和存货周转率。

1. 应收账款周转率

应收账款周转率是企业在一定时期内赊销净收入与平均应收账款余额的比值，反映一定期间内企业应收账款转为现金的平均次数。其计算公式为

$$应收账款周转率=赊销收入净额/平均应收账款余额×100\%$$
$$应收账款周转天数=计算期天数/应收账款周转率$$

应收账款周转天数是指应收账款周转一次（从销售开始到收回现金）所需要的时间。

应收账款在流动资产中具有举足轻重的地位。企业如能及时收回应收账款，不仅可以增强企业的短期偿债能力，也可提高企业管理应收账款的效率。一般情况下，应收账款周转率越高越好，周转率越高，表明赊账越少，收账迅速，账龄较短；资产流动性强，短期偿债能力强；可以减少坏账损失；等等。

2. 资产周转率

资产周转率是销售净额与全部资产的平均余额的比值，体现了企业经营期间全部资产从投入到产出的流转速度，反映企业全部资产的管理质量和利用效率。其计算公式为

$$资产周转率=销售收入净额/总资产平均余额×100\%$$

一般认为，资产周转率越高越好，越高表明企业总资产周转速度越快，销售能力越强，资产利用效率越高。

3. 存货周转率

存货周转率是销货成本与平均存货的比值，表明企业存货的周转速度，反映企业的销售能力、存货水平和经营绩效。其计算公式为

$$存货周转率=销货成本/平均存货$$

一般认为，存货周转率越高越好，越高表明企业的产品越受欢迎，产品质量优良、价格合理，企业管理有效。如果一个企业存货周转率偏低，可能是存货过多、周转太慢、销售不畅等原因所致，这往往会造成企业利润下降。

（三）盈利能力指标

盈利能力是指企业获取利润的能力，也称为企业的资金或资本增值能力，通常表现为一定时期内企业收益数额的多少及其水平的高低。分析企业盈利能力的指标主要包括资产净利润

率、销售净利润率、资本收益率和净资产收益率。

1. 资产净利润率

资产净利润率是企业净利润与资产平均总额的比值，其计算公式为

$$资产净利润率=净利润/资产平均总额×100\%$$

资产净利润率越高，说明企业利用全部资产获利的能力越强。

2. 销售净利润率

销售净利润率是企业净利润与销售收入净额的比值，反映每一元销售收入带来的净利润的多少，表示销售收入的收益水平。其计算公式为

$$销售净利润率=净利润/销售收入净额×100\%$$

销售净利润率越高，说明企业从销售收入中获取利润的能力越强，企业盈利水平越高。

3. 资本收益率

资本收益率又称资本利润率，是企业净利润与实收资本的比率，反映企业运用资本获得收益的能力。其计算公式为

$$资本收益率=净利润/实收资本×100\%$$

资本收益率越高，说明企业资本的获利能力越强，投资者的风险越少。

4. 净资产收益率

净资产收益率又称净资本利润率，是企业净利润与所有者权益的比率，反映所有者对企业投资部分的获利能力。其计算公式为

$$净资产收益率=净利润/所有者权益×100\%$$

净资产收益率越高，说明企业运用自有资本投资带来的收益越高。

（四）发展能力指标

企业发展能力也称企业的成长性，是企业通过自身的生产经营活动不断扩大、积累形成的发展潜能。企业发展能力的分析指标主要有营业收入增长率、总资产增长率、资本积累率和固定资产成新率。

1. 营业收入增长率

营业收入增长率是企业本年营业收入增长额与上年营业收入总额的比率，反映企业营业收入增减变动的情况。其计算公式为

$$营业收入增长率=本年营业收入增长额/上年营业收入×100\%$$
$$=(本年营业收入-上年营业收入)/上年营业收入×100\%$$

营业收入增长率大于0，表明企业本年营业收入有所增长，该指标越大，表明企业营业收入增长速度越快，企业市场前景越好。

2. 总资产增长率

总资产增长率是企业本年总资产增长额同年初资产总额的比率，反映企业本期资产规模的增长情况。其计算公式为

$$总资产增长率=本年总资产增长额/年初资产总额×100\%$$
$$=(年末资产总额-年初资产总额)/年初资产总额×100\%$$

总资产增长率越高，表明企业一定时期内资产经营规模扩张的速度越快，但需要关注资产规模扩张的质和量的关系以及企业的后续发展能力，避免盲目扩张。

3. 资本积累率

资本积累率又称股东权益增长率，是企业本年所有者权益增长额同年初所有者权益的比率，反映企业当年的资本的积累能力。其计算公式为

$$资本积累率=本年所有者权益增长额/年初所有者权益×100\%$$
$$=(年末所有者权益-年初所有者权益)/年初所有者权益×100\%$$

资本积累增长率越高，表明企业的资本积累越多，应对风险、持续发展的能力越强。

4. 固定资产成新率

固定资产成新率又称固定资产净值率或有用系数，是企业当期平均固定资产净值同固定资产原值的比率，反映了企业所拥有的固定资产的新旧程度，体现了企业固定资产更新的快慢和持续发展的能力。其计算公式为

$$固定资产成新率=平均固定资产净值/平均固定资产原值×100\%$$

固定资产成新率越高，表明企业固定资产比较新，对扩大再生产的准备比较充足，发展的可能性比较大。运用该指标分析固定资产新旧程度时，应剔除企业应提未提折旧对房屋、机器设备等固定资产真实状况的影响。

本章小结

财务管理是新创企业组织财务活动和处理财务关系的一项经济管理工作，是创业企业生存和发展的关键所在。财务管理一般包括筹资管理、投资管理、运营资金管理和利润分配管理。财务分析主要是对企业的偿债能力、运营能力、盈利能力和发展水平进行分析，为企业的投资者、债权人、经营者及其他关心企业的组织或个人了解企业过去、评价企业现状、预测企业未来、做出正确决策提供准确的信息或依据。

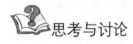

思考与讨论

1. 财务管理目标是什么？
2. 投资管理中的投资方式有哪些？
3. 利润分配的顺序是怎样的？
4. 财务分析系相关指标有哪些？

实训

1. 以实际生活中的某一企业为例，运用财务分析指标分析该企业的财务情况。
2. 运用实际生活中的现象分析资金的时间价值。

第十三章

创业团队管理

知识目标

☆ 了解团队的定义、特征、要素和类型

☆ 掌握创业团队的"5P"管理方法

能力目标

☆ 熟悉组建新创业团队时应避免的错误

☆ 熟悉创业磨合期团队冲突处理方法

☆ 熟悉创业文化在团队管理中的作用

引导案例

　　梁建章、沈南鹏、季琦和范敏构成的携程创始人团队是中国互联网企业里构成最复杂、职位变动和交接最多的一个，却是过渡最平稳、传闻最少的一个，他们共同为携程的今天贡献了自己的力量。

　　在 1999 年约定创业之前，梁建章、沈南鹏、季琦已经是好朋友，三人相约进入旅游业后就决定找一个旅游业人士加盟。选择创业伙伴的起点一定要高，宁缺毋滥，这是三人最初的决定。为此，梁建章、季琦二人遍访上海旅游界的能人，最后他们选择了范敏。1999 年年末，季琦第一次去找范敏的时候被挡在门外，坐了几十分钟的"冷板凳"。后来，范敏说幸好季琦没有因一时之气离开，否则自己就失去了一个机会，也不会有今天的携程。共同创业时，这四人都已人到中年且在各自的领域功成名就。四位创始人依据各自的经历定下了人事架构：沈南鹏出任 CFO，他此前是德意志银行亚太地区总裁；季琦和梁建章相继出任 CEO，前者此前创办过上海协成科技，擅长市场和销售（主外），后者是甲骨文中国区咨询总监，擅长 IT 和架构管理（主内）。最后一个加入的范敏此前是上海旅行社总经理和新亚酒店管理公司副总经理，他出任执行副总裁，打理具体旅游业务，而后逐步升任 COO、CEO。在性格方面，季琦有激情，锐意开拓；沈南鹏风风火火，一股老练的投资家做派；而梁建章偏理性，用数字说话，眼光长远；范敏则善于经营，方方面面的关系都能处理得当，四人特长各异，各掌一端。范敏这样比喻四个创始人的定位："我们要盖楼，季琦有激情、能疏通关系，他就是去拿批文、搞来土地的人；沈南鹏精于融资，他是去找钱的人；梁建章懂 IT、能发掘业务模式，他就去打桩，定出整体框架；而我来自旅游业，善于搅拌水泥和黄沙，制成混凝土去填充这个框架，楼就是这样造出来的。"

资料来源：携程四君子：中国最美创业故事[EB/OL]. （2020-11-23）　[2022-04-15].https://www.sohu.com/a/433781888_633698.

【思考】

思考携程创业团队的特征。

第一节　团 队 概 述

现代创业活动更多地表现为团队合作形式,因为个人很难全面掌握创立并运营企业所需的全部技能、经验、关系或者声誉。想要创业成功，必须组建一个核心团队，团队成员或是合伙人，或是重要员工，有了他们，可以解决创业过程中可能出现的一些问题。由此，团队管理成为新世纪管理领域的重要组成内容。

一、团队的含义和特征

（一）团队的含义

团队是指由一些技能互补、愿意为实现共同目标而相互信任、自觉合作、积极努力的人组成的一个凝聚力很强的社会群体。这一概念有五个要点：一是团队由一群有组织的人组成；二是这些人有明确的共同目标；三是为了达成共同的目标，成员能够相互信任、自觉合作并积极努力；四是团队需要技能互补的成员；五是团队的凝聚力很强。

（二）团队的特征

每年美国职业篮球大赛结束后，各个优胜队会挑选最优秀的队员组成一支"梦之队"，赴各地比赛，以制造新一轮的高潮，但是结果总是令球迷失望——胜少负多。这是为什么呢？原因在于"梦之队"不是真正意义上的团队，虽然成员都是最顶尖的篮球明星，但是他们平时分属各个不同的球队，短时间内无法培养出团队精神，不能形成有效的团队力量。

团队并不是一群人的简单组合。一个运转良好的高绩效团队必然具备一些显著的特征，具体如下。

1. 目标清晰

高效的团队对于要达到的目标有清楚的认知且坚信这一目标包含着重大的意义和价值。同时团队目标的实现可激励成员实现个人目标。

2. 技能互补

高效的团队是由一群技能互补的人组成的,他们具备实现理想、目标所必需的技术和能力，相互之间有良好的合作，能够出色地完成任务。

3. 沟通良好

优秀的团队中，成员通过畅通的渠道交换信息，迅速、准确地了解彼此想法和情感，管理层与团队成员之间可进行健康的信息反馈，有助于管理者指导团队成员的行动。

4. 承诺一致

承诺一致表现为成员具有奉献精神，愿意为实现团队目标而调动和发挥自己的最大潜能。

5. 领导恰当

优秀的领导者不一定要指示和控制团队成员，而往往担任的是教练和后盾的角色，为团队成员提供指导和支持，鼓舞团队成员，帮助成员更充分地了解自己的潜能。

6. 相互信任

团队成员通过相互影响，可形成一种默契、相互关心和信赖的关系，他们总是彼此协作，共同完成团队的目标。

二、团队的要素

团队必须具备五个基本要素，即目标（purpose）、定位（place）、计划（plane）、职权（power）和人员（people），简称"5P"。这五个要素紧密结合，构成一个团队的基本框架。

（一）目标

为了完成共同的目标，成员必须相互合作，这是构成团队的基本条件。团队必须先有目标，团队目标可赋予成员一种认同感，这种认同感为如何解决个人利益和团队利益的矛盾提供了有意义的标准，可能使一些威胁性冲突顺利转变为建设性突破。

（二）定位

团队定位和团队目标是紧密联系在一起的。团队目标决定了团队的定位，规范了团队的任务。

（三）计划

计划关系着团队的构成问题，规定团队成员分别做哪些工作、如何工作，就是对工作的计划。

（四）职权

职权是指团队负有的职责和应享有的权利。

（五）人员

团队能否最终获取成功、达到目标，主要取决于成员的表现。不同个体有不同的特点，团队成员之间的关系也是影响团队成功的因素。领导者要最大程度地发挥团队成员的才能，整合人才资源。

三、团队的类型

（一）按团队形式划分

1. 正式团队

正式团队须经企业管理部门特许并分配具体的工作任务，工作任务可以是开发新产品生产线、设计顾客发票系统，也可以是组织公司年会，等等。

2. 非正式团队

非正式团队是在正式企业机构中自发形成的一种临时性社团，非正式团队的成员处于一种经常变动的状态。

对于非正式团队，企业管理部门并不布置特定的任务或目标，但是他们对于企业来说也是非常重要的。一方面，非正式团队可使成员获得管理部门批准的交流渠道之外的信息；另一方面，非正式团队可给成员提供一个相对安全的发泄空间。

（二）按工作内容划分

1. 执行团队

执行团队是由高层领导人员组成的职能团队，依工作需要选择成员。该团队的工作内容包括：负责日常机构管理或部门运作；定期开会讨论工作进程并制作会议记录；处理下属反馈的信息；等等。

2. 跨职能团队

跨职能团队是多专业、跨部门人员组成的团队，成员来自公司的各个阶层。该团队可清除因分工产生的意见交换障碍，来自不同部门的团队成员为解决共同的问题或任务贡献自己的力量。

3. 业务团队

业务团队是为长期执行一项计划或由公司内某个部门的工作人员组成的团队。该团队注重服从领导，同时经常更换领导人，成员必须服从严格的管理，以便取得最佳的工作成效。

4. 后勤团队

后勤团队是提供资源和服务的团队，负责繁重的例行事务，如会务工作，可有效提高生产力，通常都有很强的向心力。后勤团队的效率是团队成功与否的关键。

第二节 创业团队管理

创业团队的组建与发展一般会经历创建期、磨合期、凝聚期和整合期四个阶段，团队在不同的发展阶段所采取的管理措施和着重点也会有所差异。

一、创建期团队管理

在团队的创建期，每位成员对生活的价值都有了全新的理解，对新的工作也充满激情。由于相互之间了解不足，成员之间更容易高估彼此的能力，对新生的团队寄予过高的期望。因此，创建期的团队经常会表现出很高的士气。但这一时期，团队成员之间在工作上短期内无法达到配合默契的状态，新生团队的生产力处于较低水平。因此，应注意引导团队成员积极迅速地适应新环境，多强调团队目标及创业理念，这对增强团队凝聚力以及形成团队的集体荣誉感至关重要。创建期团队管理的具体任务如下。

1. 明晰新创企业的所有权结构

不管是哪种企业形式，创业团队在组建之初必须以创业协议或其他法律形式明确新创企业的所有权安排及退出机制，以避免由于新企业所有权的争议而导致创业团队瓦解。

2. 明晰新创企业的权力机构和决策机制

企业决策的效果和效率在很大程度上取决于权力机构的设置和决策机制的安排。同时，法律对企业的权力机构和决策机制的部分内容进行了明确规定。因此，创业团队应在不违背法律的前提下，本着有利于保证新创企业经营决策的科学、高效的原则，设计安排权力机构和决策机制。

3. 明确创业团队的组织设置和内部分工

创业团队组织结构设计是工作内容和团队成员角色动态的匹配过程。一个理想的创业团队组织结构应是创业战略、工作内容和团队成员素质与技能的完美结合。内部组织结构框架确定后，创业团队就要进行角色分配。创业团队必须了解成员能够给团队带来贡献的个人优势，使工作任务分配与团队成员的优势相统一。创业团队组织结构明确以后，还须制定具体的规章制度和业务流程，以明确团队成员的权力和责任以及工作程序，保证日常工作的高效运转。

4. 明确创业团队的组织结构是动态的

创业团队还应意识到其组织结构是动态的，应随着企业发展、新成员的加入或者成员的离开而不断及时调整。

二、磨合期团队管理

磨合期是每一个团队都要经历的特殊动荡时期。能否通过有效的磨合顺利地度过这段敏感的时期对团队以及团队领袖的综合能力是一个严峻的考验。在这个敏感时期，团队领导应注重对团队的激励。一方面，团队领导要密切注意团队进步情况，抓住一切机会鼓舞团队士气；建立标准的工作规范，并身体力行，争取用自己在工作上的突破为团队树立榜样；善于树立典型，对于取得突出成绩的成员要尽可能地予以嘉奖，号召团队成员向优秀者学习。另一方面，创业团队激励与传统的以个人导向为基础的激励有所区别，团队激励不仅要使团队成员在个人层次上具有责任心，还要使他们在团队层面具有责任心。因此，创业团队除了根据团队成员个体的贡献进行评估和奖励，还应以整个团队为基础进行绩效评估、利润分享，以强化团队精神。此外，该阶段也应增加对团队内冲突管理的关注度。所谓冲突，就是一方感觉到另一方对自己关心的事情产生消极影响或将要产生消极影响的一种状态。冲突对创业团队来说是一个不可忽视的问题，尤其在冲突频繁发生的团队磨合期，如果处理不当，冲突会危害团队的绩效，导致优秀团队成员的流失，甚至可能导致创业团队的解体。

创业团队内部冲突包括建设性冲突和破坏性冲突。建设性冲突又称为功能正常的冲突，是指对组织有积极影响的冲突，建设性冲突支持组织目标，并能提高组织的工作绩效；破坏性冲突又称功能失调的冲突，是指对组织有消极影响的冲突，破坏性冲突则具有破坏性，会妨碍组织的工作绩效。磨合期创业团队处理破坏性冲突的具体方式如下。

1. 直面问题

冲突双方直接会晤，通过坦率真诚的讨论确定问题并解决问题。

2. 目标升级

提出一个需经冲突双方的共同协作努力才能达到的目标。

3. 资源开发

如果是由于资源缺乏造成的冲突，那么对资源进行开发可以解决问题。

4. 回避

逃避或抑制冲突。

5. 求同

通过强调冲突双方的共同利益而减弱双方利益的差异性。

6. 折中

冲突双方各自放弃一些利益。

7. 命令

管理层运用正式权威解决冲突。

8. 岗位变更

通过工作再设计、工作调动等方式改变冲突双方的相互作用模式。

三、凝聚期团队管理

凝聚期的团队趋于稳定，逐渐形成独有的团队特色。成员之间以标准的流程投入工作，分配资源，分享观点和信息，团队荣誉感增强。成员会表现出坚定的信心以面对挑战，在工作中自然地寻求内部成员的配合，能够自我激发潜能，取得意想不到的成功。凝聚期的团队成员表现出很强的主观能动性，这样的状态使生产力水平也进入巅峰时期，表现出一个高绩效团队的成熟魅力。创业团队文化是创业团队在建设、发展过程中形成的，为创业团队成员所共有的工作态度、价值观念和行为规范。良好的创业团队文化可使得创业团队成员明确理解创业团队的目标，认可和接受创业团队的共同价值观，并在实践中维护和发展创业团队的价值观。在凝聚期，创业团队文化发挥出以下积极作用。

1. 凝聚作用

被创业团队成员认同的创业团队文化会使创业团队成员自觉沉浸在文化氛围之中，同时也会对创业团队合作伙伴和服务对象产生磁石效应。

2. 稳定作用

团队文化具有同化力量，使创业团队处于有序状态，以利企业平稳而有力地运行。

3. 激励作用

有效的创业团队文化会产生一种巨大的推力，激发团队成员的潜能和信心，使他们克服一切困难，努力获得成功。

4. 提高作用

先进的文化理念可提高创业团队形象，增加创业团队品牌的附加值。

把文化注入团队是个长期持久的工作，需要管理者坚持并有具体行动。首先，领导者应发挥创造作用，保持创新意识，以自己思想观念的先进性保证企业文化的先进性，不断学习，借鉴他人的优秀文化，以虚心好学的态度求得企业文化的丰富和完善。其次，领导者应重视和倡导团队文化建设，正确认识团队文化理论的内容和功能，积极倡导建设有自身特色的团队文化。再次，领导者应承担起组织工作，组织各种力量共同为企业文化建设添砖加瓦，并从全局出发，处理好经营管理与文化建设的关系，确保团队和谐正常运转与企业文化健康发展。最后，领导者应身体力行地实践企业价值规范，做到表里如一、信守不渝，促使团队价值理念真正被广大员工所接受与认同。

四、整合期团队管理

团队实现了自己的阶段性目标之后，必然要进行组织整合。整合期是组织调配力量，为完成下一个目标做准备的过渡阶段。这个时期一般没有太大的工作压力，团队士气相对平稳。团队成员继承了前一时期的工作作风，对日常工作更加游刃有余。

整合期应注意细致部署任务，给予成员措施得当的激励，以期通过组织调配提升团队成员的忠诚度和主观能动性，增强团队凝聚力和竞争力，更高效地完成团队目标。

 **案例 13-1**

大学生小团队，装饰宿舍也能赚钱？

Dormi 是由广东外语大学共同创办的宿舍住宅的区域电子商务提供商。创始人余梓熔表示，Dormi 的意思是"宿舍和我"。他们的主要消费群体是大学生，主要面向广州的大学生，提供宿舍装饰品和其他服务。

创始人余梓熔和兴趣相同的几个同学都喜欢装饰自己的宿舍。经过调查他发现很多大学生不愿意变得平凡，并且有装饰自己宿舍的想法。这个市场充满商机，所以他就和志同道合的同学建立了这样一个平台。在"Dormi"的概念中，大学生活应该有更高的品位。他们的初衷就是"不想格式化和快节奏"，这样宿舍就有归属感。

原始团队中有八个人。他们来自国际贸易、计算机等不同的专业，他们建立了一个简单而有趣的网站，为大学生的喜好提供了一种小而清新的风格，并将自己的设计放在商品和宿舍上。他们的产品主要是基于简单家居的一些组合，如模块化储物盒、书架、相框、宿舍床帘等。这些产品的特点是在狭小的空间营造一个简单实用而美丽的宿舍环境。大多数装饰物品都是由团队成员从批发市场中精心挑选出来的。他们的主要目标消费群体是广州大学城的学生。广州大学城位于广州番禺区新造镇小谷围岛及其南岸。它在广东省共有 10 所大学，近 20 万大学生住在这个面积不到 18 平方千米的地区。在大学城的学生购买了 Dormi 的产品后，Dormi 还提供了相应的免费送货上门服务。交付链接由团队成员承担，同时与快递公司合作，因为大学城的面积相对较小，这部分的成本不高。

经过一段时间的发展，Dormi 也得到了学生们的大力支持。在网站流量难以达到预期的情况下，他们在网上购物平台上开了一个网络店铺，这大大改善了销售情况。仅仅在一年的时间内，从一开始的月销售额只有 3000 元到如今已达到了 5 万元。

资料来源：装饰宿舍也能赚钱？大学生小团队，从月赚 3000 到月赚 5 万[EB/OL].（2018-07-05）[2022-04-15].https://baijiahao.baidu.com/s?id=1605118221625741675&wfr=spider&for=pc.

【思考】

Dormi 的创业团队有何特点。

 **本章小结**

了解团队特征、要素和分类，掌握创业团队的组建与发展一般会经历创建期、磨合期、凝

聚期和整合期四个阶段，团队在不同的发展阶段所采取的管理措施和着重点也会有所差异。

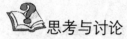

思考与讨论

1. 团队的要素包括哪些？
2. 创建期团队管理有哪些具体任务？
3. 创业磨合期团队如何处理破坏性冲突？

实训

拟定一个项目并组建团队，提出团队的目标、定位、计划、人员配置、职权分配并确立团队价值观，思考如何激励团队成员，等等，撰写一份《团队管理报告》。

第五篇
创业企业发展

第十四章　创业企业文化

第十四章

创业企业文化

知识目标

☆ 了解创业企业文化的内涵

☆ 了解培育创业企业文化的目标及内容

能力目标

☆ 理解创业企业文化培育的要素

☆ 掌握培育创业企业文化的核心内容

引导案例

　　海尔集团创立于1984年，凭借先进的企业文化和创新精神，使品牌影响力不断扩大，依托高科技的广泛落地，引领家电行业的发展潮流，使企业的核心竞争力不断增强，成为全球家电行业的大型国际化品牌企业。在互联网时代，海尔集团颠覆传统企业自成体系的封闭系统，致力于成为互联网企业，互联互通各种资源，打造共创共赢新平台，实现各方的共赢增值。

　　海尔企业文化的核心是创新。从早期的"真诚到永远"，演化为今天的"你的生活智慧，我的智慧生活"，其核心焦点始终没有脱离服务。因此，以客户为中心是海尔集团发展至今贯彻始终的理念。海尔智家 App 的定位是一个生态平台，从设计到建设再到售后服务，用户可以在一个平台上体验家装的全过程，产生交互并建立全方位的体验场景，培养企业的终身用户。同时海尔积极履行社会责任，坚持对质量问题零容忍的高压举措，夯实了全员质量管理文化，也赢得了广大消费者对品牌的信赖。

　　资料来源：海尔的企业文化是什么[EB/OL].（2022-07-29）[2022-11-09]. https://jingyan.baidu.com/ article/f3ad7d0f25735348c3345bfc.html.

　　【思考】

　　谈谈你对企业文化的认识。

第一节 创业企业文化概述

一、创业企业文化的内涵

企业文化属于与一个社会的整体文化、宏观文化相对的亚文化、微观文化的范畴，主要指一个企业或一个行业在自己的历史发展过程中，在长期的生产、建设、经营、管理实践中逐步培育形成的、占主导地位的并为全体成员所认同和遵守的共同的价值观念、行为准则、道德规范和传统习惯等。

积极的创业企业文化应该具有以下基本内涵。

（1）鼓励创新（技术创新、管理创新和文化创新），挑战传统。

（2）开拓进取、积极向上，敢于冒险。

（3）容许失败并勇敢面对失败。

（4）有开放与合作意识。

（5）有团队意识。

（6）良好的学习精神。

（7）职业道德和"叛逆"精神结合。

二、创业企业文化对企业发展的作用

创业企业文化是一种统一的意识，是创业企业能够区别于其他企业的特有的标志性统一意识。企业文化对企业发展的作用具体表现在以下几方面。

（一）激励作用

激励是一种精神力量和状态。企业文化为全体员工提供良好的社会心理环境，使员工之间形成互相尊重、理解、友爱的良好人际交往与合作，使员工深感大家庭的温暖，在精神上有了强大的支柱，从而由内心产生一种荣誉感、自豪感，激发工作热情。企业文化所形成的企业内部的文化氛围和价值导向能够起到精神激励的作用，将员工的积极性、主动性和创造性调动与激发出来，把人们的潜在智慧诱发出来，使员工的能力得到充分发挥，提高各部门和员工的自主管理能力和自主经营能力。

（二）凝聚作用

企业文化可以把员工紧紧地团结在一起，使他们目的明确、协调一致。企业员工队伍凝聚力的基础是企业的根本目标。企业的根本目标选择正确，就能够把企业的利益和绝大多数员工的利益统一起来，是一个集体与个人双赢的目标。在此基础上企业就能够形成强大的凝聚力。而这种凝聚力是由公司的优秀的企业文化起作用。企业文化不仅给员工以物质利益上的享受，而且为员工的凝聚提供了浓厚的精神基础。

（三）规范作用

俗话说："没有规矩，不成方圆。"一个企业的发展也一样，它必须有自己的发展模式、行为准则，而优秀的企业文化在企业发展中就起着行为规范作用，这种作用可以理解为两种规范性文化。一是制度性文化；另一种是观念性文化。制度性文化主要是以正式组织制定的纪律、制度、操作规程等，它要求公司广大员工在一定范围内活动，对企业人员的规范作用太大，以致员工有压抑感，不利于激发员工的积极性、创造性，也就不利于公司的发展；观念性文化是指人的价值观、作风、习俗、道德、礼仪等方面，可以利用引导方法来诱发广大员工自觉地要求自己的行为规范，优秀的企业文化显然属于观念性文化，它引导人们实现自我价值，有益于人的身心健康，其作用是持久的、稳定的。领导者本身的模范行为更是一种无声的号召，它更利于公司的发展、创新，更利于铸造公司的品牌及形象，更利于增加领导者的凝聚力。

（四）导向作用

导向包括价值导向与行为导向。企业价值观与企业精神能够为企业提供具有长远意义的、更大范围的正确方向，为企业在市场竞争中基本竞争战略和政策的制定提供依据。企业文化创新尤其是观念创新对企业的持续发展而言是首要的。在构成企业文化的诸多要素中，价值观念是决定企业文化特征的核心和基础，企业必须对此给予足够的重视并使之不断创新，与时俱进。

（五）约束作用

企业文化、企业精神为企业确立了正确的方向，对那些不利于企业长远发展的不该做、不能做的行为，常常发挥一种"软约束"的作用，为企业提供"免疫"功能。约束功能能够提高员工的自觉性、积极性、主动性和自我约束，使员工明确工作意义和方法，提高员工的责任感和使命感。

第二节　培育创业企业文化

企业文化渗透于企业的一切活动，又超脱于企业的一切活动。企业发展的灵魂是企业文化，塑造积极健康的企业文化，就等于为企业注入了源源不断的发展动力。企业培育属于自己的企业文化，是一个长期的、艰苦的过程，必须有新的思路、新的方法，必须有助于实现顾客关心的核心价值、令竞争对手难以模仿，以促进企业进一步发展。

一、创业企业文化培育要素

随着企业的发展，构建、培育先进、独特的企业文化成为创业者关注的问题。企业文化已成为各企业寻求长期共存、永久发展的理念。一个企业要永远向前发展，必须有自己的企业文化、理念和行动纲领。企业文化建设是企业的长期行为，靠短期突击不能奏效。企业在建设企业文化的过程中，首先要科学地确定企业文化的内容，充实它的构成，同时宣传倡导、贯彻落实，积极强化，持之以恒。企业文化像一面旗帜，指引着企业和每一个员工的行动方向。

培育创业企业文化离不开五大要素。

（一）种子要素

种子要素是指企业的价值观，企业精神是企业价值观的核心，它是企业在长期的生产经营活动中逐步形成的，并经过企业家有意识的概括、总结、提炼而得到确立的思想成果和精神力量。企业精神这一概念的自身就是把企业人格化了，它是由企业的传统、经历、文化和企业领导人的管理哲学共同孕育的，集中体现了一个企业独特的、鲜明的经营思想和个性风格，反映着企业的信念和追求，也是企业群体意识的集中体现。企业精神具有号召力、凝聚力和向心力，是一个企业最宝贵的经营优势和精神财富。

（二）催化要素

催化要素指企业的教育培训及规章制度。任何种子要素，如价值观念、精神境界、理想追求，如仅仅是个人头脑中的思想，实际上并没有作为种子要素发挥作用。它们必须被展示出来，充分地推广开来，变成全体员工认同的群体意识，只有这样才能作为企业文化的种子要素，真正发挥作用。

（三）品质化要素

品质化要素指存在于员工中的各种素养，如文明素养、道德素养等，也指员工中普遍牢固地树立的各种意识，如自主意识、参与意识、协作意识、集体意识、服务意识、质量意识、顾客意识、竞争意识、创新意识。品质要素是种子要素在催化要素的作用下，在每个员工心中萌发、生成的过程，也是价值观念、精神境界、理想追求的认同过程，是一个长期的、潜移默化的过程，是一个宣传与灌输的过程。

（四）物质化要素

物质化要素指企业文化成长过程中使人们的思想激情转化为热情的行动，创造出能够体现出自己理想追求的物质产品。这就是"精神转化为物质"，精神是一种动力。物质的产生使企业有较好的经济效益，从量变到质变，推动了企业的发展，从而促进物质文明和精神文明共同发展。

（五）习俗化要素

习俗化要素是指企业的习惯、传统、仪式等。仪式是会议、奖励、庆典等在一定文化背景下人们可以普遍接受的方式，是和习惯紧密相连的程序。企业需要各种各样的仪式来传播和维护企业文化，将隐形的企业文化通过有形的物质形态表现出来，积极强化企业习俗和礼仪等各项行为，同时充分挖掘和发挥内部员工的积极性，为企业注入活力，如年度庆典、年终奖励等。

二、创业企业文化培育的目标

（一）切合实际

企业文化的塑造没有模式可抄，它需要针对企业的"高矮胖瘦"来"量体裁衣"。一方面要切合企业的价值观，根据企业自身的特点选择适合的文化模式，同时把握好价值体系与其他文化要素之间的协调性，使企业核心价值观体现企业的宗旨、管理战略和发展方向；另一方面要强化员工对企业文化的认同感，并准确反映员工的心态，使企业文化被员工认可、接纳和遵循。

（二）突出重点

许多企业原有文化不足的一点就是泛泛而谈，缺乏重点。要提升企业文化，一定要明晰重点。企业以赢利为目的，企业文化也应包含功利性的目的，即哪些方面可以提高企业经营管理水平，提升企业效益，增进企业竞争力，这些方面就要与企业文化结合，并成为提升企业文化的重点。比如"顾客满意第一"的企业文化，就是为了服务顾客、取悦顾客，为企业赢得效益。

（三）领先一步

提升企业文化既不能好高骛远，不切实际，又不能故步自封，缺乏发展的眼光，而应像给青少年选大一号的衣服一样，既合身又留有余地，既适合企业现实情况，又为企业发展与文化的配套融合留有一定的发展空间。所以，我们的企业文化要有前瞻性，要适度领先。

（四）巩固发展

企业要生存发展、要做强做大，应树立"建百年企业"的理想。例如 GE 公司经过几十年不断的分析归纳、提炼定格，形成了如"憎恨官僚主义"等独特的企业文化，亦成就了 GE 的强盛不衰。企业提升文化，应在"建百年企业"的理想基础上，为今后发展提供理论指导和精神支持。同时，还要针对内外环境的不断变化，对企业文化进行相应的调整更新、丰富发展，造就适合"百年大计"的企业文化。

 案例 14-1

中华老字号"同仁堂"的文化

同仁堂创建于清康熙八年（公元 1669 年），至今已有三百多年历史。中国悠久的历史培育了许多老字号，可是经历近代经济形势急剧转变、在今天仍蓬勃发展的老字号却少之又少。然而，同仁堂依靠先祖的"德、诚、信"理念、结合新时期的特点，形成牢不可破、坚不可摧的企业文化，成为当今众所周知的著名企业。创建人乐显扬先辈曾说"同仁二字可以命堂名，吾喜其公而雅，需志之"，因此便有了"同仁堂"。从创建起，同仁堂就有崇高的经营思想，发扬至今，已深刻地体现在德、诚、信三个方面，德——养生济世的经营宗旨，诚——精益求精的敬业精神，信——童叟无欺的职业道德。

"德、诚、信"理念虽然是同仁堂先祖留下的谨训，但在任何时代都是企业持续发展的法宝。药店经营与人体健康相关的药，"德、诚、信"在这个行业显得更为重要。同仁堂的企业文化符合经营需要、行业特性，成为企业的核心能力，使企业历经几百年仍生机勃勃。

资料来源：同仁堂与"德诚信"精神[EB/OL].（2016-10-25）[2022-04-11].https://wenku.baidu.com/view/a8b50205941ea76e59fa044c.html.

【思考】

谈谈你对"德、诚、信"的认识。

三、创业企业文化培育的核心内容

企业文化都能为企业提供源源不断的竞争力。企业文化可作为核心能力，应该至少具有两个特点：第一，该企业文化能为企业带来持续发展的竞争能力；第二，该企业文化具有足够的独特性。成功的企业都有自己的企业文化，在培育企业文化时要注重以下核心内容。

（一）创新文化

创新是永恒的主题。在企业文化中，创新的地位无疑是重要的。创新包括对现有的束缚企业发展的机制进行改革，包括改变企业的用人方式，包括在企业经营管理中不断地总结提高；等等。创新，要在管理上、技术上和制度上创新。

1. 管理创新

对于任何一个企业来讲，都没有一个固定不变的模式，当今企业处于一个科技产业和信息产业迅猛发展的时代，这就要求企业管理工作相应跟着发生根本的变化，企业经营决策、人事管理、质量管理、知识管理、财务管理、销售管理、技能管理等都要跟着发生相应的变革和创新。

2. 技术创新

技术创新是企业形成竞争优势的关键，哪个企业拥有了领先的核心技术，该企业就向成功迈了一大步。

3. 制度创新

制度创新是企业文化的重要内容，培育创新的企业文化，同样需要制度的不断创新。如民营企业大多是家族企业，为了适应现代企业管理的需要，凡是具有一定规模的民营企业，都应从自身的实际出发，从壮大自身力量、强化竞争力着手，走公司制的道路，这是民营企业制度创新的方向所在。

 **案例 14-2**

微信的创新文化——"微创新进化"与"阶段战略基点"

2021 年 1 月 19 日，张小龙亮相广州 2021"微信之夜"，并以"激发 WeBuild"为主题发表主题演讲，分享了微信十年的产品思考。

张小龙奉行极简主义的产品观，在微信上表现得淋漓尽致，连老人都能很快上手操作。微信创立十年，界面并未发生很大改变，一直沿袭着同一种风格，这是为了保持用户习惯的连续性。变的是与日俱增的产品属性，目前呈现两种趋势，一个是社交娱乐属性（直播、短视频、游戏、红包）；一个是便捷工作属性（企业微信、小程序、微信公众号）以及一些功能性更新（表情包、公号改版、抖一抖）。

互联网领域的较量已经从增量竞争转变为存量竞争，比拼的就是谁能争取到用户更长时间的注意力。微信的"微创新进化"，就是在不断完善微信"触角"，从不同角度触及用户需求点，抢占用户的时间，在形成用户黏性的同时，打通各个环节，创造庞大的商业运行系统，让竞争对手无法超越。

近几年，消耗互联网用户时间最多的当属直播短视频，快手和抖音抓住时机快速崛起，阿里上线淘宝直播，也进行了一次产品战略升级，但腾讯并未有太大的动作。视频号诞生于2020年年初，作为"阶段战略基点"产品，它的出现更像是被时代倒逼的结果，有点后知后觉。尽管微信短视频上线起步较晚，但一上线就被张小龙看作是"核战略级别"的产品，位置仅次于朋友圈，视频号或将成为微信未来三年战略的基点，并基于社交算法推荐大力发展短视频和直播，剑指电商和阿里弯道竞争。

微信生命线不断延续，平均每三年设置一个"阶段战略基点"，也就是出现一个现象级的产品应用，中间不断穿插着"微创新进化"，懂得取舍。未来的微信是什么样的，我们可以想象一下。

资料来源：微信的"微创新进化"与"阶段战略基点"[EB/OL].（2021-01-20）[2022-04-11].https://baijiahao.baidu.com/s?id=1689417182307574719&wfr=spider&for=pc.

【思考】

谈谈你对微信的"微创新进化"与"阶段战略基点"文化的理解。

（二）以人为本的管理文化

企业文化是指在企业生存和发展过程中所体现出来的人与人之间的关系，以及公认的价值观和行为准则，企业之间的竞争，在于人才之间的竞争，在当今的竞争社会，谁拥有了人才，谁就拥有了与对手抗衡的资本。现代企业管理的最重要的一个特征就是重视人的作用，强调以人为本的管理思想。以人为本的管理思想并不是简单的以某个人或某群人为本，而是以员工、顾客和社会公众为本三者有机结合起来，充分考虑企业在三者之间的位置，而不是简单的以物质鼓励为本，也不是简单的以关怀体贴为本，而是以塑造人、培养人为本，既为人提供发展的机遇，有为企业培育有用之才；不是短期重视人为本，而是长期实施尊重人为本。从最开始的"人治"进化到"法制"，然后走向"人本管理"，让员工在潜移默化中接受企业、赞同企业、维护企业。

（三）服务文化

服务文化是一种鼓励优质服务的文化。拥有这种文化的企业可以为内部顾客、外部顾客提供相同的服务，组织中的每个人都将为外部顾客提供优质服务视为最基本的生活方式和最重要的价值之一。强有力的服务文化可以让员工具有清晰的行为规范，以正确的方式服务，并持续地以恰当的方式处理各种情况。当顾客有预料之外的要求时，员工可以清楚地知道如何做。员工在认可企业的服务文化后，就不会轻易地退出，顾客也会对服务感到满意。员工跳槽率下降，服务导向的价值观和积极的服务态度就越有可能传递到组织中的新人身上。服务文化的建设不可能一蹴而就，需要持续不断、协调一致的努力，培育服务文化，把组织从旧的运作方式转变为新的方式，并把这种服务导向的文化维护下去。例如两位顾客来找总经理投诉，因为他们购买的产品发生故障，而维修服务没能跟上，处理过程中，员工与顾客又发生了冲突。顾客说他们的货一直在该企业订购，总经理听后感到一阵愧疚，觉得对不起顾客，尤其是这样的忠实顾客。通常企业给顾客留下的好印象容易淡化，而坏印象却能深深被记住。失去一个顾客不多，但当企业做强做大时，失去的就可能是十个、百个、千个顾客，失去企业赖以生存的基础。服务文化是企业文化提升的重点，必须常抓不懈。

（四）危机文化

"一将成名万骨枯"，市场竞争如大浪淘沙，活着的企业都可以算是英雄。今天，企业面临的竞争更加激烈，国内大企业开始发难，要挤压中小企业，挤占市场份额，而国外的企业巨头亦在虎视眈眈，越来越多的"鲶鱼"加入了中国虽说庞大亦趋于饱和的"游泳池"市场。企业要生存，不能成为金枪鱼，只能成为鲶鱼；企业要发展，一定要成为富有竞争力的大鲶鱼。优胜劣汰，弱肉强食，企业要在危机感中，在忧患意识下，不断鞭策、激励自己，顽强地生存，积极地发展。

（五）学习文化

21 世纪企业要获得成功，必须成为学习型组织。木桶由高低不一的木板组合而成，最低的那块木板决定了整个木桶的容积。木板低一厘米差距不大，但装入企业这个大木桶中，低一厘米，可能就会损失一立方米甚至更多的水。"木桶理论"说明了一个道理：企业中素质最低的员工一定程度上代表了整个企业的水平。所以，要构建学习型的企业文化，改善薄弱环节，促进企业员工综合素质的提高，进而提高企业的竞争力，增强企业的生命力。

 本章小结

创业企业文化属于与一个社会的整体文化、宏观文化相对的亚文化、微观文化的范畴，主要指一个企业或一个行业在自己的历史发展中，在长期的生产、建设、经营、管理实践中逐步培育形成的、占主导地位的、并为全体员工所认同和遵守的共同的价值观念、行为准则、道德规范和传统习惯等。

创业企业文化的作用具体表现为四个方面：指导作用、激励作用、凝聚作用、规范作用、导向作用、约束作用。

创业企业文化培育要素包括种子要素、催化要素、品质化要素、物质化要素及习俗化要素。

创业企业文化的培育必须把握四个方面：切合实际、突出重点、领先一步、巩固发展。

培育创业企业文化时要注重的核心内容包括创新文化、以人为本的管理文化、服务文化、危机文化、学习文化。

思考与讨论

1. 什么是创业企业文化？
2. 如何理解创业企业文化的培育的要素。
3. 如何理解创业文化中激励的作用。
4. 培育创业企业文化时要注重的核心内容有哪些。

实训

1. 结合实际谈谈创新文化对培育创业企业文化的重要性。
2. 结合案例，谈谈你对以人为本的管理文化的认识。

第六篇
创业案例

第十五章　创业典型案例及剖析

第十五章

创业典型案例及剖析

案例一 华梦丽和她的"果牧王国"

"一个女娃娃，又是大学生，种啥地啊？能种出钱来吗？能有出路吗？"2016年，当21岁的华梦丽踏出大学校门，接手父亲在镇江句容的"负百万"农场时，周围的村民们都觉得不可思议。然而，只用了短短4年时间，村民们没有一个不对她竖大拇指的，他们说："这个女娃子，确实了不起！"

4年来，在华梦丽一步一个脚印的创业实践中，曾连年亏损的农场实现逆袭——农场种植的农产品年销售额近800万元，她创立的家庭农场成为远近闻名的"果牧王国"，带动大学生就业12人，周边农民就业40余人，技术性辐射周边农户近300户。

2018年，华梦丽作为青年农民代表走进了人民大会堂，参加共青团第十八次全国代表大会。前不久，华梦丽被江苏省委宣传部授予"最美大学毕业生"的光荣称号并入选江苏省妇联"女企业家高质量发展领航计划"。

不爱红装爱"农庄"

每天早晨6点半，在许多姑娘还在考虑怎么梳妆打扮时，25岁的华梦丽已经在农场中忙碌起来。短发、格子衫、牛仔裤和运动鞋是华梦丽的常年"标配"。采集、装箱、拖运，华梦丽的每个动作都娴熟、干练，俨然"沙场老将"。

一个女大学生为何会对种地情有独钟？故事要从10年前说起。那时，华梦丽的父亲在"去农村创业"的热潮下，到句容市天王镇西溧村租下200多亩地，走上了开发农业的商旅。新瓶装旧酒，由于没能跳出"传统农业"的老路子，华梦丽父亲种植的农产品缺乏竞争力。

"自己卖没销路，卖给批发商又挣不到钱，也没人能出个主意、指条路。"父亲的窘境让华梦丽萌生了帮其打理农场的想法。2013年，华梦丽放弃出国留学的机会，报考了江苏农林职业技术学院并选择了园艺技术专业。就此，华梦丽慢慢推开了农业的大门。"我学得越多，越觉得未来农业充满无限的可能，我的农业梦也越坚定。"华梦丽说。

在华梦丽的辅导员眼中，读书期间，她比其他同学多了一份执着和坚定。"我想拥有一片自己的农场，期盼有一天自己成功创业的案例能被老师搬上课堂讲述。"华梦丽从不掩饰自己的梦想和野心。光有愿望还不够，实践才是检验真理的唯一标准。大三时，她报名参加了学院"新禾"创新创业计划，承包了"新禾草莓园"。草莓上市后，她和同学们分工合作，摆地摊、跑市场，草莓销售良好，平均每人挣了 1.6 万元。这次实践为她日后的创业积累了经验、增添了信心。

打个五位一体的"翻身仗"

2016 年，华梦丽毕业了。她接手了父亲的农场，和 4 个同学一起奋斗，继续自己的青春梦想。这群肯吃苦、有想法的年轻人很快在天王镇拥有了一片属于自己的天地——果牧不忘家庭农场句容有限公司（1080.5 亩）。

一开始，她和同学只能步行去农场；经过一个月的奋斗，他们拥有了一辆两轮电瓶车；再过小半年，他们拥有了三轮电瓶车和一辆小汽车。生意越做越红火，农产品的产量也在稳步增长，但很快，华梦丽遇到了和父亲一样的问题：销路不畅。5 万公斤左右的农产品才卖出七成，剩下的只能烂在地里，收益勉强能支付工人的工资。"尽管产品的质量很好，但还是卖不出去。而且走批发路线，也卖不了高价。"华梦丽对此非常苦恼。

守旧不如创新。面对困境，华梦丽的脑筋转得飞快："相比上门送货，不如吸引买家自己前来；农产品价格不高，那就提升产品的附加值。"此后，她结合亲子游、户外拓展、项目体验等活动，把 1000 多亩的农场划分为 19 块 16 区，涉及农、林、牧、副、渔五大产业，含观光采摘、果蔬配送、承包菜地等 12 个项目，为游客提供"游、玩、赏、食、宿"五位一体的服务。

"把终端市场从商户搬到农场，既节省了人力和运输成本，又解决了销售问题。"靠着这次转型，华梦丽打了个漂亮的"翻身仗"。如今，农场每年接待游客达 5 万人次，产值达 800 万元，复购率逾 75%，合伙人的年底分红也从 2 万元涨到了 10 万元。

面对市场，华梦丽选择不断创新。2018 年，她开始向技术性农场转型，与江苏农林职院合作建立植物组织培养实验室，联手打造"植物工厂"。"植物工厂就是通过高效农业系统，使设施内植物生育不受或少受自然条件制约的省力型生产。"华梦丽说，"我们正在进行第二次转型，第一次转型是从传统农业到企业农业，现在是向科技服务型农业的转型，进一步凸显科技兴农。"面向未来，华梦丽对农场实现所有品种全年供应满怀期待。

"跟着她干准没错"

"土地租给她，地租年年涨，给她打工，工资一分不少，我和老伴儿一年能挣 10 万块钱。"64 岁的王世祖是天王镇的村民，他对 25 岁的华梦丽佩服不已。

"以实际行动带领农民就业创业、增收创富，这是最让我有成就感的事。"华梦丽说。她的成功也吸引着周边的农民、企业人员前来学习，华梦丽也很乐意向他们传授技术。她的农场水稻品质优良，供不应求，华梦丽便和农民洽谈，提供稻苗给农民，请他们代种并为他们提供技术支持，产出水稻以每斤高于市场一毛钱的价格全部收购，以实际行动帮助农民增收。此外，华梦丽还在自己的农场内专辟了一处"农产品集市"，便于周边农户将自家产品在此出售，把自己的销售渠道无偿提供给他们使用。

"我相信一个人的责任心有多大，舞台就有多大。你愿意承担社会责任，那么你会是很好的自己。"华梦丽说，农场发展至今，已带动大学生就业 12 人，周边农民固定就业 40 余人，技术性辐射周边近 300 户，免费帮助周边农民销售农副产品 470 余万元。

"农业与我们的生活息息相关，我希望能通过努力，将我们的产品打入消费者的内心，同时影响人们对农业和农产品的观念以及看法。"华梦丽认为，现代农业有着广阔的市场前景，现代农民有着光明的职业未来。

"时代是我们现在最大的'背景'，当今社会对农业的接受度和认可度在不断提高，全面脱贫和乡村振兴的政策，对农业发展有很大帮助。这样一个大的时代背景助力了我们的成功。"华梦丽告诉记者，在当地政府的支持下，越来越多像她一样的年轻人投身农业，给农村带来蓬勃朝气。

资料来源：李大林，汤文清. 华梦丽和她的"果牧王国" [N]. 中国青年报，2020-10-12.

 案例剖析

该案例中，华梦丽创业成功主要有以下几个方面的原因。

1. 丰富的比赛经历为创业积累资本

华梦丽毕业于江苏农林职业技术学院农学园艺学院的园艺技术专业。在校期间，华梦丽就积极参与学校组织的各项活动，锻炼综合能力，参加各级各类竞赛，积累比赛经验。相比同龄人对职业生涯的迷茫，她在上大学的时候就明确了自己的职业目标——创办一个家庭农场。大学期间，学校举办了创业计划大赛，她以"亲子农场"为主题，和其他几位志同道合的同学一起，从设想到实践，将创设农场的全部构想做成了参赛支撑材料。从 2016 年毕业后开始，华梦丽在三年内先后参加了近 20 次省级、市级创业大赛，每一次参赛都是一次提高，她一步步完善自己的创业想法，丰富的赛事经历为创业积累了资本。

2. 扎实的专业知识为创业保驾护航

华梦丽深知专业基础知识的积累在创业过程中至关重要，在校期间，她刻苦学习，通过自己的努力，先后荣获国家奖学金和江苏省"三好"学生、镇江市"优秀共青团员"等称号。"纸上得来终觉浅，绝知此事要躬行"，她十分注重理论与实践的结合，大三时报名参加了学院"新禾"创新创业计划，承包了"新禾草莓园"，通过承包经营进一步学习种植技术、营销理念、管理技巧、创业知识等，全面的专业知识和良好的创新实践能力为创业保驾护航。

3. 准确的市场策略为创业锦上添花

华梦丽在创业过程中，多方考察，开创了体验式生态农业模式，立足果牧全年供应，针对性研究亲子类人群，根据农林牧副渔产业需求，把 1000 多亩的基地划分为 19 块 16 区，包括果树种植、观光休闲、绿色蔬菜、采摘垂钓、餐饮配送、动物领养、草坪活动等 12 个项目。准确的市场策略使她仅用 11 个月的时间就完成了传统农业向农旅结合的重大转变。

4. 优越的母校资源为创业提供保障

在创业过程中，她积极与母校取得联系，从学校引进优质的脱毒草莓苗，邀请专家到农场进行现场指导，在草莓种植、果树生产上遇到难题总能第一时间得到母校老师的帮助。在学校专业老师的悉心指导下，她的农场的水果年产出量高达 40 余万斤，家畜流通 1000 余头。除了专业技术方面的指导，学校还指导她参加国家级、省市级创业比赛，优越的母校资源为其创业成功提供了保障。

案例二　踩准轻资产运营"风口"，穿越疫情化茧成蝶

一支平均年龄 23 岁、起步于武汉工商学院的校园创业团队在"后疫情时代"从重重困境中冲出，抓住短视频直播带货的创业风口，10 个月累计销售额超过 5000 万元，净利润达 450 万元。

交出这份创业成绩单的是该校广告专业毕业生李义凡。2020 年年初，突如其来的新冠肺炎疫情对武汉很多刚刚走出校园的大学生创业者而言几乎是灭顶之灾。但一些年轻创业者在重大的挫折中及时抓住新经济风口，及时转变营销策略，用智慧头脑练好技术"内功"，一批像李义凡一样的大学生创业新秀抓住机遇相继崛起。

李义凡从大二开始就与同学合伙为互联网公司张贴校园海报，在校园 QQ 群、贴吧等线上社区投放广告，以及线下活动落地执行，两年多时间累计营收达 60 万元。

新冠肺炎疫情暴发后，武汉市各大高校推迟开学，校园业务全面停滞，李义凡开始在京东数科华中总部营销策划岗实习。熟悉校园推广的他，用了短短 4 个月就将公司一款定位校园社区的 App 推广纳新业绩做到了全国前列。在与各大互联网公司的频繁接触中，李义凡发现疫情刺激了"宅经济"的迅猛发展，各大电商平台纷纷抢占直播带货市场，短视频的关注度迅速增加。

李义凡嗅到了机会，大量的直播带货集中在大型电商平台，刚刚上线的小店无法引起太多人的注意，如何才能迅速崛起？

之前很少关注短视频的李义凡迅速召集了 6 人创业班底，团队成员"95 后"陈诗涵毕业于西南科技大学工商管理专业，在海外做过 3 年奢侈品销售，带过 60 多人的团队，还在字节跳动旗下营销服务平台巨量引擎工作过。

团队对短视频达人带货的曝光量、成交单、营业额等进行数据分析发现，随着短视频创作者越来越多，视频内容更加细分。通常，一个拥有巨量粉丝的短视频达人只专注一个细分领域更容易赢得信赖。"有时候并非粉丝数越高，带货效果就越好。需要短视频内容质量、产品性价比、货源供应等多个维度的综合匹配。"李义凡说。

经过头脑风暴和资源匹配，团队最终选定主推售价不超过 199 元且市面上稀奇少见的家用百货商品，如"手机屏幕放大器""厨房防油烟面罩""防窥手机壳""智能电压力锅"等。他们遴选出 100 多种货品，上架至抖音小店。团队每人拿出两万元筹集了启动资金，租了几台计算机，在学校创业基地申请到了工位，6 人分工负责运营、商务、财务、厂家供应链。最熟悉抖音运营机制的陈诗涵担任公司总经理，李义凡负责业务运营。大家一边奔赴浙江义乌考察货源质量，与供货商当面洽谈合作，一边在平台寻找短视频达人。最初，得知他们是大学生团队，很少有达人愿意回复，"我们就一个个打电话、发微信，终于有几个达人答应合作"。

2020 年 8 月 15 日上午 10 点，筹备数月后，李义凡的团队开始了第一次短视频达人直播带货，到晚上零点最终成交量达 1200 单，营业额近 10 万元，一举夯实了团队的信心。团队相继谈下与 70 多位短视频达人的合作，还注册了"凡事优品"商标，同时不断整合"货、厂、人"的供应链体系。

当然，这支站在"风口"上的团队也交过很多"学费"。2020 年 12 月，他们卖的一款儿

童椅由于厂家失误漏发了一种配件，5000 单全部被消费者投诉退回，"小店被封掉，一天损失了 30 万元"。

直到 2021 年 2 月，团队才逐步走上正轨。最高峰时，公司开通网络店铺 28 家，销售额达到 5000 万元，单日成交量最高达 2.7 万单。目前团队成员已增加至 34 人。

在李义凡看来，业务量的快速增长得益于踩准了带货的"风口"、组建了一支经验丰富的团队并且在初创阶段实现了轻资产运营，降低了创业风险。

随着短视频平台小店的入驻者越来越多，李义凡越发感觉到市场竞争的激烈。2021 年上半年，他开始调整战略，将公司旗下的抖音小店缩减至 3 家，上架的产品从最高峰时的 100 多款缩减至 5 款。团队也开始了第二条业务线路：为中小企业主做抖音电商培训，帮助他们做电商转型。

资料来源：胡林. 这些创业团队穿越疫情化茧成蝶[N]. 中国青年报，2021-08-31.

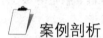

案例剖析

2021 年 12 月 12 日国务院发布的《"十四五"数字经济发展规划》指出："数字经济是继农业经济、工业经济之后的主要经济形态，是以数据资源为关键要素，以现代信息网络为主要载体，以信息通信技术融合应用、全要素数字化转型为重要推动力，促进公平与效率更加统一的新经济形态。数字经济发展速度之快、辐射范围之广、影响程度之深前所未有，正推动生产方式、生活方式和治理方式深刻变革，成为重组全球要素资源、重塑全球经济结构、改变全球竞争格局的关键力量。"

当前，新冠肺炎疫情刺激了线上消费，包括网络授课、直播带货等都属于"数字经济"的范畴。疫情带来了一系列变化，商机都是在变化中产生的。疫情迫使大学生创业者在风口捕捉、技术研发、营销策略等方面做出变革，本质上是因为激发了他们的创新精神。对于大学生创业者而言，逆势崛起不仅仅需要抓住"风口"转变思路，更要利用有知识的头脑。

疫情必然、也正在引领产业结构的转变。大学生创业者对市场的变化敏感度高，也一定会做出相应的调整。他们在线上办公、线上服务、线上交易等领域如鱼得水，这是新时代创业者具有较强的数字思维和综合素质的表现，也是时代赋予年轻创业者的机会和担当。

案例三　樊登读书如何玩转知识付费

"知识付费本质上还是遵循传统出版物的经营逻辑。"樊登读书 CFO 封雪娇说，"传统模式下，出版者提炼知识点并出版纸质图书供人们购买，知识付费则把这些内容用音视频的方法呈现。"

摈弃海量策略

樊登读书创立于 2013 年，彼时，知识付费赛道正风生水起，大多数品牌采用了"先免费后付费"的模式"吸粉"，培养用户习惯，樊登读书则从创办开始就采取收费模式。

樊登读书做这一决定的理论基础来源于《精益创业》——一个创新需要完成两个假设：第

一个假设是价值假设，它通过测试用户是否愿意埋单来验证产品是否对用户有价值。"樊登读书一开始采用 PPT 模式进行验证，积累了部分付费读者，虽然部分读者反馈 PPT 模式太过枯燥，但这至少验证了我们的产品是有价值的，用户愿意为此埋单。"于是，樊登读书决定继续探索在收费前提下对读者更有吸引力的模式。

此后，樊登读书开始尝试在微信群里开直播，从一个群、两个群到 1000 多个群，这进一步验证了需要这项服务的群体很多。通过这种模式，樊登读书完成了初期的用户积累并适时推出樊登读书 App，也就是樊登读书的第二个假设——增长假设，找到让更多人愿意长久付费的方式。

利用微信群和 App，樊登读书将图书界与电商直播连接起来，因为直播平台拥有低分享门槛和高活跃人群，所以越来越多的用户开始了解和接受樊登读书。例如，2020 年樊登分别带着《陪孩子终身成长》《樊登讲论语：学而》两本书在直播间直播，两次直播分别吸引了近 500 万和 900 万粉丝同时在线观看，创下了瞬间售空 10 万册书的佳绩。

"做知识付费是一套组合拳：首先要有足够好的产品，然后在对的模式下运营和验证，通过这个过程得出更多结论和经验，然后逐步对产品和用户体验进行修正和完善。"封雪娇说。

"传统出版标准非常严格，而知识付费门槛则相对较低。"封雪娇说，随着互联网平台及工具的普及，在音视频平台开个号就可以完成免费或者收费的内容生产与传播。门槛低的连锁反应就是资源丰富甚至过剩，质量却得不到保障，用户难以快速找到自己需要的产品，进而产生疲惫感，对知识付费失去信心。

如何让用户快速找到适合自己的内容并长期埋单？"从一开始，我们就摒弃了海量策略，做精品内容，比如我们一周就推一本书。"封雪娇以樊登读书的拳头产品樊登讲书及非凡精读为例，"选品方面，樊登读书会选择大众普遍关注的内容，比如家庭、事业、育儿等，无论是一线城市的成功人士，还是小县城的普通人，对这些内容都是有需求的，只是需求的侧重点和程度有所不同。樊登读书要做的就是把这些内容提炼出来，用音视频的形式传递给用户，在他们没有时间和精力读完整本书的情况下，这种方式很好地满足了他们吸收知识的需求。"

用户难以持续付费是行业痛点之一，樊登读书的应对策略是采用"线上训练营""翻转课堂"等手段推动用户持续付费。"如果是被动收听，用户的吸收率大概只有 10%，但通过人和人之间的交流互动，吸收率可达 50%。樊登读书的翻转师把书本上的知识消化吸收后设计成翻转课堂，用有趣的教学方式引导用户收听，继而主动输出。"

目前，樊登读书旗下品牌"雨知教育"就是以"翻转师培训"为核心，通过培养翻转师、制作翻转课堂，帮助用户解决学习的"最后一公里"问题。这种方法能同时锻炼逻辑思维能力、创新能力、表达能力、沟通能力、共情能力等，这是樊登读书持续吸引用户的要素之一。

有效触达下沉市场

"知识付费不是刚需产品，所以我们搭建了经销商体系，帮助樊登读书有效触达下沉市场。"封雪娇说，经销商推广的方式，其实从樊登读书会成立之初就形成了。最早的那批分会会长，就是在 500 人微信群里听樊登讲书的种子用户。

这些种子用户一方面认可樊登读书会的初衷，觉得让更多人一起读好书是件好事，另一方面也认可它的商业模式，愿意在不同地方推广付费会员。这种基于线上线下渠道的"信任传递"，书友之间的推广，省去了"烧钱"营销的开销，同时可以避免线上推广的"漏斗"筛选过程。"这种模式有效地帮助樊登读书扩展了用户群。除了一二线城市，樊登读书在三四线城市及县城的用户也很多，和同类品牌相比，樊登读书的用户群分布较均匀。"封雪娇说。

而用户服务是樊登读书有效触达下沉市场的撒手锏。

"樊登读书服务用户分为两部分。一部分是 C 端用户。在线上为他们提供有价值的音视频，同时依托经销商开展线下活动。"封雪娇告诉记者，地方分会除了销售会员，还要向总部申请举办一些线下的社群活动，维护会员的黏性。

很多经销商有线下实体店，比如书店，它们会组织"共读一本书"等活动，了解用户的关注点，增加用户需求。"以'我是讲书人'活动为例，用户只需要用几分钟讲一讲自己的读书体会。"通过这些活动，用户完成从输入到输出，激发了用户的参与热情。

另一部分是企业用户。一开始，樊登读书只是在收到企业需求后提供团体采购和讲师服务。2020 年，樊登读书开始关注企业服务——很多企业希望快速建立自己的企业文化，但没有抓手，"通过樊登读书标准化的线上产品，员工可以组队读书，交流和讨论，HR 可以通过后台看板等工具统一管理运营。HR 还可以参加樊登读书的'翻转课堂'，再用学到的知识回馈企业，成为企业文化的推动者和塑造者。"封雪娇说，我们还可以帮助企业布置数字化阅读空间，帮助企业形成自己的企业文化。

资料来源：石海娥. 樊登读书如何玩转知识付费[J]. 光彩，2022（1）：44-45.

案例剖析

樊登读书的运营特征可概况为以下几点。

1. 鲜明的市场定位和广阔的目标市场

樊登读书会选择了图书阅读这个红海市场，然而有着清晰的定位。用樊登自己的话说，就是"还没有放弃自己的人"。围绕着这个定位，他的三大选书方向是——家庭、事业、心灵。当人们在生活、事业上遇到困惑，心灵不安想寻求外界帮助的时候，就可能成为樊登的客户。樊登读书会本来设定的用户画像是25~45 岁的一二线城市中产阶级。然而，实际上许多三四线城市、学历不高、想追求美好生活的年轻人也成了它的用户。可见，这是一个庞大的用户群体。

2. 多层次的用户价值

樊登读书会从一开始就坚持收费，而能够让用户付费的，只有价值。樊登读书会以自媒体为媒介，向用户传递了多层次的价值。很多人说樊登读书会"满足虚荣心、贩卖焦虑、贩卖成功学"，曾经引起巨大的争议，但这恰恰说明了其在满足用户高级层次的需求上是成功的。

3. 广受认可的优质内容

在竞争激烈的自媒体竞争中，樊登读书会能够脱颖而出，靠的是优质的内容。有人质疑樊登读书会讲的是心灵鸡汤，但其内容是受到不少人认可的，因此能够在自媒体平台得到优秀的指标，如完播率、点赞率和转发率。在算法下能够一次又一次被推荐到更大的流量池变成爆款，用户也是因为其内容优质才愿意为此付费。

4. 与内容高度契合的个人IP

樊登读书会之所以能够在新老商业模式同时争夺的图书阅读市场脱颖而出，其强大的个人

IP起到助力作用。作为一个自媒体，樊登的个人IP和其所宣称的用户价值高度契合。樊登是社会知名人士，事业成功、家庭美满、社会地位高，强大的个人IP让樊登的语言表达具有天然的说服力。他就是用户心目中更好的自己，是他们读万卷书想要成为的一个榜样。

5. 完善的商业模式

樊登读书会从一开始就坚持付费，从内容选择、引流裂变到代理加盟，实现了完整的商业闭环。在读书的基础上，樊登读书会还开发出"课程""训练营"等付费项目，通过将会员引流到其他新开发内容板块中，建构了一个不断运行的知识传播及变现循环。樊登读书会还通过加盟的方式开线下书店，做到线上、线下相结合，进一步增进了用户的体验，增强了品牌影响力。

6. 流量倍增的矩阵运营

在抖音上，樊登读书会有100多个账号，粉丝量从几万到几百万不等。矩阵中的不同账号也实行了一定程度的差异化运营，如账号定位上划分成职场、亲子、生活、情感等不同类型，覆盖了不同地区和不同的年龄层。再加上"抖加"的投放，可以花少量的钱瞬间把优质的内容打造成爆款视频。除此之外，樊登读书会还在抖音、快手、喜马拉雅、今日头条以图、文、音频、视频等方式进行多平台矩阵运营。虽然简单粗暴，但非常有效。不管是谁，习惯于使用哪一个自媒体平台，总能在不经意间了解到樊登读书会。而各个矩阵运营的内容是基本一致的，所以在内容生产方面，并没有额外支出多少成本。

案例四　发明一台机器，代替老爸老妈种田

首届上海"五五购物节"期间，金山区有一种产品大热了一把，竟然获得了数千万元的订单，那就是亭林镇点甜农业专业合作社的"农业机器人"。以王金悦为创始人的点甜团队，从创办"机器人农庄"到构建未来"智慧农业"，正在书写一个精彩的创业故事。

"以后谁来干农活"之问

1987年出生的王金悦是金山农民的儿子，2010年大学毕业后他曾任多家互联网公司的市场总监、运营总监，收入不菲。但一次回家探亲，还在种地的父亲无意间说的一句话深深触动了他，让他做出了改变人生的决定。

"等我们老了干不动了，以后谁来干农活？"父亲的话让王金悦想起，自己小时候就有一个心愿：发明一种机器代替老爸老妈种地，让妈妈不要流汗，让爸爸不用晒得那么黑、那么辛苦。"当时的愿望忘了吗？那我现在为什么不狠下一条心，做农业机器人？"

2015年，他毅然辞去几十万元年薪的工作，回家乡创业。王金悦联系了几位有共同理想的年轻人，开始研发智能机器人。这个团队里有机械工程师、电子工程师，还有通信、软件方面的技术人员，每人负责一个模块，一遍又一遍地探索和测试，终于研制出几台比较实用、又适合大规模推广的机器人。

2017年，上海点甜机器人智慧农场（上海点甜农业专业合作社）在亭林镇成立，这是由一群"85后"年轻人返乡创业建立的"机器人农庄"，也是国内首个集研发、科创、休闲于一体的现代化农业人工智能科创综合体。

农业机器人的工作内容涵盖从整地到收获的各个生产环节

一个个大棚、一垄垄菜地、一片片果园……点甜机器人农场初看和一般农业合作社没什么区别，但农庄大门上印着的那句口号——"用芯种有点甜，致敬每一种不可能"格外醒目，在一个连接两个大棚的"小棚"里，旋耕机器人、播种机器人、植保机器人、除草机器人、喷洒机器人、采摘机器人……整齐列队的机器人竟有近30个，工作内容涵盖了从整地到收获的各个生产环节。

"这是景深摄像头，还有双目摄像头，这些摄像头可以让采摘机器人识别其所处环境，也可以在5G网络支持下，通过图像识别技术和大数据系统，'秒算'苹果、橘子、草莓、黄瓜等农作物果实与机器人间的距离并把有关指令传达至机器人手臂，快速采摘。"王金悦介绍。

而借助图像识别技术和大数据系统，除草机器人不但能准确分辨出草和农作物，也能指挥除草刀具，精准除去杂草，就像长了眼睛一样。到达菜地尽头时，机器人会自动转弯，进入下一畦菜地继续除草。

为树上的梨子扣保护袋原本是个颇为繁重的农活，现在，机器人也能精准对接了。机器手瞄准梨子，"咔"地一声，保护袋就牢牢包上，全过程用时不到10秒。

相较于人工作业，机器人作业除了快、准，还"不知疲倦"。一台除草机器人充电1小时就能工作8小时。其中，小型的除草机器人一天能除草近20亩，而大型的除草机器人，一天除草可达500亩左右。由于作业效率提高了，一个200亩的种植园，工作人员可从原来的三四十人减少到如今的一两个人。

一项无法急功近利的事业

点甜农场里竖着一个巨大的锄头雕塑。"这样的传统农具代表着落后的生产方式，它已经不再适合现代农业的生产需求。但将它搁置在农场显眼的位置，也是为了提醒我们在利用高新技术的同时，也应该保留老一辈的农匠精神。"王金悦这样解释这个大锄头的含义。

2016年，王金悦初次来到金山区人力资源社会保障局申请创业贷款。"机器人能干农活吗？"当时，贷款方对这个回到家乡种田的"码农"充满了好奇，通过认真评估，最后王金悦的项目成功申请到30万元创业贷款。

这点钱其实远远不够，"买一台国外先进机器人，动辄几百万，我们只能自己一步步试着开发"。而为了支撑团队的研发，王金悦将自己积攒的几百万元都投了进去。他告诉记者，2016年至今，点甜在农业机器人上已经投入近5000万元。这些，都是为了明天的收获。

对儿子创业初期的高投入、高消耗，王金悦的父亲说："我百分之百支持儿子，而且希望他不要太急功近利。这是一个为家乡农业发展做好事的项目，只有发展高科技农业，才能让更多年轻人愿意当农民。"

2017年9月，点甜参加了金山区人力资源社会保障局主办的创业之星评选活动，创业第一年就凭着过硬的技术和优质的人才队伍，一举获得"创业之星"二等奖。接着，点甜又获得了农业部全国农村创业创新项目创意大赛铜奖、"创青春"中国青年创新创业大赛铜奖、海峡两岸青年创业大赛三等奖、上海市青年五四奖章等多项荣誉。

"优势技术都可以造智能汽车了"

目前，点甜研发的农业机器人有的已升级迭代，如作畦播种机已更新至第五代，可以根据现场情况自动全向移动。而王金悦和他的团队正在为农业机器人的标准化产业集聚做着规划，农业机器人系统标准和接口标准将是未来平台化的基本框架，真正实现农业人工智能和构建农业大数据标准体系。这将是一个宏伟的创业梦。

基于事件的视觉导航技术、LoRa 组网技术、语义 SLAM 技术、3D Match 技术、基于在线全局模型校正的目标重构（3dv-7）、3D 重建下的摄像头不确定计算（3dv-6）、六自由度机械手的空间视觉伺服技术、基于深度自编码的 3D 激光点云定位方法、用于街景语义分割的全分辨率残差网络技术、三维刚体在狭窄通道存在情况下的运动规划问题中的碰撞检测技术……

看着点甜研发报告上用的这些术语，很难想象这也是"农业技术"。"我们的优势技术都可以造智能汽车了。"王金悦说。虽然现在只有 15 个小伙伴，但点甜农业机器人研发中心已设有人工智能前沿技术探索部、视觉与图像研究部、即时定位与同步地图构建技术研究部、结构与运动部、电气控制部、计算和通信部，并与上海交通大学、华东师范大学、上海大学、上海师范大学、上海农业科学院、上海农业机械研究所分别成立了联合实验室，共同开发农业机器人。

在王金悦的梦想中，借助机器人，种地将成为一种可以享受的工作，定义为农民的职业将是一种很享受的高尚职业。"未来的农民，将可以一边在数千公里外游山玩水、一边远程操作机器人智能种地。"

资料来源：薄小波. 发明一台机器，代替老爸老妈去种田[N]. 文汇报，2021-09-06.

📋 案例剖析

2022 年中央一号文件指出，推进智慧农业发展，促进信息技术与农机农艺融合应用。在新农村建设政策扶持下，大学生选择农村科技创业，不但能获得国家资金支持和政策扶持，还能获得良好的市场环境，解决自身城市就业难的问题，通过自身创业能力和创业技巧，带动区域农民共同发展，实现社会价值与自我价值，同时也为我国农村经济发展提供助力，促进我国农村经济转型和进步。

近年来，农村科技创业炙热。首先，从需求层面来看，农村科技创业者面对的市场发生了变化，我们已经进入体验经济时代，消费者个性化的需求成为拉动创新最重要的一股力量，开拓出了巨大的市场。第二，技术层面上，云计算、物联网、移动互联网、大数据等一系列的技术创新及"信息进村入户"等，为农村科技创业创造出更多的新机遇。第三，市场的支撑条件得到持续优化，政策环境越来越好，农村科技创业的门槛不断降低，越来越多的农业创业新力量的涌入，使农村科技创业活力十足。到农村创业，广阔天地，大有作为！

参 考 文 献

[1] 希斯瑞克. 创业学[M]. 李志能，郁义鸿，译. 上海：复旦大学出版社，2000.

[2] 布林杰，杜安. 创业管理 [M]. 薛洪志，张帆，译. 5 版. 北京：机械工业出版社，2017.

[3] 梁巧转，赵文红. 创业管理 [M]. 2 版. 北京：电子工业出版社，2013.

[4] 刘志阳. 创业管理[M]. 北京：高等教育出版社，2020.

[5] 迪蒙斯，斯皮内利. 创业学[M]. 周伟民，吕长春，译. 6 版. 北京：人民邮电出版社，2005.

[6] 张玉利，薛红志，陈寒松，等. 创业管理 [M]. 5 版. 北京：机械工业出版社，2021.

[7] 傅家骥. 技术创新学[M]. 北京：清华大学出版社，1998.

[8] 徐剑明. 自主创业实务[M]. 北京：中国经济出版社，2007.

[9] 魏拴成，曹扬. 技术创业学[M]. 北京：清华大学出版社，2014.

[10] 刘平. 就业新思维：自主创业[M]. 北京：中国金融出版社，2008.

[11] 李丛伟，王丹. 网络创业[M]. 北京：电子工业出版社，2018.

[12] 余胜海. 不折腾：大众创业成功法则[M]. 北京：电子工业出版社，2018.

[13] 稻盛和夫. 经营为什么需要哲学[M]. 曹岫云，译. 北京：中信出版社，2011.

[14] 孙健敏，王青. 团队管理[M]. 北京：企业管理出版社，2004.

[15] 高级幕僚. 这才是最牛团队：从携程到如家、汉庭[M]. 广州：广东经济出版社，2010.

[16] 龚剑. 如何进行团队建设[M]. 北京：北京大学出版社，2004.

[17] 高丽华，丛珩. 广告策划. [M]. 北京：机械工业出版社，2009.

[18] 倪宁. 广告学教程[M]. 4 版. 北京：中国人民大学出版社，2016.

[19] 刘亚娟. 创业风险管理[M]. 北京：中国劳动社会保障出版社，2011.

[20] 邓汉慧. 创业风险识别与规避[M]. 北京：高等教育出版社，2020.

[21] 朱祥德. 企业资金链断裂的预警管理研究[J]. 中国管理信息化：2008（13）：39-41.

[22] 刘磊. 现代企业管理 [M]. 2 版. 北京：北京大学出版社，2014.

[23] 张汉鹏. 创业风险管理[M]. 北京：西南财经大学出版社，2019.

[24] 王颖驰. 创业融资[M]. 北京：机械工业出版社，2018.

[25] 沈俊. 创业融资：理论、工具及实践[M]. 上海：上海财经大学出版社，2020.

[26] 王超. 美的集团财务共享管理模式研究[J]. 长春：吉林大学，2016（10）：52.

[27] 财政部会计资格评价中心. 财务管理[M]. 北京：经济科学出版社，2021.

[28] 张涛. 创业教育[M]. 北京：机械工业出版社，2006.

[29] 万融. 商品学概论[M]. 北京：中国人民大学出版社，2013.

[30] 姚飞. 创业营销 前沿、实训与微课[M]. 北京：中国纺织出版社有限公司，2022.

[31] 刘怡，乔岳. 创新创业新思维[M]. 济南：山东教育出版社，2022.

[32] 许懿琦. 合伙创业：合伙制度+股权设计+风控管理[M]. 北京：化学工业出版社，2022.

[33] 成杰. 商业真经：商界的商道智慧[M]. 北京：民主与建设出版社，2019.

[34] 李大林，汤文清. 华梦丽和她的"果牧王国"[N]. 中国青年报，2020-10-12.

[35] 胡林. 这些创业团队穿越疫情化茧成蝶[N]. 中国青年报，2021-08-31.

[36] 发明一台机器，代替老爸老妈去种田[N]. 文汇报，2021-09-06（2）.

[37] 熊雪. 乡村振兴视角下农村大学生创新创业问题研究[J]. 山西农经：2021（24）：178-179.

[38] 曾佳慧. 新媒体背景下大学生创新创业能力培养途径研究[J]. 科技风：2021（36）：48-50.

[39] 郑惠馨. 新时期大学生返乡创业的路径优化[J]. 农村经济与科技，2021：32（24）：268-270.

[40] 郑湛，万小倩. 基于创新创业系统认知的大学生创新创业能力培养[J]. 信息与管理研究，2021，6（6）：59-73.

[41] 石海娥. 樊登读书如何玩转知识付费[J]. 光彩：2022（1）：44-45.

[42] 果莲. 吉列：男人的公司[J]. 中国连锁：2013（6）：86-89.

[43] 窦义. 公司章程与有限责任公司治理的法律分析[J]. 重庆科技学院学报（社会科学版）：2014（9）：34-35.

[44] 汪彤彤，蔡佳豪. "互联网+"时代高职院校校园创业实践探索：以江阴学院"解忧"坚果铺创业实践为例[J]. 投资与创业，2021，32（21）：62-64.

[45] 王爱文. 大学生创新型创业孵化路径探析：结合广东高校典型创业案例的分析[J]. 科技创新与应用，2020（5）：34-35.